JIASHITAI
ZIYUAN GUANLI

驾驶台资源管理

主　编 / 刘永利
主　审 / 张　铎

大连海事大学出版社
DALIAN MARITIME UNIVERSITY PRESS

ⓒ 刘永利   2023

图书在版编目(CIP)数据

驾驶台资源管理 / 刘永利主编. — 大连:大连海
事大学出版社,2023.12
ISBN 978-7-5632-4499-7

Ⅰ.①驾… Ⅱ.①刘… Ⅲ.①船舶驾驶—资源管理—
教材 Ⅳ.①U675

中国国家版本馆 CIP 数据核字(2023)第 252472 号

大连海事大学出版社出版

地址:大连市黄浦路523号 邮编:116026 电话:0411-84729665(营销部) 84729480(总编室)
http://press.dlmu.edu.cn E-mail:dmupress@dlmu.edu.cn

大连金华光彩色印刷有限公司印装   大连海事大学出版社发行

2023 年 12 月第 1 版   2023 年 12 月第 1 次印刷
幅面尺寸:184 mm×260 mm   印张:13.75
字数:341 千   印数:1~1500 册
出版人:刘明凯

责任编辑:陈青丽   责任校对:刘宝龙 史云霞
封面设计:解瑶瑶   版式设计:解瑶瑶

ISBN 978-7-5632-4499-7   定价:39.00 元

前　言

2022年安联保险集团发布的《2022年度安全与航运报告》显示,相比20世纪90年代初全球船舶每年灭失200多艘的情况,船舶安全虽然有了显著改善,但在过去10年中,仍有892艘船舶灭失。海上灾难事故常常造成巨大的财产损失和人员伤亡。更为可怕的是有一些船舶载有原油、化学品等,船舶受损会导致大面积海洋环境遭受污染。

尽管国际海事组织制定了涉及船舶、设备、环境及船员培训、评估、考试、发证和值班等各方面的规定,《国际安全管理规则》(以下简称ISM规则)的生效也在一定程度上减少了人为因素造成的海上事故,但人为因素在海上事故致因中所占的比例并没有发生根本性的改变,人为失误仍然是造成海上事故的主要原因。人为失误并不完全是由船员航海技能低下造成的,更多的是因为一些船员工作态度不端正和缺乏责任心,或者驾驶台团队成员之间缺乏有效沟通和密切协作。

20世纪末,欧洲一些航运国家的交通与海事安全部门、船东协会、航运公司和引航员协会等借鉴北欧航空公司(SAS)的飞行班组管理和控制课程的经验,在其原驾驶台班组工作与驾驶台班组管理课程的基础上开发出一门培训课程——驾驶台资源管理。其目的是通过培训提高船舶管理人员对船上资源的管理技能,保证船舶的安全航行,提高工作效率,减少人为事故的发生。

2010年国际海事组织通过了STCW公约马尼拉修正案,并于2012年1月1日正式生效。STCW公约马尼拉修正案将原来编排在STCW规则B部分的驾驶台资源管理移入了A部分,变成了强制性规定。为了履行国际公约,我国海事主管部门制定了《中华人民共和国海船船员适任考试和发证规则》及与之相应的培训、评估大纲和规范。这些文件均将驾驶台资源管理列为船长和各级驾驶员适任理论考试内容和适任评估实操项目。

编者在对本书的编写过程中充分考虑了马尼拉修正案及国内法规的相关规定,并使教材符合2021版海船船员培训大纲的相关要求,目的是为海船船长和各级船舶驾驶员进行驾驶台资源管理理论学习提供指导,并为相应的驾驶台资源管理实操培训提供参考。

本书由青岛远洋船员职业学院的刘永利老师主编,张铎教授主审。为了保证理论的系统性,本书中有些内容超出了国内相关文件的要求,各级船舶驾驶员可根据需要有选择地学习。

鉴于船舶驾驶台资源管理工作的复杂性和编者学识的局限性,书中难免有错漏谬误之处,敬请广大读者批评指正。

编　者
2023年8月

目　录

第一章
驾驶台资源管理概述

  尽管国际海事组织制定了涉及船舶、设备、环境及船员培训、评估、考试、发证和值班等各方面的规定，ISM 规则的生效也在一定程度上减少了人为因素造成的海上事故，但人为因素在海上事故致因中所占的比例并没有发生根本性的变化，人为失误仍然是造成海上事故的主要原因。人为失误并不完全是由船员航海技能低下造成的，更多的是因为一些船员工作态度不端正和缺乏责任心，或者驾驶台团队成员之间缺乏有效沟通和密切协作。

  20 世纪末，欧洲一些航运国家的交通与海事安全部门、船东协会、航运公司和引航员协会等借鉴北欧航空公司(SAS)的飞行班组管理和控制课程的经验，在其原驾驶台班组工作与驾驶台班组管理课程的基础上开发出一门培训课程——驾驶台资源管理。其目的是通过培训提高船舶管理人员对船上资源的管理技能，保证船舶的安全航行，提高工作效率，减少人为事故的发生。

  在 STCW 78/95 公约中，有关驾驶台资源管理的内容编排在 STCW 规则的 B 部分，是建议性要求和指导，不是强制性规定。因此，在相当长的时间内，驾驶台资源管理培训在我国并没有得到主管机关、培训机构和航运公司的足够重视。

  2010 年 6 月 25 日国际海事组织通过了 STCW 公约马尼拉修正案，并于 2012 年 1 月 1 日正式生效，过渡期为 5 年。STCW 公约马尼拉修正案将原来编排在 STCW 规则 B 部分的驾驶台资源管理移入了 A 部分，变成了强制性规定。为了履行国际公约，我国海事主管部门制定了《中华人民共和国海船船员培训合格证书签发管理办法》《中华人民共和国海船船员适任考试和发证规则》《STCW 公约马尼拉修正案过渡规定实施办法》，并已于 2012 年 3 月 1 日起生效、实施。为了配合这些法规的实施,海事主管部门又制定了大量的大纲、规范。这些文件均将驾驶台资源管理列为船长和各级驾驶员适任理论考试内容和适任评估实操项目。

随着培训的不断深入和广泛开展,许多培训机构认识到要想减少人为失误,只靠对驾驶台资源的管理和使用是远远不够的,需要将全船的资源统一协调管理,甚至在更大的海事背景下对所有的海事资源进行有效的利用和管理。由此我们看到了由最初的驾驶台团队管理(Bridge Team Management,简称 BTM),到驾驶台资源管理(Bridge Resource Management,简称 BRM),到船舶资源管理(Ship Resource Management,简称 SRM),再到海事资源管理(Maritime Resource Management,简称 MRM)不断发展的整个过程和脉络。本书涉及的内容已涵盖海事资源管理的相关内容,但为了保持与公约、规则、大纲和规范的一致性,仍沿用驾驶台资源管理这一惯用名称。

第二节 驾驶台资源管理的含义

一、资源管理

(一)资源

牛津英语词典对资源(Resource)的解释是:可以获得、使用的资产、财产。

钱伯斯英语词典对资源的解释是:意味着支持、支撑,也可以说资源是某一机构所拥有的人力、物力、财力、信息等各种物质要素的总称。

我国辞海对资源的解释是:一国或一定地区内拥有的物力、财力、人力等各种物质要素的总称,分为自然资源和社会资源两大类。前者如阳光、空气、水、土地、森林、草原、动物、矿藏等;后者包括人力资源、信息资源以及经过劳动创造的各种物质财富。

(二)管理

1.管理的含义

牛津英语词典对管理(Management)的解释是:对某项业务的控制和组织。

钱伯斯英语词典对管理的解释是:管理的艺术或行为、指挥或使用任何东西的方式、有技巧的处理,或指某一机构的管理者。

我国辞海对管理的解释是:负责某项工作,使之顺利进行;照管并约束人或事物。

从词义上,管理通常被解释为主持或负责某项工作。人们在日常生活中对管理的理解是这样的,平常人们也是在这个意义上去应用管理这个词的。管理的概念本身具有多义性,它不仅有广义和狭义的区分,而且还因时代、社会制度和专业的不同,有着不同的解释和理解。随着生产方式社会化程度的提高和人类认识领域的拓展,人们对管理的认识和理解的差别还会更为丰富。

管理就是决策;管理就是对人的管理,即对人的行为进行控制;管理就是通过他人的工作达到自己(组织)的目标;管理就是通过计划工作、组织工作、指挥及控制工作的诸过程来协调所有资源,以便实现既定的目标。管理要达到资源利用的高效率和组织目标实现的高效益的统一境界。

2. 管理的基本要素

管理从协调作用方面来说,是协调人力、物力、财力以达到组织的目标;管理从作为一个过程的作用来说,是计划、组织、领导、控制。任何一种管理活动都必须由以下四个基本要素构成。

(1)管理主体,回答由谁管的问题。

(2)管理客体,回答管什么的问题。

(3)组织目的,回答为何而管的问题。

(4)组织环境或条件,回答在什么情况下管的问题。

3. 管理的基本职能

管理的职能是指管理承担的功能。法国管理学家亨利·法约尔最初提出把管理的基本职能分为计划、组织、指挥、协调和控制。后来,又有学者认为人员配备、领导、激励、创新等也是管理的职能。何道谊的《论管理的职能》依据业务过程认为管理具有目标、计划、实行、检馈、控制、调整等六项基本职能,加之人力、组织、领导三项人员管理方面的职能,系统地将管理的职能分为九大项。现在,最为广泛接受的是管理具有的以下四项基本职能。

(1)计划:计划就是确定组织未来发展目标以及实现目标的方式。

(2)组织:服从计划,并反映着组织计划完成目标的方式。

(3)领导:运用影响力激励员工,以便促进组织目标的实现。同时,领导也意味着创造共同的文化和价值观念,在整个组织范围内与员工沟通组织目标和鼓舞员工树立起谋求卓越表现的愿望。此外,领导也包括对所有部门、职能机构的员工进行激励。

(4)控制:对员工的活动进行监督,判定组织是否正朝着既定的目标健康地向前发展,并在必要的时候及时采取矫正措施。

(三)资源管理

资源管理(Resource Management)可以简单地概述为对可供利用的资源的分配、控制、管理、协调和组织。

二、驾驶台资源管理

驾驶台资源管理是指船舶管理人员对驾驶台工作环境内可供利用的资源的控制、管理、协调和组织,强调管理人员对资源的管理艺术和技能。在驾驶台资源管理中,船舶管理人员主要是指船长、驾驶员等。

(一)驾驶台资源

驾驶台资源主要包括:仪器、设备、工具、备件等硬件;船长、船员所拥有的知识、技能和经验,以及工作程序、指南、手册和资料等软件。具体地讲,驾驶台资源可分为以下四种。

1. 人力资源

人力资源涉及船舶安全营运工作中的所有人员。其中包括船舶管理级中的船长、轮机长、大副、大管轮,操作级中的其他驾驶员和轮机员,支持级中的水手、机工等普通船员;还包括在特定港内作业中来自他方的引航员、港作拖船及码头带缆等工作人员及其所具有的知识、技能以及协作能力。人力资源是船舶营运工作中最为重要的资源。

2. 物质资源

物质资源涉及确保船舶本身正常营运操作所需要的设备、仪器、物品、工具、备件等。物质资源是指船舶在航行中所需要的物质条件。物质资源是确保船舶正常营运与操作的基本资源。

3. 信息资源

信息资源涉及确保船舶本身正常营运和操作所需要的信息与资料,包括电子海图显示与信息系统、船舶自动识别系统(AIS)、命令簿、操作手册、使用指导书、纸质海图、航行计划、航海出版物、港口信息等。信息资源是确保船舶正常营运与操作的必要资源。

4. 其他资源

其他资源涉及确保船舶本身正常航行和操作所需要的时间、空间、技能、经验和与有关部门(如主管当局与机关、公司、团体等方面)的合作及支持的程度与广度。其他资源将有助于船舶正常营运和组织目标的实现。

从事船舶安全营运管理工作的有关人员所涉及的船舶资源管理内容,就是合理应用和配置好以上不同类型的资源。这些管理人员应掌握现代管理的基本知识与技能,在实施管理工作职能(计划、组织、控制、指挥和协调)的过程中,对上述四种不同的驾驶台资源加以正确的应用和配置,真正做到事先周密地计划、实施中有效地组织和控制,通过正确的指挥和合理协调相关各方之间的关系及工作,最终达到顺利完成船舶安全营运任务的目的。

(二)驾驶台资源的排序

在众多的资源中决定其优先排序并不是一件容易的事情,船长和驾驶员应该因地制宜,根据不同的情境,做出不同的排列顺序。例如,在能见度不良的狭窄水域遇到雷达或其他导航设备故障时,就应优先考虑使用船舶交通管理(VTS),借助VTS这一外部资源保证船舶的安全。驾驶台资源的优先排序是否合适,也是考核船长和驾驶员的决策能力、判断能力的一项重要指标。马尼拉修正案明确规定:为了执行必要的任务,船长和驾驶员应根据需要按正确的优先顺序分配和分派资源,以保障船舶的安全。

第三节 驾驶台资源管理的内容

我国的驾驶台资源管理培训大约是从2000年开始的。当时有关驾驶台资源管理的内容编排在STCW 78/95公约中STCW规则的B部分,是建议性要求和指导,不是强制性规定,因此近10年的驾驶台资源管理培训在内容上具有相当大的灵活性,培训机构可以根据航运企业的具体情况在内容上有所侧重或取舍,这也促进了培训内容的不断丰富和发展。很多的培训机构将诸如反海盗、反恐怖、危机管理、安全心理学等内容补充到驾驶台资源管理的培训中,这也正是为了适应航运形势发展的要求。STCW 公约马尼拉修正案实施以后,随着履约工作的展开,我国对驾驶台资源管理培训的理论及实操内容做了一些相应的规定,但主管机关并不限制培训机构在培训内容上超出规定的范围。

一、《STCW 公约马尼拉修正案》的规定

（一）STCW 规则 A 部分第Ⅱ章的规定

STCW 规则第Ⅱ章关于船长和甲板部的标准,对 500 总吨及以上船舶的负责航行值班的高级船员发证的强制性最低要求中,有关驾驶台资源管理的相关要求见表 1-1 和表 1-2。

（二）STCW 规则 A 部分第Ⅷ章的规定

STCW 规则第 A-Ⅷ/2 节"值班安排和应遵循的原则"规定,值班应基于下列驾驶台和机舱资源管理原则:

1. 应确保根据情况合理地安排值班人员。
2. 在安排值班人员时应考虑当班人员的资格或体能的局限性。
3. 应建立值班人员有关其个人角色、责任和团队角色的理解。
4. 船长、轮机长和负责值班的高级船员应保持适当的值班,并最有效地使用可用资源,如信息、装置、设备和其他人员。
5. 值班人员应熟悉装置/设备的功能和操作,并熟练使用。
6. 值班人员应理解信息及如何回应来自每一工作站/装置/设备的信息。
7. 来自工作站/装置/设备的信息应适当地由所有值班人员共享。
8. 值班人员在任何情况下都应保持以适当的沟通方式交流。
9. 对为安全而采取的行动产生任何怀疑时,值班人员应毫不犹豫地通知船长、轮机长和负责值班的高级船员。

二、其他国际公约、规则的规定

《国际安全管理规则》(ISM 规则)、《1974 年国际海上人命安全公约》(SOLAS 74 公约)、《经 1978 年议定书修正的〈1973 年国际防止船舶造成污染公约〉》(MARPOL 73/78 公约)、《国际海上避碰规则》、国家及有关部门制定的规则和各公司的程序文件及规章制度都是进行驾驶台资源管理培训的依据和内容。

三、航海实践的需求

各级船舶驾驶员对驾驶台资源管理内容的需求有所不同。根据编者长期的驾驶台资源管理培训经验和对航运公司的需求调研,驾驶台资源管理培训内容通常应包括:管理能力、领导能力、判断决策能力、沟通能力、安全文化意识、工作态度、团队协作与管理、疲劳压力处理能力、船舶应急、情境意识、事故致因理论等方面的内容。

表1-1　A-Ⅱ/1 500总吨或以上船舶负责航行值班的高级船员的最低适任标准

职能:航行 操作级

第1栏	第2栏	第3栏	第4栏
适任	知识、理解和熟练	表明适任的方法	评价适任的标准
保持安全的航行值班	驾驶台资源管理。 驾驶台资源管理原则的知识,包括: .1 资源的分配、分派和优先排序; .2 有效的交流; .3 决断力和领导力; .4 情境意识的获得和保持	评估从下列一项或数项获取的证据: .1 认可的培训; .2 认可的工作经历; .3 认可的模拟器培训	根据需要按正确的优先顺序分配和分派资源,以执行必要的任务。 语言交流的发出和接收是清楚和毫不含糊的。 有疑问的决定和/或行动受到适当的质疑和反应。 确定有效的领导行为。 对于当前和预测的船舶状态、航路和外部环境,小组成员有着共同的准确理解
领导力和团队工作技能的运用	船上人员管理和培训的实用知识。 有关国际海事公约和建议案以及国内立法的知识。 应用任务和工作量管理的能力,包括: .1 计划和协调; .2 人员分派; .3 时间和资源的制约; .4 优先排序 应用有效资源管理的知识和能力: .1 资源的分配、分派和优先排序; .2 船上和岸上的有效交流; .3 决策反映出团队的经验; .4 决断和领导力,包括激励; .5 获取并保持情境意识。 运用决策技能的知识和能力: .1 局面和风险评估; .2 确定并形成选择项; .3 选出行动过程; .4 评价结果的有效性。	评估从下列一项或数项获取的证据: .1 认可的培训; .2 认可的工作经历(在职服务资历); .3 实际演示	分配船员工作,并以适合每个人的方式告知所要求的工作标准和行为准则。 培训目标和培训活动是基于对目前适任性和能力的评估和操作要求的。 表明操作符合适用的规则。 操作是有计划的,并根据需要按正确的优先顺序分配和分派资源,以执行必要的任务。 交流的发出和接收是清楚和毫不含糊的。 表明有效的领导行为。 对于当前和预测的船舶和操作状态以及外部环境,必要的小组成员有着共同的准确理解。 决策对于局面是最有效的

表1-2 A-Ⅱ/2 500总吨或以上船舶的船长和大副的最低适任标准

职能:航行 管理级

第1栏	第2栏	第3栏	第4栏
适任	知识、理解和熟练	表明适任的方法	评价适任的标准
领导和管理技能的运用	船上人员管理和培训的实用知识。 有关国际海事公约和建议案以及国家立法的知识。 应用任务和工作量管理的能力,包括: .1 计划和协调; .2 人员分派; .3 时间和资源的制约; .4 优先排序。 应用有效资源管理的知识和能力: .1 资源的分配、分派和优先排序; .2 船上和岸上的有效交流; .3 决策反映出团队的经验; .4 决断和领导力,包括激励; .5 获取并保持情境意识。 运用决策技能的知识和能力: .1 局面和风险评估; .2 确定并形成选择项; .3 选择行动过程; .4 评价结果的有效性。 制定、实施和监督标准操作程序	评估从下列一项或数项获取的证据: .1 认可的培训; .2 认可的工作经历; .3 认可的模拟器培训	分配船员工作,并以适合每个人的方式告知所要求的工作标准和行为准则。 培训目标和培训活动是基于对目前适任性和能力的评估和操作要求的。 表明操作符合适用的规则。 操作是有计划的,并根据需要按正确的优先顺序分配和分派资源,以执行必要的任务。 语言交流的发出和接收是清楚和毫不含糊的。 表明有效的领导行为。 对于当前和预测的船舶操作状态以及外部环境,必要的小组成员有着共同的准确理解。 决策对于局面是最有效的

第四节 驾驶台资源管理的目的与作用

一、驾驶台资源管理的目的

驾驶台资源管理的根本目的就是提高工作效率,减少人为失误。具体来讲,就是通过理论学习和模拟实操训练,达到如下目的。

(一)补充现代管理知识

在相当长的一段时间里,船舶上的管理大多为经验性的管理,许多船长在多年的驾驶台控制与操作实际工作中已掌握了一些非常有效和可行的工作经验,并凭借这些经验管理和控制船舶的安全航行与营运。他们通常没有机会对现代管理的知识与功能进行深入学习与研究,所以在船舶正规化管理方面还缺乏理性的、系统的认识,特别是在理性化认识船舶现代管理工作所强调的领导能力、情境意识、交流与沟通、团队协作、决策与指挥等方面有待提高。

(二)提高驾驶台资源管理的技能与水平

在影响管理行为的管理要素中,管理者在管理活动中处于主导地位,即决定管理工作好坏的关键因素在于管理者。管理者能力的高低,对保证组织目标的实现和管理效能的提高起着决定性的作用。船舶安全管理的水平与船舶管理人员,特别是船长所掌握的驾驶台资源管理的知识与水平有密切的关系。为了确保船舶营运的安全和提高船舶营运的效益,必须对此高度重视,并采取积极有效的措施来提高他们在驾驶台资源管理方面的技能与水平。

(三)减少人为失误

随着现代航海技术的飞速发展,船舶向大型化、高速化、专用化的发展和船舶配员向国际化的发展,局部地区交通运输日益繁忙,船舶航行环境也日益恶化。尽管现代航海设备的可靠性和航海技术水平越来越高,但是船舶的营运管理、设备的使用和操作还是需要通过人来完成。

1.人为因素

人为因素(Human Factor)是指人在完成某一特定任务时,人的行为对这一系统的正确功能或不良影响。人为因素涉及心理学、行为科学、管理学、系统安全学、人机工程学等广泛的领域。人远远不只是一种生产因素,在任何组织中都存在人与人、人与物的关系。但人与物的关系最终表现为人与人的关系,任何资源的分配也都是以人为中心的。受教育情况、人的价值观、人的精神状态等都会对人的活动产生影响。由于以上种种因素的影响,人在完成某一系统中特定任务的过程中,是否有足够的综合能力处理系统中出现的种种情况,就成为安全完成任务的关键因素。人为因素对安全的影响最终是以人为失误体现出来的。

2.人为失误

人为失误(Human Error)是指某一特定系统中的操作人员在完成任务的过程中意识、判断、行为等出现错误,不能做出适合当时环境与情况的操作,或操作没有达到预期目的,从而导致人的行为不能处理当前的情况而发生系统运行的失常。这就会导致在海事安全系统中可能发生事故。也可以说是由于操作人员的错误决策和行为,导致系统出现故障、效率降低或性能受损。统计和分析的结果表明:80%以上的海上事故与人为失误有关。

3.驾驶台资源管理是减少人为失误的主要手段和途径

由于海上航行环境的复杂多变,船舶指挥人员常常承受着巨大的工作压力和精神压力,他们必须使用所有的设备和有效的资源,并形成一个团队去正确完成各种航行任务,否则就会导致事故发生。驾驶台资源管理培训的目的就是通过研究船舶在航行中可能发生或遇到的紧急情况,要求船舶驾驶员在遇到这些情况的时候,通过对驾驶台组织和程序的执行,对船舶维护计划和人为因素的管理,有效地利用船舶现有的各种助航仪器和航行设备、安全设备,发挥每个人在团队工作中的作用,从而严格有序地执行与完成相关工作的操作程序,以保证船舶的安全航行,减少和避免潜在的人为失误。

二、驾驶台资源管理的作用

驾驶台资源管理的作用,即通过对驾驶台资源管理理论的学习和模拟实操训练,使船员掌握一些实用的驾驶台资源管理的相关知识与方法,提高船舶安全管理的水平和工作效率,减少人为失误,并对船员能起到以下具体作用:

1. 认识、理解优化驾驶台团队工作和端正工作态度的重要性,强化自身安全意识。

2. 明确履行自己应尽的工作职责与义务,积极参与、承担驾驶台的工作任务,认真做好船舶安全航行的工作。

3. 合理应用驾驶台的人力与设备资源,及早获得相关的信息,对保持船舶安全航行做出计划与安排并加以实施。

4. 提高情境意识,了解外界各种因素对船舶的影响,随时掌握、了解船舶航行状态,对即将发生的情况与局面做出准确、合理的判断,及时发现和中止事故链。

5. 检查、监督驾驶台团队中其他人员的操作行动对船舶航行安全的结果与影响,同时也希望他人检查、监督自己的工作。形成交互检查、监督的良好习惯,减少人为失误的发生。

6. 理解和熟悉公司制定的有关船舶安全的规定与操作程序,并在实际操作、训练及以后的工作中严格加以执行。

7. 驾驶台团队在紧急情况下能根据自己的职责、分工要求,立即采取有效的应急行动与措施以避免事故的发生。

8. 提高船舶安全管理的技能与水平。

第五节 工作态度与管理技能

一、工作态度

(一)概念

1. 态度

态度(Attitude)是个体对某一对象所持有的评价和行为倾向。态度的对象是多方面的,其中有客观事物、人、事件、团体、制度及代表具体事物的观念等。

态度是管理心理学的重要研究内容。人们的态度在很大程度上受到价值取向的影响。不过,态度针对具体的人或事物,而价值取向则更为广泛。态度是指个体在一定环境中对一类人或事物做出积极或消极反应的心理倾向。工作满意度就是管理心理学所研究的重要工作态度。

2. 工作态度

工作态度是对工作所持有的评价与行为倾向,包括工作的认真度、责任度、努力度等。由于这些因素较为抽象,因此通常只能通过主观性评价来考评。

(二)工作态度与工作绩效的关系

工作态度作为工作的内在心理动力,影响人对工作的知觉与判断和对学习与工作的忍耐力,从而直接关系到工作绩效的高低。一般说来,积极的工作态度对工作的知觉、判断、学习、工作的忍耐力等都能发挥积极的影响,因而能提高工作效率,取得良好的工作绩效。这表明积极的工作态度与工作绩效之间有着一致性的关系。但工作绩效不仅取决于工作态度,还有很多其他的影响因素,例如:对员工的激励、技能、环境等。不过工作态度在其中起着十分关键的作用。

(三)工作态度与船舶安全

在航海领域有一个被广泛认同的公式:$C=(K+S+E)×A$。其中:C:Competency 代表 STCW 公约中船员的适任能力;K:Knowledge 代表船员所拥有的专业知识;S:Skill 代表船员所拥有的专业技能;E:Experience 代表船员所拥有的航海实践经验;A:Attitude 代表船员对待工作的态度。这个公式充分说明了,好的工作态度会使船员的专业知识、技能和经验得到倍增,从而大大提高其适任能力;相反,即使船员拥有丰富的专业知识、航海经验和高超的技能,如果工作态度不认真,他的适任能力可能为零。航海实践中很多的人为失误并不是由船员的航海技能低下造成的,更多的是因为一些船员缺乏正确的工作态度和责任心。

海运是高风险行业,在安全上稍有疏忽就会造成巨大的财产损失、人员伤亡和环境污染。船舶、货物本身的复杂性,恶劣多变的天气及外部环境,特殊的水域都会给船舶驾驶员带来巨大的压力。因此,航海职业的风险性和艰苦的工作条件对船员的思想素质提出了很高的要求:应具有高度的责任心和良好的敬业精神,应脚踏实地、严肃认真,以一丝不苟的态度对待工作。驾驶台资源管理培训的目的就是要促使船舶驾驶员优化管理理念、端正工作态度、规范职业行为,以确保船舶的安全。

二、管理技能

船舶管理人员应该具备哪些管理技能呢? 根据编者长期的驾驶台资源管理培训经验和对航运公司的需求调研,驾驶台资源管理技能至少应包含以下几个方面:

(一)领导能力

所谓领导(Leadership),是指设定目标,率领组织或个人在一定的时间内、一定条件下,按照一定的计划或方法实现该目标的过程。也就是说领导是指挥、带领、引导和鼓励部下为实现目标而努力的过程。从领导的不同形式看,它可以指一个具体组织或团体的首领式人物,也可以指一种能力、方法和艺术。

作为船舶管理人员,应能够对团队中其他队员的工作和行动进行指导,激励队员的团队协

作精神,并根据他们的工作表现及时地进行奖惩反馈。(参见第五章第一节内容)

(二)任务分析能力

所谓任务,一般是指工作过程中那些相对独立的基本活动单位。任务分析即指分析者借助一定的手段与方法(基本的分析方法与工具),对团队所承担的某项任务进行分析、分解,寻找出构成整个工作任务的各种要素及其关系,找出工作难点或质量控制点,分析预测完成预定任务过程中可能出现的各种风险,找出控制风险的相应措施,以保证完成任务过程的安全性。(参见第六章第三节内容)

(三)适应性和灵活性

适应性和灵活性是指个人或团队适应外部环境、条件快速变化的能力。为了实现预定的目标,个人或团队愿意改变自己的风格和方法并关注他人的观点,包括有效地与不同文化背景的个人或团队进行互动和交流。为了实现工作目标的需要,个人或团队能够积极改变行动方针或容易接受行动方针的改变。个人或团队适应性和灵活性优劣的表现见表1-3。

作为船舶管理人员,应能够在不断变化的环境、局面下随时调整自己的行为,使自己的行为符合当时环境的要求;在各种压力下能够保持恰当的行为,并能够积极地与其他团队成员合作,包括与临时加入的第三方合作,例如,引航员、拖船、带缆工人、装卸工、理货人员等。

表1-3　个人或团队适应性和灵活性优劣的表现

适应性和灵活性好	适应性和灵活性差
积极寻找能够满足目标要求的其他行动方案	相信自己的行动方案是唯一的
乐于接受他人的有价值的观点	相信自己的观点、方法是唯一正确的
灵活运用准则或程序以完成工作并满足组织目标要求	死板、教条地遵守所有准则或程序
依据环境、条件、局面的要求采取行动并适应其需要	依据以前工作中使用过的方式采取行动,不考虑环境、条件、局面上可能存在的差异
积极采用新的系统或程序	总是希望按以前做过的方式和程序做事
当出现需要紧急解决的问题或者仅仅是额外的工作任务时及时改变行动计划	忽略新问题的出现,坚持原来的行动计划
努力高效地与他人或团队合作,即使他们的工作方式与自己有所不同	不喜欢和工作方式与自己不同的人一起工作

(四)情境意识

情境意识是指在一段特定的时间内,对影响船舶的因素和条件的准确感知,是人们对于事故发生的一种预知和警惕。情境意识不是一种特定的行为,而是工作态度的产物,属于思维和思想活动的范畴,它决定着人的行为与动作。船舶航行时所处的环境和当时的条件都充满了复杂性和偶然性,这就要求我们对船舶所处环境和条件有更加全面的、综合的和动态的了解与掌握。为保证船舶的航行安全,保持对船舶运动有着较强的情境意识是十分必要的。

作为船舶管理人员,应对团队及其承担的任务随时随地保持清醒的认识,对影响到船舶安全的因素、环境条件能够准确把握,时刻保持高度的警觉。较高的情境意识可以提高管理人员

认识、发现失误链并在它导致事故发生以前将其中断的能力。(参见第六章第二节内容)

(五)判断与决策

决策是在对特定事件进行分析、评价的基础上,最后选择应对的最佳方案。人们为了取得特定的结果,往往需要有目的地做出决策。

作为船舶管理人员,应能够根据已有的信息和自己所拥有的专业知识对船舶和团队所处的局面做出准确、合理的判断和决策。(参见第五章第二节内容)

(六)沟通能力

在船舶工作中,有效的沟通是船舶安全的重要保证。许多事故都是由沟通障碍或中断造成的,因此,保证船舶内外部沟通的顺畅,不仅是人文管理工作的需要,也是预防事故发生的有效措施。作为船舶管理人员,应能清楚、准确地发送和接收信息、指令,并根据情况及时地予以反馈。(参见第四章内容)

(七)自信

作为船舶管理人员,应具有建立在扎实的专业知识和丰富的实践经验基础之上的自信,在各种局面下能够积极阐明并保持自己的观点。任何决定的做出都应依据事实,不应盲从上级或权威。(参见第五章第一节内容)

(八)压力处理能力

来自生活、工作环境及组织管理方面的许多因素会导致船员产生心理压力,这些压力会影响他们工作的稳定性、对事件反应的灵敏性和判断决策能力,严重的甚至会导致事故的发生。要想做好船舶管理工作,必须对压力产生的原因、压力过大产生的危害及缓解压力的措施等有所了解。(参见第七章第二节内容)

(九)应急反应能力

船舶自身结构的特点及货物、航行环境的复杂性使得在船工作成为一项高风险的工作。在船舶工作中经常会产生各种紧急情况,对这些紧急情况如果处理不好,常常会造成巨大的经济损失、人员伤亡和海洋环境污染。因此,我们不但应重视对驾驶员应急反应能力的培养,还应要求他们在应急工作中能够进行很好的团队协作及积极采取有效措施应对和化解危机。(参见第八章内容)

第二章
船舶组织与计划

第一节 船舶组织

一、组织

(一)组织的含义

在管理学中,组织(Organization)的含义可以从静态和动态两方面来理解。

静态:指组织结构,反映人、职位、任务以及它们之间特定的关系网络。

动态:通过适当的调整,使组织结构的各个要素、各个环节,从时间、空间上科学地组织起来,使每位成员都能接受领导、协调行动,从而产生新的、大于个体或小集体功能简单加总的整体职能。

从驾驶台资源管理的角度看,组织的含义既有静态的也有动态的,但主要体现的是动态的含义。

(二)组织的要素

1. 共同目标

组织作为一个整体,首先要具有共同的目标,有了共同的目标,才能统一指挥,统一行动。这种共同的目标应该既为宏观所要求,又要被各个成员所接受,应尽量消除组织成员的个人目标和组织目标之间的背离。认同共同的目标是组织的前提要素。

2.人员与职责

为了实现共同目标,必须建立组织机构,并对机构中全体人员确定职位,明确职责。明确人员与职责是组织的最基本要素。

3.协作关系

在组织中,每个人的动机、需求和欲望都各不相同,如果个人的关系处理不好,共同目标就无法实现。为了克服这些障碍,组织必须采用协作的方法,使生理的、物理的、社会的和心理的因素相互协调,使全体人员从为实现组织目标而相互协作的愿望出发,团结协作。良好的协作关系是组织的载体要素。

4.交流信息

组织的共同目标和协作意愿只有通过沟通才能被联系起来。信息沟通不仅可以使组织的命令得以传达,加强组织各部分之间的联合,还可以培养组织成员之间良好的人际关系。有效的信息交流是组织的维持要素。

(三)组织的设计

组织的设计可分为三个步骤:

1.确定完成组织目标所必做的工作

任何组织都是围绕某些目标而成立的,而不同的目标需要用不同的手段去实现。为实现组织的最终目标,必须首先明确整个组织需要完成的各种任务。如驾驶台团队组织的目标是保证船舶安全和高效地营运。

2.将工作合理地划分为具有可行性的个人行为

创建组织的原因是组织拟定完成的工作无法由个人完成。拟定完成的工作应合理地划分给各个组织成员。合理是指:员工不应被指派去完成不适合他完成的工作;工作的强度不宜过大,也不宜过小,过大的工作强度会导致工作无法及时准确完成,而过小的工作强度则会造成时间的浪费、效率的降低及不必要的开支。更为重要的是,过大的工作强度可能会引起员工疲劳,从而导致事故的发生,进而造成更大的损失。

3.将组织机制设计成便于协调组织成员工作的统一和谐的整体组织

组织设计可分为两大类:传统的组织设计和现代的组织设计。

传统的组织设计包括:划分工作、确定从属关系、确定责任、划分管理层次和划分部门等五个要素。传统的组织设计的优点在于从属关系清晰、责任明确及专门化带来的低成本等;缺点有下级单纯依赖上级、追求部门目标影响整体目标、不同部门之间存在隔阂、资源重复配置导致浪费等。

较传统的组织设计而言,现代的组织设计在框架设计前增加了职能设计,这不但使得框架设计有了科学的依据,而且避免了传统的组织设计的一些弊端。

(四)组织的原则

1.目标统一性原则:组织中各单位个体员工都必须有助于组织目标的实现。

2.授权原则:授权予能够胜任的下属,减少负担,提高管理绩效,充分调动其积极性。

3. 分工协作原则:提高工作效率。

4. 统一指挥原则:利于决策和执行。

5. 弹性结构原则:利于在不同情境时,以及偶然事件、突发事件发生时调整。

二、船舶的组织结构

船舶的组织结构随着科技的进步而逐步演化。目前,其一般分为甲板部、轮机部和事务部,客船上还有客运部等。

(一)甲板部

甲板部主要负责船舶航行,船体保养,船舶营运中的货物积载、装卸设备,航行中的货物照管;主管的驾驶设备包括导航仪器、信号设备、航海图书资料和通信设备;负责救生、消防、堵漏器材的管理;主管货舱、锚、系缆和装卸设备的一般保养;负责货舱系统和淡水、压载水及污水系统的使用和处理。

(二)轮机部

轮机部主要负责主机、锅炉、辅机及各类机电设备的管理、使用和维护保养;负责全船电力系统的管理和维护工作。

(三)事务部

事务部主要负责全船人员的伙食、生活服务和财务工作。

(四)客运部

客运部主要负责旅客的管理工作。

(五)一般货船船员的组织结构

随着船舶自动化程度的迅速提高,无人值班机舱和一人驾驶台的快速发展,STCW 公约提出功能发证,船员可以跨部门从事其适任证书许可的职能。表现为一职能多人、一人多职能,可根据情况需要灵活组织值班。

基于职能配员的船员组织结构,打破了部门的界限,可共享人力资源,能随时调集足够的技术力量解决某职能问题。职能配员使船员总人数得到较大幅度的减少。远洋船舶的定员一般为 17～24 人(见图 2-1)。

三、船舶人员的基本职责

按照 STCW 公约的规定,船舶人员分为三个级别:管理级、操作级和支持级。

(一)管理级

1. 船长:船舶领导人,负责船舶安全运输生产和行政管理工作,对公司经理负责。其主要

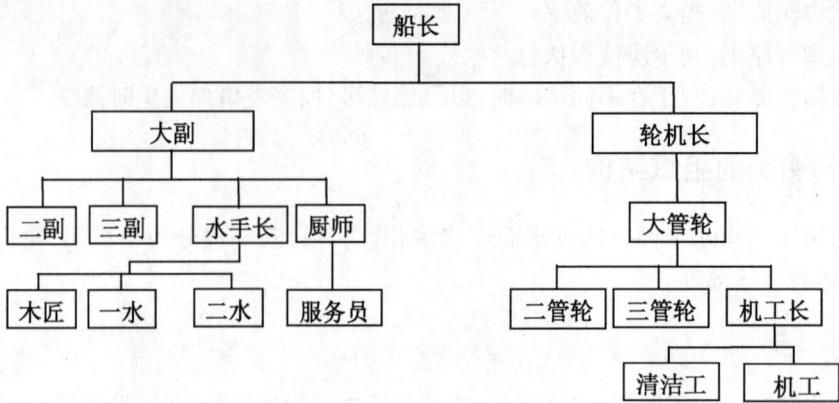

图 2-1　船舶组织结构图

工作包括领导全体船员贯彻国家的方针政策、法律、法规和公司下达的各项指示和规定;优质全面地完成运输生产和其他任务,最大限度地保障船舶和生命财产的安全,防止海洋环境污染,保证船舶正常航行和货物运输;严守国际公约、地区性规定和承担应尽的国际义务;遇到应急情况时果断而稳妥地处理各项事务。

2.大副:主持甲板部日常工作,协助船长做好安全生产和船舶航行工作,担任航行值班;主管货物配载、装卸、运输和甲板部的保养工作;负责制订并组织实施甲板部各项工作计划;负责编制货物积载计划、维护保养计划;主持相关安全工作。

3.轮机长:全船机械、电力、电气设备的技术总负责人,全面负责轮机部的生产和行政管理工作;检查轮机部各项规章制度的执行;使各种设备保持良好的运行技术状态。

4.大管轮:在轮机长的领导下,参加机舱值班,主管主机的日常维护和管理工作,维护机舱的正常工作秩序;主管推进装置及附加设备、锅炉以及润滑、冷却、燃油、起动空气、超重动力和应急装置的使用和维护工作。

(二)操作级

1.二副:履行规定的航行和停泊值班职责;主管驾驶设备,包括航海仪器和操舵仪等的正确使用和日常维护;负责航海图书资料、通告的日常管理和更正工作以及各种记录的登记。

2.三副:履行规定的航行和停泊值班职责;主管救生、消防等应急设备的日常维护和管理工作。

3.二管轮:履行值班职责,主管辅机及其附属系统、应急发电系统、燃油柜、驳运泵、分油机、空压机、油水分离设备和污油柜的维护和管理工作。

4.三管轮:履行值班职责,主管辅锅炉及其附属系统、各种水泵、甲板机械、应急设备和各种管系的日常维护和管理工作。

(三)支持级

1.水手长:在大副领导下,具体负责木匠和水手的管理工作;做好锚、缆、装卸设备的养护维修工作;带领水手做好油漆、帆缆、高空、舷外、起重、操舵及其他船艺工作。

2.木匠:负责木工及有关航次的维修和保养工作;负责起锚机的操作和保养工作;负责淡

水舱、压载舱及植物油舱的测量及维护、管理工作。

3. 一水:负责操舵、航行值班和甲板部的日常维护、保养工作。

4. 二水:负责带缆、收放舷梯和甲板部的各种工作。

5. 机工:在机工长的领导下,负责机炉舱和机械设备的检修、保养工作。

四、船舶驾驶台组织的原则和作用

(一) 驾驶台组织的原则

1. 驾驶台的主要功能是确定合适的航线。

2. 根据任务和环境情况的变化配置合适的人员。

3. 委派驾驶员以合适的任务。

4. 驾驶台团队成员应尽职尽责,相互支持。

5. 接纳引航员作为重要的一员加入驾驶台团队。

6. 充分利用驾驶台的所有资源。

7. 驾驶台团队的每位成员必须意识到船舶安全不应该仅依赖于某个人的决定。应仔细检查所有决定和命令,并监视其执行情况。团队成员中的任何成员如果认为某个决定对船舶来说并不是最佳的,都应毫不犹豫地针对该决定提出自己的看法。

(二) 驾驶台组织的作用

1. 消除由于个人失误而可能造成灾难性局面的风险。

2. 强调保持良好视觉瞭望的必要性和执行避碰规则的必要性。

3. 鼓励使用所有可用的船舶定位方法,以便在一种方法失效的情况下其他方法立即可用。

4. 让驾驶台团队的成员认识到:每个人在船舶安全航行中都起着十分重要的作用,船舶安全取决于每位船员都尽自己的能力履行职责。

五、驾驶台团队职责

(一) 当班驾驶员

IMO 决议 A285(8) 要求"值班驾驶员必须保持有效的瞭望",但也表明,"在白天某些情况下,值班驾驶员可以是唯一的瞭望人员"。尽管如此,当值班驾驶员是唯一的瞭望人员时,如有必要,他也应该毫不犹豫地要求得到支持。当由于任何原因他不能全神贯注时,支持人员应立即到驾驶台予以协助。晚上,瞭望人员应在驾驶台履行其专职的瞭望职责。

在某些情况下,值班驾驶员是唯一的一位积极参与船舶航行的人。船舶可能使用自动舵,瞭望人员在驾驶台周围履行瞭望职责,而在对团队的合作没有明显要求时,值班驾驶员应对安全航行各个方面负责,且仍应在船长常规命令或特殊命令的要求下工作,以便船长对按照他和公司的要求的值班充满信心。

(二) 瞭望人员

单独值班的状态可能在瞬间有所改变。如果值班驾驶员忙于履行其他职责而不能瞭望,

他必须呼叫其他人员上驾驶台协助瞭望。这是保证团队合作重要的手段之一。给驾驶台值班船员分配任务是值班驾驶员的职责,包括:

1. 正确指导其履行瞭望职责。

2. 指导其知晓如何报告所看到的情况。

3. 提醒其穿上足够的衣服,免于受恶劣天气的影响。

4. 必要时尽量勤换班。

5. 指导其站在他能保持最佳瞭望的位置。

(三)操舵人员

除瞭望人员外,值班驾驶员还可能要求一个人操舵。值班驾驶员有责任保证船舶安全而有效地航行。

值班驾驶员负有值班职责,但必须依赖另两人的协助。值班驾驶员有责任指导他们了解各自的职责,并指导他们提高值班的有效性。在这种情况下,尽管他们都觉得工作不是特别繁重或困难,但值班驾驶员仍须确保命令得以正确执行,如操舵命令与所要求的相符,而不是让舵工去想当然地自作主张。

(四)船长在驾驶台

在某些情况下,值班驾驶员觉得有必要呼叫船长上驾驶台。这也许是事先计划要求船长上驾驶台的,也许是船长常规命令或夜航命令已指明的,也许是值班驾驶员意识到需要船长的知识和经验时。

呼叫船长上驾驶台并不是将船舶操纵职责由驾驶员转交给船长,除非船长明确表示接任操纵职责。在船长到驾驶台之前,值班人员仍应履行其职责。一旦船长承担操纵职责,应将此记入航海日志。此后,驾驶员履行支持职责,但仍有责任采取值班人员的行动。确定每位团队成员的职责是必要的,这在很大程度上有赖于相关人员及本船的实际情况。除非所有相关人员都理解各自的职责,否则有些职责会相互重叠,或者有些职责会被忽视。团队合作有赖于以下几点:

1. 船长根据航路规则和推荐的航路要求控制船舶运动,规定航向及航速,监控船舶的安全航行,协调并监控所有值班成员。

2. 值班驾驶员负责驾驶船舶并向船长报告有关信息,并保证这些信息得到确认;确定船位,向船长提供船位和其他信息;监视操舵和车钟命令的执行;协调内部和外部的通信联系,将所有要求记入航海日志,并履行船长要求的其他职责。

(五)辅助驾驶员

某些情况下,船长认为有必要得到两位航行驾驶员的支持,其中一位为值班驾驶员,另一位为辅助驾驶员。船长的职责如前所述,但这两位驾驶员的职责应分工明确。

显然,需要两位航行驾驶员协助船长的情况,表明船舶已处于非常危险中,造成这种危险的原因,可能是:

1. 安全界限要求船舶谨慎地保持在航线上。

2. 富余水深减小。

3. 交通繁忙。

4. 能见度不良或类似的情况。

在正常航行的前提下,值班驾驶员依然履行前面所确定的职责。辅助驾驶员的职责是向船长提供基于雷达的交通信息,在海图作业方面给予值班驾驶员支持。这包括按要求提供有航行信息的海图,确定重要的航行决策,处理内部和外部的一般通信联系。

在驾驶台团队任务分配方面的硬性规定是比较难确定的。它有赖于相关人员的能力和素质,有赖于要求辅助驾驶员参与的环境和驾驶台布局。每位团队成员应清楚自己应履行的职责和其他成员的职责。如前所述,应避免不必要的职责重叠,更重要的是确保其他工作不被忽略或忽视。

呼叫辅助驾驶员上驾驶台可能是一个更好的选择,特别是该驾驶员刚下班,或者能立即上驾驶台。最终的决定权在船长手中,这种情况应在计划阶段考虑,并包含在计划之中。

(六)引航员在船

引航员从到达驾驶台开始,直至离开驾驶台,将作为驾驶台团队的一名主要成员,参与驾驶台团队工作。引航员在船是为了协助船上驾驶台团队操纵船舶在受限水域航行、进出港口以及靠离泊。引航员在船时,船长仍对船舶安全负有责任。在引航员缺乏经验或判断有误的情况下,船长有责任、权利和义务行使船舶的指挥权。

引航员在船时,船长和其他驾驶员需要清楚引航员的意图,必要的话,在航行的过程中,询问引航员的意图。在这种情况下,驾驶台团队和引航员必须相互交换信息:

1. 驾驶台团队应了解引航水域的特性、引航的困难程度和当地的相关规定。

2. 引航员应了解船舶的操纵性能。

3. 引航员应熟悉船舶设备的使用方法。

4. 引航员应了解驾驶台团队成员的相关情况。

不管是否有引航员在驾驶台,船长都必须对船舶的安全负责。正常情况下,引航期间,船长应留在驾驶台,一旦引航的时间比较长,船长离开驾驶台时,他必须记住把他的权利转交给值班驾驶员,就像在海上航行一样。

第二节　船舶计划

一、计划的含义与种类

(一)计划的含义

在管理学中,计划(Plan)具有两重含义,其一是计划工作,是指根据对组织外部环境与内部条件的分析,提出在未来一定时期内要达到的组织目标,以及实现目标的方案、途径。其二是计划形式,是指用文字和指标等形式所表述的组织,以及组织内不同部门和不同成员,在未来一定时期内关于行动方向、内容和方式安排的管理事件。

（二）计划的种类

计划的种类很多,可以按不同的标准进行分类。主要分类标准有:计划的重要性、时间界限、明确性和抽象性等。例如,从计划的重要性程度来看,可以将计划分为战略计划和作业计划;从计划的时期界限来看,可以将计划分为短期、中期和长期计划;从计划内容的明确性来看,可以将计划分为具体性计划和指导性计划等。

二、计划的特点与作用

（一）计划的特点

1. 针对性:计划是根据相关的公约、法规,针对本系统、本部门的实际情况制订的,目的明确,具有指导意义。

2. 预见性:计划是在行动之前制订的,它以实现今后的目标,完成下一步任务为目的。

3. 首位性:计划是进行其他管理工作的前提,计划在前,行动在后。

4. 普遍性:实际的计划工作涉及组织中每一位管理者及员工,一个组织的总目标确定后,各级管理人员为了实现组织目标,使得本层次的组织工作得以顺利进行,都需要制订计划。

5. 目的性:任何组织或者个人制定的各种目标都是为了促使组织的总目标的实现和一定时期目标的实现。

6. 可行性:符合实际、易于操作、目标适宜,是衡量一个计划好坏的重要标准。

7. 明确性:计划应明确表达出组织的目标和任务,明确表达出实现目标所需的资源以及所采取的程序、方法和手段,明确表达出各级管理人员在执行计划过程中的权力和职责。

8. 效率性:计划的效率性主要是指时间性和经济性两个方面。

（二）计划的作用

在管理实践中,计划是其他管理职能的前提和基础,并且还渗透到其他管理职能之中。它是管理过程的中心环节,因此,计划在管理活动中具有特殊重要的地位和作用。

1. 计划是组织生存与发展的纲领。

2. 计划是组织协调的前提。

3. 计划是指挥实施的准则。

4. 计划是控制活动的依据:计划为各种复杂的管理活动确定了数据、尺度和标准,它不仅为控制活动指明了方向,而且还为控制活动提供了依据。未经计划的活动是无法控制的,也无所谓控制。因为控制本身是通过纠正偏离计划的偏差,使管理活动保持与目标的要求一致的。

三、计划的制订

计划的制订通常可分为四步:

1. 明确目标:目标为组织的行为规定了基本方向,由组织的目的、任务、目标和战略四部分组成。

2. 分析可用资源:这部分内容包括分析现状与目标间的差距、为实现目标应准备的资源以及可能妨碍目标实现的障碍。

3.确定实现目标的因素:管理者一旦确定了目标,就必须确定环境中哪些因素有助于组织实现其目标,哪些因素起妨碍作用。它还包括对未来可能出现的因素及当前因素在未来可能发生的变化的预测。

4.制订实现目标的计划:计划工作的最后一步是制定若干种实现既定目标的方案供选择,通过对这些方案的评估和筛选,从中确定一个能实现目标的最佳方案。计划通常包含下列元素:

(1)达到目标所需要采取的主要措施;

(2)个人和组织在上述措施中的职责;

(3)上述措施开始实施和预计完成的时间。

四、船舶计划

船舶计划包括航行计划、船舶应急计划、维护保养计划和船员培训计划等。以下仅以航行计划为例介绍计划的准备、制订、执行和监控的步骤。

(一)航行计划

航行计划也称航次计划,是指船舶在航行前,根据起始港到目的港的航程、所经海域及航道、沿途天气状况、航路指南和航行警告等信息制定最合适航路。

制订航行计划的目的主要是为船舶航行做准备,以便能用保障船舶安全和保护海洋环境的方式,执行从泊位到泊位的航行计划,同时,始终确保对船舶的积极控制。STCW 公约在航行值班应该遵循的基本原则中要求:"事先应考虑到所有的有关信息做好航行计划,开航前应检查所制定的所有相关程序;轮机长应与船长协商,预先确定计划航次的需要,并考虑燃料、淡水、润滑油、化学品、消耗品和其他备件、工具、供应品以及任何其他需要。"

船长要亲自制订计划并责成一名驾驶员(通常为二副)来设计航线,船长对航行计划负全责。

航行计划的组成要素包括:航次评估、制订航行计划、组织准备、执行并监控航行计划。

1.航次评估

航次评估被认为是航行计划制订过程中最重要的一步,因为在此阶段收集到的所有有用信息,为航行计划的制订打下了坚实的基础。航次评估所需的信息包括:航海图书总目录;航用海图;世界大洋航路;航路设计图或引航图;航路指南或引航书籍;灯标表;潮汐表;潮流图集;航海通告;无线电信号表;气候资料;气象定线系统信息;载重线海图;里程表;电子导航系统信息;无线电和区域性航行警告;公司操作程序手册;船舶操纵数据;个人经验;海员手册等。

此外,航次评估还应充分考虑船舶及设备的状态:主机系统、操舵装置、助航设备、锚设备、辅机、稳性条件、货物的积载与系固、可用人力资源等。

2.制订航行计划

航次评估阶段所收集的信息是为制订航行计划做准备。因此,航行计划制订阶段应充分参考这些信息。航行计划通常可分为大洋/开阔水域和沿岸/港口水域两个阶段,当然,有时这两个阶段会交汇或重叠。

制订航行计划时考虑的因素包括：

（1）在充分考虑船体下沉、横摇、纵摇、潮高变化以及船舶横倾、纵倾对船舶吃水影响的情况下，始终使船舶保持足够的富余水深（UKC）；

（2）在充分考虑天气、潮流、通航密度、海区测绘资料可靠性、可用安全水域及助航设备性能的基础上，确定与危险物的安全距离；

（3）转向点的设置应该可以通过雷达或目测方位方便地监控；

（4）管理好海图的更换，尽量不要在关键位置更换海图；

（5）在分道通航制区域航行应遵守《国际海上避碰规则》第十条的规定；

（6）利用潮汐资料提前计算并预测潮高，因为潮高会限制船舶进出港；

（7）注意查阅灯标的射程、初显/初隐距离、光弧及颜色等信息；

（8）根据航线确定安全航速，制订速度计划及ETA计划，并对可能的能见度降低留出余量，做出控制之下的减速计划；

（9）选择合适的水深点，在修正潮高的基础上与回声测深仪测得的数据比对；

（10）航线上的报告点、甚高频通信频率、VTS的要求、特殊航行区域、引航站位置及拖船位置；

（11）确定发生事故、应急或能见度急剧恶化时的航行计划终止点（Abort Point）和偶发事件计划；

（12）首选的和次要的导航设备；

（13）电子海图设备系统的使用要求；

（14）所有相关海图及其他航海出版物均应及时更新；

（15）检查仪器、设备的工作状态；

（16）在海图上标出允许的误差，安全的方位和距离；

（17）驾驶台全面准备并填写相关的记录；

（18）选取适当的大洋航线航法，例如大圆航线、混合航线或恒向线航线；

（19）选取合理的大洋航线以规避恶劣天气及冰区对航行的影响。

3. 组织准备

在船舶离港之前留出足够的时间进行组织准备：开航前通报会，审核、批准并宣布航行计划；保证甲板部、轮机部值班船员得到充足的休息；根据公司制定的检查单及时测试驾驶台和机舱设备；驾驶台做好离港前的所有准备工作。

4. 执行并监控航行计划

为了确保船舶沿计划航线航行，时刻保持对航行计划的监控是值班驾驶员的首要职责。监控的主要职能包括：按照规定的时间间隔定位；保持正规的不间断的瞭望；避碰操纵；遵守航行规则（国际规则、地方规定）；时间管理；气象数据观测；偶发/应急事件处理（与航行有关或无关）。监控的方法包括：利用视觉观察和利用雷达、GPS、ECDIS、测深仪、计程仪等电子设备。

（二）其他计划

1. 船舶应急计划

船舶应急计划是为了保证航行安全,船舶进入或临近进入某种事故或紧急状态时所采取的应对措施和行动。（参见第八章内容）

2. 维护保养计划

维护保养计划是为了船舶正常航行和装卸货,对船舶设备进行定期维护保养而制订的计划。它通常分为年度维护保养计划和日常维护保养计划。

3. 船员培训计划

船员培训计划是对在船实习生和新到船的交接班船员进行船舶设备使用的说明、船上工作程序和航海经验的讲解,以及根据 ISPS 规则和船舶保安计划（SSP）的要求,对所有船员进行船舶保安设备、保安知识和保安应急反应程序的培训所制订的计划。

第三章
团队协作

一、团队的基本概念

(一)团队的定义

1994年,组织行为学权威、美国圣迭戈大学的管理学教授斯蒂芬·罗宾斯首次提出了"团队"(Team)的概念:为了实现某一目标而由相互协作的个体所组成的正式群体。

国际著名的组织行为和人力资源管理专家、美国华盛顿大学商学院终身教授陈晓萍博士认为:团队是由两个或两个以上的人组成的集体,其成员之间在某种程度上有动态的相互关系。

通俗地说,团队是由一起工作,以完成共同任务的个体组成的一个群体。团队成员在工作上相互依附;在心理上彼此意识到对方;在感情上交互影响;在行为上有共同的规范。

团队成员有着共同的目标,为了完成这一目标,成员之间彼此合作,这是构成和维持团队的基本条件。团队成员之间应有着和谐、成熟的人际关系,大家应彼此信任、相互支持;团队成员之间分工不同,但每个人都是为了实现共同的目标而承担责任、战胜困难、解决问题。

(二)团队的构成要素

团队是由员工和管理层组成的一个共同体,它合理利用每一个成员的知识和技能,协同工作、解决问题,达到共同的目标。团队的构成要素总结为"5P",具体如下。

1. 目标(Purpose)

目标是个人与组织进行某种活动所追求对象的具体标准。团队应该有一个既定的目标,为团队成员导航,知道要向何处去,没有目标,团队就没有存在的价值。

2. 人(People)

人是构成团队最核心的力量。两个(包含两个)以上的人就可以构成团队。目标是通过人员具体实现的,所以人员的选择是团队中非常重要的一个部分。

3. 定位(Position)

定位包含两层意思:团队的定位,由谁选择和决定团队的成员? 团队最终应对谁负责? 团队应采取什么方式激励下属? 个体的定位,成员在团队中扮演什么角色? 是制订计划,还是具体实施计划?

4. 权限(Purview)

团队当中领导者的权力大小跟团队的发展阶段相关,一般来说,团队越成熟,领导者所拥有的权力相应越小。在团队发展的初期阶段,领导权相对比较集中。团队权限关系的两个方面:一是整个团队在组织中拥有什么样的决定权,例如人事决定权、信息决定权;二是组织的基本特征,比方说组织的规模多大、团队的数量是否足够多、组织对于团队的授权有多大。

5. 计划(Plan)

目标最终的实现需要一系列具体的行动方案,可以把计划理解成目标的具体工作程序。只有按计划操作,团队才会一步一步贴近目标,从而最终实现目标。

(三) 团队和群体的区别

团队(Team)和群体(Group)经常容易被混为一谈,但是团队不等于群体,二者之间有本质的区别。群体仅是一群人的集合,而团队是有组织、有纪律、有目标的一群人的集合。群体和团队的区别详见表3-1。

表 3-1　群体和团队的区别

群体	对比项	团队
不明确	领导权	共享领导权
可以没有明确的	目标	明确可行
中性或消极	协同配合	齐心协力
领导者	责任	个体的并且是共同的
随机或不同	技能	相互补充、角色互补
个人产品	结果	集体产品

二、团队的形成与发展

一个团队从组建、发展到成熟一般需要经历的四个阶段,见图3-1。

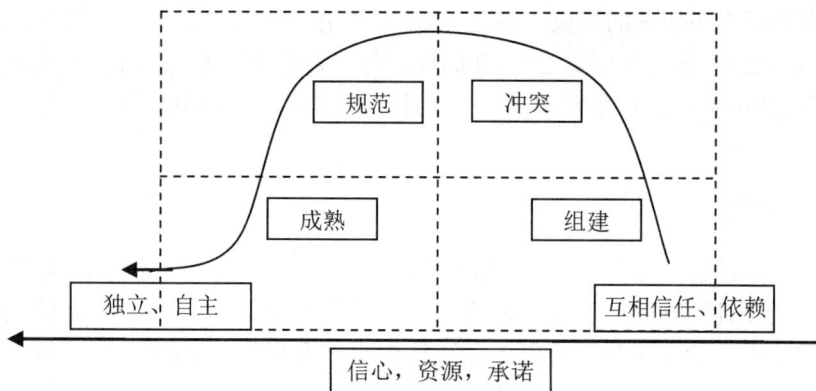

图 3-1　团队的形成与发展过程

(一)组建阶段

多个独立的个体,为了共同的目标一起工作,从而组成团队。例如,为了将公司在国外建造的新船安全接回,并正常营运,公司会组建由船长、政委、驾驶员、轮机长、轮机员、水手、机工、厨师等组成的船舶团队。在这个阶段主要完成两方面的工作:一方面是形成团队的内部结构框架,另一方面是建立团队与外界的初步联系。

1. 形成团队的内部结构框架

团队的内部结构框架主要包括团队的任务、目标、角色、规模、领导、规范等。在其形成过程中,必须明确以下问题:

(1)团队的任务是什么?

(2)团队应包括什么样的成员?

(3)成员的角色分配如何?

(4)团队的规模要多大?

(5)团队需要什么样的行为准则?

2. 建立团队与外界的初步联系

这主要包括:

(1)建立起团队与组织的联系;

(2)确立团队的权限;

(3)建立对团队的绩效进行考评、对团队的行为进行激励和约束的制度体系;

(4)建立团队与组织外部的联系与协调的关系。

在团队组建之初,团队成员比较关注工作的目标和工作程序。在人际关系的发展方面,成员之间相互了解和相互交往,彼此呈现出一种在一起的兴趣和新鲜感;在行为方面,他们不会轻易投入,大都保持礼貌和矜持。

(二)冲突阶段

团队经过组建以后,隐藏的问题逐渐暴露,团队内部冲突可能会加剧。虽然团队成员已接受了团队的存在,但对团队加给他们的约束可能会予以抵制。他们可能会对谁可以控制这个团队还存在争执或互不服气的现象。在这一阶段,热情往往让位于挫折和愤怒。冲突的类型包括成员与成员之间、成员与环境之间、新旧观念与行为之间三种。管理者在此阶段的目标是尽快树立威信,化解各种矛盾冲突,进行良好的沟通和协调,掌控团队,让团队中的个体快速进入角色。

(三)规范阶段

经过一段时间的冲突,团队会逐渐走向规范。在这个阶段,团队成员间逐渐形成了在一起合作的规则和程序,团队内部成员之间开始形成亲密的关系,团队表现出一定的凝聚力。这时团队成员会产生强烈的团队身份感和友谊关系,彼此之间保持积极的态度,表现出相互之间的理解、关心和友爱,并再次把注意力转移到工作任务和目标上来,大家关心的问题是彼此的合作和团队的发展。他们对新的技术、制度也逐步熟悉和适应,并在新旧制度之间寻求某种平衡。团队和环境之间的关系也逐渐地理顺。这时候,团队面临的主要危险是团队的成员因为害怕遇到更多的冲突而不愿提出自己好的建议。此时的工作重点就是提高团队成员的责任心和权威,并鼓励他们多提建议。

(四)成熟阶段

在这个阶段,团队结构已经开始充分地发挥作用,并已被团队成员完全接受。团队成员的注意力已经从试图相互认识和理解转移到充满自信地完成自己的任务。至此,人们已经学会了如何建设性地提出不同意见,能经受住一定程度的风险,并且能用他们的全部能量去面对各种挑战。大家高度互信、彼此尊重,也呈现出愿意接受团队外部新方法、新输入和自我创新的学习性状态。整个团队已熟练掌握如何处理内部冲突的技巧,也学会了团队决策和团队会议的各类方法,并能通过团队会议来集中大家的智慧做出高效决策,并通过大家的共同努力去追求团队的成功。

三、团队中的不同角色

剑桥大学产业培训研究部前主任贝尔宾博士和他的同事们经过多年在澳大利亚和英国的研究与实践,提出了著名的贝尔宾团队角色理论,即一支结构合理的团队应该由八种角色组成,后来修订为九种角色。贝尔宾团队角色理论是,高效的团队工作有赖于默契协作。团队成员必须清楚其他人所扮演的角色,了解如何相互弥补不足,发挥优势。成功的团队协作可以提高生产力,鼓舞士气,激励创新。利用个人的行为优势创造一个和谐的团队,可以极大地提升团队和个人绩效。没有完美的个人,但有完美的团队。这九种团队角色分别为:

(一)实干家

实干家保守、顺从、务实可靠,有组织能力和实践经验,工作勤奋,有自我约束力;但缺乏灵活性,对没有把握的主意不感兴趣。实干家是团队中能把谈话与建议转换为实际工作步骤并且能够充分考虑其可行性的人。

(二)协调员

协调员沉着、自信,有控制局面的能力,对各种有价值的意见能够不带偏见地兼容并蓄,看问题比较客观；但在智力及创造力方面并不是特别优秀。协调员在团队中能够明确团队的目标和方向；选择需要决策的问题，并明确它们的先后顺序；帮助确定团队中的角色分工、责任和工作界限；总结团队的感受和成就，综合团队的建议。

(三)鞭策者

鞭策者思维敏捷、开朗、善于主动探索，有干劲儿，随时准备向传统、低效率、自满自足挑战；但易急躁、冲动、激起争端。鞭策者能够寻找和发现可行方案，使团队的任务和目标落到实处，推动团队达成一致意见，并推进决策行动。

(四)智多星

智多星有个性、思想深刻、不拘一格、才华横溢，富有想象力、智慧，知识面广；但常常高高在上，不重细节，不拘礼节。智多星能够为团队提供建议，提出批评并有助于引出相反意见，能够对已经形成的行动方案提出新的看法。

(五)外交家

外交家性格外向、热情、好奇，联系广泛，消息灵通，有联系人的能力，不断探索新的事物，勇于迎接新的挑战；但兴趣容易转移。外交家易接触持有其他观点的个体或群体，引入外部信息，对团队工作提出建议，适合参加磋商性质的活动。

(六)监督员

监督员清醒、理智、谨慎，判断力、分辨力强，讲求实际；但缺乏鼓动和激发他人的能力，自己也不容易被别人鼓动和激发。监督员能够对团队遇到的问题和局面进行理性分析，对繁杂的材料予以简化，并澄清模糊不清的问题，对他人的判断和作用做出评价。

(七)凝聚者

凝聚者擅长人际交往，温和而敏感，有适应周围人和环境的能力，促进团队的合作；但在危急时刻往往优柔寡断。凝聚者在团队中能够给予他人支持和帮助，打破讨论中的沉默，采取行动扭转或克服团队中的分歧。

(八)完美主义者

完美主义者是理想主义者，追求完美，持之以恒；但常常拘泥于细节，容易焦虑，不洒脱。完美主义者在团队工作中常常强调任务的目标要求和活动细节安排，能够在计划和方案中寻找并指出错误、遗漏和被忽视的地方，能够刺激其他人参加活动，并促使团队成员产生紧迫感。

(九)技术专家

技术专家能够专心致志、主动自觉、全心投入，能够提供不易掌握的专门知识和技能；但只能在有限范围内做出贡献，沉迷于个人专门兴趣。技术专家能为团队提供专业工作方面的支持，由于在专业领域掌握的技能比其他人都多，所以他们要求别人能服从和支持。但是，他们中间有许多人缺乏管理方面的经验。

四、团队工作的三环模式（见图3-2）

团队领导必须确保：

1.团队任何任务的完成必须是积极高效的；

2.团队必须要按团队的规范来维护；

3.团队中的每个成员都不是孤立的，都能得到相应的支持。

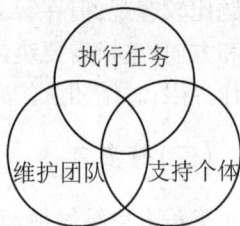

图 3-2　团队工作的三环模式

五、优秀团队的特征

团队形式并不能自动地提高效率,减少失误。它也可能会让管理者失望。近来一些研究揭示了与优秀团队有关的主要特征包括如下几方面。

（一）目标

一个优秀的团队一定有一个明确的目标,并且团队中的每个成员都理解并同意这个目标。这种目标的重要性还激励着团队成员把个人目标升华到群体目标中。在优秀的团队中,成员愿意为团队目标做出承诺,清楚地知道希望他们做什么工作,以及他们怎样共同工作,最后完成任务。

（二）技能

优秀的团队能够克服不利条件的约束和限制,解决遇到的问题,达到他们的预定目标。这就要求他们具备实现目标所必需的技术和能力,而且相互之间有能够良好合作的个性品质,从而出色完成任务。后者尤其重要,但却常常被人们忽视。有精湛技术和能力的人并不一定就有处理群体内关系的高超技巧,优秀团队的成员则往往兼而有之。

（三）贡献

为了实现团队目标,团队中的每一个队员都愿意贡献自己的全部力量。

（四）沟通

良好的沟通是高效团队不可或缺的。团队成员通过畅通的渠道交流信息,包括各种言语和非言语信息。此外,管理层与团队成员之间顺畅的信息反馈也是良好沟通的重要特征,它有助于管理者指导团队成员的行动,消除误解,使工作做到最好。

（五）人际关系

优秀的团队必然具有成熟的人际关系,团队成员之间能够相互信任、相互支持。人际关系对每个人的情绪、生活、工作都有很大的影响,甚至对团队气氛、团队沟通、团队运作、团队效率及个人与团队之关系均有极大的影响。

（六）领导

优秀的团队必然有有效的领导,有效的领导能够让团队跟随自己共同度过最艰难的时期,因为他能为团队指明前途所在。他能鼓舞团队成员的自信心,帮助他们更充分地了解自己的潜力。

（七）合作

优秀的团队能够与其他团队或其他个人很好地合作。

（八）发展

优秀的团队能够在他们日常的工作中不断总结、积累经验,团队的工作经验会成为团队宝贵的财富。

第二节 船舶团队协作

一、船舶团队协作

船舶团队协作应努力做到以下各点。

1. 船舶管理人员应将船上所有人员看作一个具有共同目标的团队,不断强化船员的团队意识。船上人员的共同目标就是在保证船舶、人员安全和防止海洋环境污染的前提下,把货物或旅客安全地从一个港口运抵另一个港口。

2. 船舶团队应能够很好地与临时加入的第三方进行合作。例如,与引航员、拖船、带缆工人、装卸工人、理货人员等的合作。

3. 船舶团队应防止船上任何人员孤立地工作。由于船舶特殊的工作环境,即使在人员紧张的情况下,也应保证单独工作的船员能够随时与其他队员进行有效的沟通,并随时可以得到相应的支持。

4. 团队领导者应坚定,但又不失灵活和友好。应尽力避免形成过于专制的领导方式,同时,也应避免放任不管的领导方式。

5. 如果条件允许,船长在确定工作目标时应与自己的团队共同讨论,使相关人员能够充分地表明自己的观点,在此基础上制订详细的实施计划。

6. 每个成员在工作中经常会需要其他队员所拥有的经验和技能,成员之间必须相互协作、相互支持才能更好地完成船长确定的工作目标。

7. 团队管理者要意识到每个成员的贡献都是有价值的,这会对团队产生强烈的激励作用。

8. 团队工作应始终按规定的标准操作程序进行。

9. 船舶团队应能对各种突发事件、紧急情况及环境的突然改变做出迅速、准确的反应。

二、驾驶台团队协作

（一）驾驶台团队组成

驾驶台团队成员包括船长、值班驾驶员、值班水手和在船引航员（详见图3-3）。

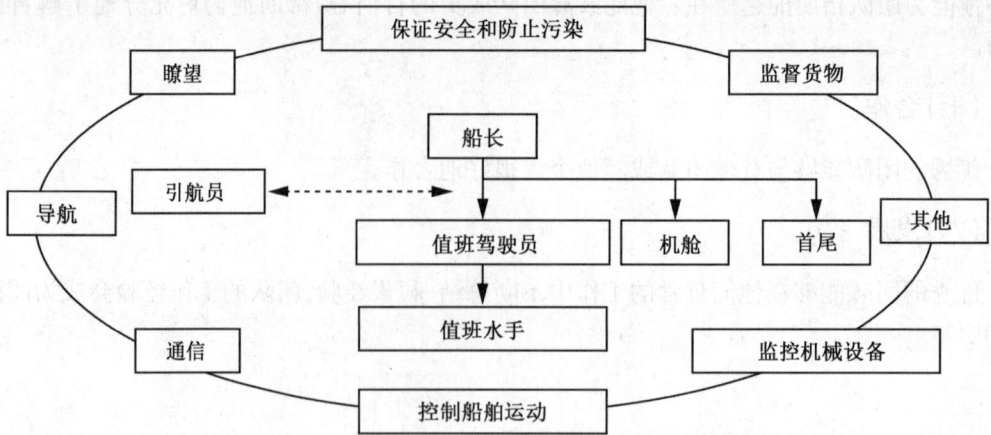

图 3-3　驾驶台团队组成图

（二）驾驶台团队协作

协作是指在实现目标的过程中,部门与部门之间、个人与个人之间的协调与配合。简单说来,它是一种更好实现共同目标的工作方式,也就是能达到整体效益大于各自独立组成部分的总和,即"1+1>2"的效果。协作的优点是可以充分有效地利用组织资源,便于集中力量在短时间内完成个人难以完成的任务。

团队协作意味着团队中的每个成员都非常清楚预定的行动计划,为实现共同目标,每个人都应做出最大贡献,从而大大降低失误带来的影响,并将事故发生的可能性降到最低。驾驶台团队协作应努力做到以下各点:

1. 船长定下工作目标后,应通过与驾驶台团队(如果引航员在船,应包括引航员)讨论、协商制订出详细的实施(航行、靠离泊、锚泊等)计划。讨论过程中,应充分考虑所有成员的意见和建议,团队成员应积极献计献策。

2. 驾驶台团队的领导应坚实、牢固又不失灵活、友好。与之相反的是专制、独裁的领导方式,所有的决策都依赖于一个人。在专制、独裁的领导方式下,如果出现了错误,将没有人检查和反馈。同样,放任不管的领导风格也是不可取的,会使团队由于缺乏约束、管理而混乱不堪。

3. 为了完成船长确定的工作目标,团队中的每个成员经常会需要其他队员所拥有的经验和技能,成员之间必须相互协作、相互支持。

4. 每个团队的各成员都有详细而明确的责任,并恪尽职守,这样船长就有更多的时间来监督管理船舶的航行、避碰及防污染行动。船长应始终对全船负责,但又不专制、独裁。在实际工作中,船长待人热情、言语友善且富有幽默感会有助于激发团队的工作热情。

5. 做任何决定都要依据事实,而不是个人偏见和主观臆断。

6. 由于团队成员特殊的位置,其他成员可能会发现船长或引航员没有发现的潜在危险,应鼓励团队成员毫不犹豫地提醒船长(驾驶员、引航员)。

7. 驾驶台团队应能对各种突发事件、紧急情况及环境的突然改变保持高度警觉,并能做出迅速准确的反应。

8. 驾驶台团队应非常友好地接纳新成员,比如让引航员舒服地融入驾驶台团队。

9. 团队每一成员都应留心驾驶台工作环境内所发生的任何情况,以便及早发现失误,并避免失误链的形成。

10. 团队成员之间要有良好的沟通,不应该存在有人害怕向船长或引航员询问他的操作意图的情况。

11. 团队工作应遵循标准的操作程序,并严格执行航行计划。

12. 团队成员间要相互帮助、相互支持,按照船长的决策和授权工作。船长应该永远保持高水平的情境意识,了解全局并始终保持对船舶和团队的有效控制。

13. 驾驶台团队长期工作在复杂多变的环境中,他们的工作可以说是在压力下承担责任。因此,驾驶台团队成员应做到:

(1) 保持不间断的警觉;

(2) 加强情境意识;

(3) 对重要事件优先予以考虑;

(4) 做事应安排好优先顺序,分清轻重缓急;

(5) 保持良好的通信与沟通;

(6) 工作中有疑虑时及时澄清,适时提出建议和质询;

(7) 习惯性地进行交互检查;

(8) 所采取的任何措施一定要适合当时的环境和条件。

14. 驾驶台团队成员要警惕以下倾向:

(1) 过分依赖无线电助航设备和自动系统;

(2) 不愿寻求帮助;

(3) 不愿指出上级犯的错误;

(4) 对小问题纠缠不清而忽视了需优先考虑的大问题。

(三) 引航员在船时的驾驶台团队协作

引航员登船后自然成为驾驶台团队中的一员。船舶引航作业是船舶团队工作的重要组成部分,因此,分析船长、驾驶员和引航员之间的关系,研究引航中的团队协作,对于船舶营运作业安全有着极其重要的意义。

1. 船长

船长熟知本船操纵性能;熟悉全船人员、设备及其薄弱环节和局限性;熟悉本船各种紧急情况下的应急预案;有丰富的航海实践经验;对船舶安全负有无限责任,必要时,可从引航员手中接过船舶指挥权。船长不熟悉当地的水域和环境情况;在引航员引航过程中常处于被动地位,当对引航员的引航行为有疑虑时,因对所经具体航区不了解而无法质询引航员。船长不能控制拖船、带缆艇、码头系解缆人员。

2. 引航员

引航员熟知当地水域的航行要求,了解航道和港口情况;熟悉本港气象、水文,尤其是航道的变迁、水深的变化规律;掌握本港船舶动态、船舶流向规律以及地方习惯航法;具有语言交流的优势;熟悉与港口相关职能部门的联系方法;熟练掌握本港拖船的分布、拥有量、性能以及指挥拖船的方式;对所靠离码头的走向,系缆设施,码头边的水流、水深,码头工人的带缆技术与风格等都非常熟悉;能够控制拖船、带缆艇、码头系解缆人员。但是引航员不熟悉船舶的操纵性能、船舶的仪器设备和船员。

3.船长与引航员的关系

1)相关的公约及法律规定

(1)《STCW 公约马尼拉修正案》第 A-Ⅷ章第 49 条规定:尽管引航员有其职责和义务,但他们在船上引航时并不解除船长或负责航行值班的高级船员对船舶安全所负的职责和义务。船长和引航员应交换有关航行程序、当地情况和船舶性能等信息。船长和负责航行值班的高级船员应与引航员密切配合,并保持对船舶的位置和动态进行准确的核对。

如果负责航行值班的高级船员对引航员的行动或意图有所怀疑,他应要求引航员予以澄清;如仍有怀疑,应立即报告船长,并在船长到达之前采取必要的行动。

(2)《中华人民共和国海商法》第 39 条规定:船长管理船舶和驾驶船舶的责任,不因引航员引领船舶而解除。

(3)《中华人民共和国海船船员值班规则》第 46 条规定:船舶由引航员引航时并不解除船长管理和驾驶船舶的责任。船长和引航员应交换有关航行方法、当地情况和船舶性能等情况。船长和值班驾驶员应与引航员紧密合作,并保持对船位和船舶动态随时进行核对。船长对引航员的错误操作应及时指出,必要时即行纠正。

第 47 条规定:船长在非危险航段暂离驾驶台时应告知引航员,并指定驾驶员负责。如值班驾驶员对引航员的行动或意图有所怀疑,应要求引航员予以澄清;如仍有怀疑,应立即报告船长,并在船长到达之前采取必要的行动。

2)船长与引航员关系的复杂性

尽管有关公约、法规对船长与引航员的法律关系、权利、职责和义务做了明确的规定,但是航运界对船长与引航员之间复杂的法律关系和微妙的人际关系的理解仍存在一些问题。

(1)强制引航是国家主权的体现。在强制引航情况下,引航员具有双重身份:一是港口当局授权或认可的执行引航任务的人员,具有维护国家利益、保证港口安全的责任;二是船东雇来协助船长操纵船舶的雇员,具有协助船长安全操纵船舶的责任。据此,引航员在引航中的权利和义务是维护国家利益,安全、迅速地引领船舶。船长不应对引航员提出超越船舶安全需要的其他要求。

(2)不论是否强制引航,引航员和船长都必须严格遵守港口国的引航规定。船长是船东的代表,任何时候船舶的最高指挥权都在船长手中。船长与引航员是雇用与被雇用的关系,尽管多数港口是强制性引航,但这只是一种强制性的服务而已。

(3)"引领船舶"不能被混淆为"指挥船舶"。引航员操纵船舶并不意味着接替船长,船长始终具有操纵船舶、指挥船舶的权利,他是船上的最终权力者。引航员的引航是船长对权力的委托,权力的委托并不等于权力的放弃。船长有中止、解除不称职、不负责任的引航员引领工作的权力。在实际工作中,比较复杂的是船长如何根据自己的专业判断,合理掌握中止或解除引航员引领工作并要求更换引航员的时机。

(4)引航员、船长与值班驾驶员都有责任确保船舶的安全航行和安全靠离泊作业。当引航员采取的措施不当时,船长、值班驾驶员都有责任加以纠正。当相互间有不同意见时,必须服从船长命令。

(5)当由引航员操船导致船舶交通事故,或由引航员引领过失造成了自身和他方损失时,引航员、船长应承担相应的行政责任和可能的刑事责任,船东通常应承担民事赔偿责任,引航员通常不承担经济赔偿责任。

(6)引航过程中发生的事故很多都是由于船长对引航员过于信任,把船舶操纵的指挥权完全交给引航员而造成的。因此,要求船长在船舶进出港,特别是在长时间进出港口操作时应有高度的责任感,始终不可放松警惕、放弃船舶的指挥权。

3)引航工作中的注意事项

(1)船长与引航员应互相给对方以良好的第一印象,使对方看到你饱满的精神面貌,让对方从心底里自然产生信任感,从而能互相信任、互相激励。引航员登船时,船长首先应为他们创造一个良好的工作环境:

①全船秩序井然,管理有序;

②驾驶台无闲杂人员,氛围良好、宽松,环境适宜(清洁、整齐,导航设施工作在最佳状态等);

③提供正确的船位、航向、船速等信息,告知值班人员的配备情况和导航设施、车、舵、锚、侧推器等的工作状态情况;

④船长在工作中应情绪稳定、镇定自若,充分展现个人人格魅力,善于互相调适心理状态,给对方以良好、宽松的心理暗示;

⑤与引航员一道形成船舶港内航行和靠离泊安全的合作团队。

(2)引航员指令的理解与执行

引航员的口令(或指令)是不是命令? 正确的答案为"不是"。引航员在船引航,英文航海日志可以记载为:P. A. M. O,即 Pilot's Advice,Master's Order。值得注意的是,这里有一个默认程序。通常引航员开始引航后,船长和引航员在驾驶台所处的站位一般在驾驶台两翼,船长的位置处于里档,更靠近驾驶员和舵工;在驾驶室内,选择较为适合瞭望、交流、指挥的位置。引航员下达口令后,船长如没有表示任何疑问,即表示对引航员建议的认可,引航员的建议就通过这样一个默认程序自动转换成了船长的命令。通常,引航员下达口令,驾驶员(或舵工)立即复诵口令(车钟令或舵令),接着执行,继而报告执行结果。正是由于以上一系列动作是一气呵成的,通常情况下,船长是不会改变引航员的口令的,长此以往,造成了人们都认为是在执行引航员的命令的误解。

为了确保船舶的安全,船长通常在现场会采取以下措施:

①默契控制:由于引航员对本船的操纵性能缺乏透彻的了解,往往在具体操作过程中表现为动作到位率、连贯性的不协调,以及口令的急促或迟疑。在一般水域(危险系数不高)对船舶安全的影响不大,而在某些特殊航段或特殊时间段内对船舶安全的影响就可能变大。根据船长的专业判断,同时考虑到引航员的特殊身份,船长在现场往往采取一种折中的处理方法,船长在不修正引航员口令的条件下按自己的要求实施船舶控制指令,以保证安全度。

②有效监督,掌握主动:船长光有高度的责任心而缺乏技术水平和临场经验是不够的。他们应善于及时识别引航员指令中存在的问题;通过事先的思考与研究,他们应把握好哪些航段、哪些时段、什么情况下(潮水、潮流、风浪、涌浪、能见度、暗礁、浅水区等)船舶将面临较高的风险及其对策,知晓何种原因会导致或诱发引航员引领与指挥错误。船长应始终把握住本船的安全底线,对意料之中的事须早有应急预案,以便可以从容应对;对于意料之外的事,也应根据实际情况的需要,果断采取相应的措施;如事故已无法避免,则应尽量减小损失,保护人员

和环境。

4.船舶到港前的引航准备与团队协作

(1)搜集资料

抵达港口前,船长应收集有关港口的资料,及时收听港口及附近的航行警告、气象预报,通过向引航员或港口控制中心了解和联系当地代理及租家,提前获得关于航道、泊位等的变化情况及其对本船操纵和安全的影响程度。

(2)海图改正和海图作业

船长应督促二副及时做好航用图、书的改正工作,进港时船长和驾驶员应核对航道灯浮变化的情况,并做相应的标注,供船舶航行时参考。对本船的适航深度做出醒目的等深线标示,在重要的转向点、危险区域,应标出可利用的目标及其方位与距离。

驾驶员对海图作业方面的工作不可掉以轻心,只有认真地预画航线,预先了解各航段的航道宽度及水深、碍航物、等深线的走向、灯标及浮标的设置、转向点及危险区的位置、船流规律,做好了充分的准备工作,才能让自己在引航过程中心中有数,才能准确判断引航员的引航口令是否正确,从而牢牢把握航行安全的余度和底线。

(3)熟悉资料和情况

船长应认真阅读港口指南、航路指南、灯标表、潮汐表、海图资料、航行警告和港口的有关航行法规等资料,特别是对该港口所经航道和拟靠泊位当时的风向、风速、流向、流速、潮时、潮高、航道水深、限制高度、航标、障碍物、急转弯地带和拖船等情况要做到心中有数;并制订周密详尽的进出港计划、靠离泊计划和多种应急预案。在引航过程中,船长更应与引航员充分沟通和交流。

(4)应急预案

对已经识别的风险和无法预测的风险应多想几个"假如",多想几个应付对策。应充分考虑到引航员可能临时改变登船时间或地点、天气与能见度等的突然变化、航道大转弯附近需要紧急让船或航道前方船舶可能突然发生事故等情况,并做好相应的应急处理方案。

另外,应急处理方案还应考虑紧急情况下车不来、舵失灵、倒车开不出等情况。应充分考虑应急准备和方案的可行性,不要造成做了等于没做的后果。例如锚备妥了,大副和木匠又返回生活区了。还应注意抛锚点的底质和障碍物等。为此,应急预案应考虑到双锚制动、主机失控时机房操纵的应急转换、紧急停船、应急舵的转换等;进出港口时提早慢车,减小惯性。因为有时虽然在到港前和开船前已试过车,但是不能确保需要时一定来车。

(5)保证值班人员有足够的休息时间

船长应按体系文件的要求,合理安排值班时间,让值班人员有足够的休息,以保证充足的体力,同时对船员进行严格的酒精监控。

(6)确保设备正常

船长应按体系文件的要求,布置好对船舶各种机械设备的检查与试验,发现问题及时排除,确保各种航海仪器、四机一炉和通信设备等的正常使用。

(7)保持团队内部信息流的畅通

船长必须将港口的特点和注意事项告知驾驶员和轮机长,保证及时用车,确保进出港口安全。

（8）抛锚准备

船长应详细了解引航锚地和等候锚地的特点，如接近锚地的导航目标、通航密度、定位物标、水文、风力、水深和底质等情况。大副应按船长指示备妥双锚，深水抛锚时应严格按操作规程执行，防止丢失锚链。

（9）排除干扰

在进出港和靠离码头期间，船长和驾驶员应严格遵守驾驶台值班规则，禁止无关人员上驾驶台，以免干扰驾驶操作。

5. 引航员登离船安全的组织与安排

1）引航员登离船安全保障

航行中接引航员登船时应备车航行并使用手操舵，降低航速并尽可能使引航船处于下风；船舶登船口离水面高度超过 9 m 时，必须为引航员配置软梯加舷梯的联合登船装置；登离船器材符合标准并齐全，引航员登离船装置的安装应由驾驶员监督；派一名驾驶员持对讲机接送引航员登离船，夜间接送引航员应有足够的照明；使用直升机接送引航员时，应严格按相应的操作规程进行。

除应遵守关于引航员软梯、舷梯、两根扶手支柱、引航员机械升降器的配置和安装规定外，接送引航员登离船时，还应备妥两根直径不小于 28 mm 且牢靠地系固在船上的安全绳、带有自亮灯的救生圈、撇缆绳。

2）引航员登离船事故的预防

尽管国际海事组织对引航员软梯的管理，从标准要求、制造质量、使用方法等方面都做了比较详尽的、强制性的要求，但引航员登离船事故，尤其在大风浪天气中仍时有发生。预防引航员登离船事故的方法包括但不限于：

（1）大风浪天气条件下

大风浪天气引航员上船，除必须在大船的下风舷安放引航员软梯以外，还要使用符合 SO-LAS 公约要求的安全索。安全索要在甲板上生根固定。

（2）引航员软梯的固定

引航员软梯只要放在舷外就应该固定好。引航员在双手抓住引航员软梯之前，必须首先测试并确认该软梯安放得正确、牢固、没有松动、适于使用以及照明适度后，方可开始登船行动。若引航员发现引航员软梯的技术条件或安放、固定、照明等不符合要求，应立即停止登离船，并立即向引航站或 VTS 中心报告。

（3）不携带物件登梯

引航员上船时，一般都随身携带一个文件包。值班人员应先用一根绳索将该文件包提到船上，再协助引航员上船。严禁引航员在使用引航员软梯时，采取一手携包、另一手扶梯的危险方法。如果引航员将包背在身后，必须确保丝毫不影响其由引航员软梯往上攀爬的动作，并确保文件包不会被软梯或任何其他物品所阻碍而引发任何其他意外事故。

（4）引航员软梯长度的调整

引航员软梯在船舶满载时可能会显得过长，下放得过长容易被停靠的船舶挤坏，因而，需要随时调整软梯长度。在调整引航员软梯长度时，必须从软梯的上端将其收起或放下。不得采取从引航员软梯下端系一根绳索，在船上或送、或收的错误做法。

（5）夜间照明

在不影响船舶操纵的情况下,大船要保证在引航员登离船时,引航员软梯通道以及甲板、过道、楼梯口等处的良好照明,包括手电筒的使用。

（6）引航员的接送

引航员登离船期间,自始至终要由驾驶员或有能力的水手协助和护送,以确保引航员登离船的安全。

（7）接送引航员过程中的通信

驾驶员或水手接送引航员时,必须携带对讲机以保持与大船驾驶台的密切联系,以便配合控制好船位、角度、态势、速度等。

（8）引航艇的接送保护措施

引航员登离船期间,尽管自始至终有大船驾驶员或有能力的水手协助和护送,为确保引航员登离船的安全,引航艇仍应指派水手与大船配合,专门协助和护送。风力达到或超过6级,浪高达到或超过1 m时,引航艇在海面上上下颠簸,引航员爬上引航员软梯,或由引航员软梯跳上引航艇的瞬间,最容易发生安全事故。此时风浪越大,其危险性越高。为此,引航艇靠上大船后,应指派水手协助引航员扶稳引航员软梯,待引航艇上下颠簸到最高点附近时,协助引航员迅速爬上引航梯,或协助引航员迅速跳上引航艇;在协助引航员登离船前,应指定水手将引航艇舷侧甲板贴靠引航员软梯部位及其附近的缆绳、杂物清理移走,以防意外。

（9）驾驶台资源管理

根据驾驶台资源管理的要求,船长应灵活把握注意力的集中和转移,合理组织值班船员,包括各自的位置、角度、常规职责、应急职责、信息沟通交流方式、记录、应急处置、驾驶台工作规程等,形成一个注意力范围足够广泛、反应灵敏、信息畅通、互补、完整、无瞭望技术死角的操船整体(模块、团队),避免由于个体(视觉、听觉、距离、预期、速度)错觉以及主观臆断而造成失误。

（10）特殊情况

国内船舶由本公司派出引航员引领时,如自引进出黄浦江、长江、珠江、闽江等,往往具有一些特殊情况。由于本公司派出的引航员往往是公司的资深船长,他们对该特殊航段的情况也非常熟悉,通常都非常自信,有时会出现过于骄傲的现象。本船的船长往往对他们工作中存在的问题不好意思加以指正或纠正,客观上这就是潜在的事故诱因。为此,相互间必须正确处理和摆正关系,必要时通过有效的通信与沟通加以解决。

6. 船舶进出港口的团队协作

1）船舶进出港口

船舶进出港口时船长应在驾驶台指挥,轮机长应在机舱指挥,值班人员均应认真执行体系文件的各项规定,切实履行各自的职责。当需要船长在驾驶台连续工作8 h或以上时,值班驾驶员应协助船长做好安全航行工作。换班时接班驾驶员应提前15 min上驾驶台,交班驾驶员应推迟15 min离开驾驶台,并记入航海日志。

2）引航员上船后

引航员上船后,船长应做好对引航员的接待和沟通工作,要让引航员心情轻松愉快,精力集中地引航。让引航员和船长各自的优势达到合理的互补,默契地配合,同时要求船长或驾驶员使用领港卡检查清单,适时、主动地向引航员介绍本船的船舶规范、货载情况、操作性能、船舶吃水、吃水差和车、舵、锚的使用等情况。

通常,引航员一上驾驶台就立即开始引航操作,为了防止一次性向引航员介绍本船有关情况过多,或因操作原因不得不断断续续介绍这些情况,致使引航员不一定能完全记住,建议在抵港前专门打印一张引航卡,以书面形式交给引航员,以示重视。应将最重要的信息打在最前面,如船舶规范、前后吃水,车、舵、锚、侧推器,主要操纵性能,驾驶台到船首的距离,本船的特殊操纵要求等,其中只有少量数据需要每次更新。

船长应主动向引航员了解整个航程的航行安排、操作意图、航道和泊位水深情况、进出船舶动态、靠离泊方案、拖船配置和操作方案、安全靠离要求、港口有关规定和注意事项等。各港口的引航员素质良莠不齐,船长应注意其有没有酗酒现象,长时间领航,因疲劳其精神能否集中,及时观察和判断其操作能力,真正做到心中有数。同时应核查引航员的每一车钟令和每一舵令的正确性和有效性。

另外,在引航船靠上本船之前,引航员就可用高频电话与大船进行联系,必要时让大船给引航船做下风。这时,船长应立刻查明船舶周围情况,在确保安全的前提下,再谨慎执行引航员的口令。在抛锚等引航员的情况下,引航员上船前,往往在甚高频里要求船长起锚,引航员认为最理想的是当他到达驾驶台时,船舶的锚已离底或已经进车进港了。船长应特别注意,根据当时船舶所处水域的环境条件,尤其是流速、流向、风速、风向、航道的宽度、交通拥挤程度等,确定起锚时间,并确定让本船在什么状态下上引航员。严防因引航船迟迟不露面,本船处于停车漂航状态而受到风流压,产生不为船长或驾驶员察觉的漂移,等到发现危险时为时已晚的现象产生。

3)引航员引航时

在引航员引航时,若发现引航员精力不能集中,要用适当的方法与之沟通,既要尊重他,又要监督他。发现引航员有错误时,应及时加以提醒;若船舶安全不能得到保证,船长则应当机立断,不顾情面,果断、明确地收回指挥权,自行指挥船舶,必要时可视情要求更换引航员。

船长在非危险航段暂离驾驶台时应告知引航员,并指定驾驶员负责。此时如值班驾驶员对引航员的行动或意图有所怀疑,应要求引航员予以澄清;如仍有怀疑,应立即报告船长,并可在船长到达之前采取必要的行动。为此,有必要教育驾驶员,使他们完全明白,当船长不在驾驶台时,自己有权利纠正引航员的错误口令,或在船长到达之前采取必要的保护性行动,但要极其谨慎地使用这种权利,并尽可能在情况允许的条件下事先与引航员取得沟通。

引航员登船时也应向船长展现自己衣着整洁、精神饱满、热情自信、风度与修养俱佳的形象,让对方能产生信任感、和谐感和合作的欲望,从而产生互相信任、互相激励的局面。这就意味着引航员必须真正能做到:

(1)首先把良好的心态、礼貌的问候带上驾驶台;

(2)适当关注驾驶台的秩序,有无闲杂人员,氛围如何,环境是否适宜,尤其是导航设施是否工作在最佳状态;

(3)与船长认真交换引航信息:介绍引航方案,航道情况、泊位情况,操作要求、要领、要求的特殊配合等;了解船位、航向、航速、角度、态势,值班人员的配备与站位,导航设施的状态,车、舵、锚、侧推器的工作状态等;

(4)情绪稳定,镇定自若,充分展示个人人格魅力,善于互相调适心态,给对方以良好、宽松的心理暗示;

（5）以积极主动的心态加入船舶航行和靠离泊安全作业的合作团队之中，并使自己成为工作核心层的主要成员。

另外，引航员还应具有高度自我保护意识，并在引航过程中能有理有节地处理好与船长的关系，有效地控制船舶的引航作业情况，认真做到：

①积极说明自己的引航意图，并通过相互交换意见达到有效沟通的目的；

②在引航工作无法正常进行和确有必要时，可提出警告性声明，以强调引航员自己的安全意见；

③在引航工作实在无法进行和确有必要时，在告知船长后，中止引航；

④在紧急情况下，应在船长的统一指挥下，与船长一同挽救危局。

第四章
通信与沟通

通信与沟通概述

一、通信与沟通的含义

驾驶台资源管理中通信与沟通的概念来自英文单词"Communication",在中文翻译中该单词有多个意思,比如通信、交流、沟通、传达等。

按照中文的通俗理解:通信是指通过各种介质将信息从一个地点、一个人或一台设备传送到另一个地点、一个人或一台设备。如:有线、无线、卫星、书信、视觉通信等。

沟通则是人与人之间、人与群体之间或群体与群体之间思想、感情、信息、指令的传递和反馈,是信息传与受的行为。发送者凭借一定的渠道,将信息传递给接收者,并寻求反馈,以达到相互理解的过程。如:会议、演讲、讨论、咨询及各种形式的沟通手段。

沟通的外延更广,通信是沟通的一种手段和方式。

二、有效沟通的作用

著名组织管理学家巴纳德认为"沟通是把一个组织中的成员联系在一起,以实现共同目标的手段"。在一个组织中,信息沟通有其不可或缺的存在价值,管理层与管理层、管理层与员工、员工与员工之间都需要沟通来掌握和传播信息、交流思想,从而使组织内部成员之间互动地把握自己与他人、与总体的动态联系,从而推动组织的发展。沟通的作用主要在于:

（一）有效沟通是组织的凝聚剂

沟通是协调各组织要素并使之成为一个整体的凝聚剂,这使得组织内部对信息的传递和理解更为迅速且一致。

（二）有效沟通是组织内信息准确传达的保障

有效的沟通是管理者联系下属,以实现管理基本职能的有效途径,这在一定程度上对组织内高低层管理之间在信息纵向传达的准确性上起到了保障作用。

（三）有效沟通能够提高工作效率

美国著名未来学家奈斯比特曾指出:"未来竞争是管理的竞争,竞争的焦点在于每个社会组织内部成员之间及其外部组织的有效沟通上。"管理者与被管理者之间的有效沟通是任何管理艺术的精髓。有效沟通可以消除误会,增进了解,融洽关系。如果彼此缺乏沟通,就会产生矛盾,酿成隔阂,甚至酿成内耗,影响工作的绩效。为了保证组织目标的顺利实现,我们应该高度重视管理工作中的有效沟通。通过良好的沟通,为决策者提供全面、准确、可靠的信息,达到组织内部的人际关系和谐,保证工作质量,提高工作效率。

（四）有效沟通是管理者必备的一种高尚品质

有效沟通是敬业精神和崇高职业道德的一种表现形式。学会沟通,自如掌握沟通技巧,并善于在必然和偶然中运用它,会使许多工作获得事半功倍的效果。

（五）有效沟通是提升领导力的一种手段

有一种说法:管理者50%的时间用在沟通上,而管理中50%的问题是由沟通障碍引起的。只有实现了有效沟通,你的思想才能为他人所理解,同时你才能得到必要的信息,并获得他人的鼎力相助。作为一个领导,充分认识沟通的重要性,并实现在组织内部的有效沟通,对提升领导力具有重要的意义。

三、通信与沟通的方式和特点

（一）语言沟通

优点:节省时间;交流方便,可辅以非语言沟通技巧。
缺点:受外界影响严重;有时会被曲解;沟通内容有时较为随机;难以长时间保留备查。

（二）文字沟通

优点:适于传达复杂和难记的资料;能准确表达内容,内容正规;可复查。
缺点:需要组织、书写和阅读;耗时较长;需要接受者具有一定的阅读和理解能力;不能及时反馈。

（三）肢体语言沟通

肢体语言沟通是沟通的重要辅助方式。

四、通信与沟通的程序

有效、顺畅的通信与沟通是一个闭环式的交流过程,这里的闭环强调通信过程中的传递者→传达→接收者→反馈→传递者的过程。通常包括以下几个步骤(见图4-1)。

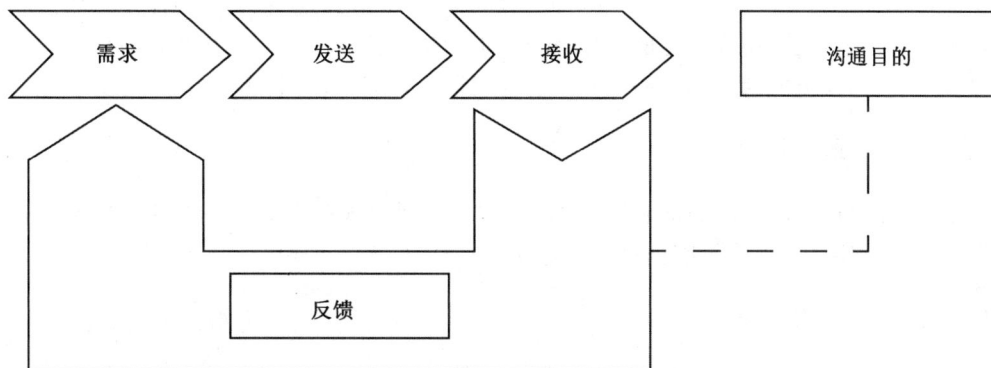

图 4-1　通信与沟通的步骤

（一）需求（Need）

发送方希望向接收方发送信息,发送方收集和安排信息内容。信息内容应明确 5 个"W",它们分别是:

1. Why:发送信息的原因,表明沟通的目的和意图;

2. Who:信息的受体,明确沟通的对象;

3. What:信息的内容,应按接受者易于理解的方式收集和安排沟通内容;

4. When:信息发送的时间,应选择适宜的时机进行沟通;

5. Where:信息发送的地点,应选择适宜的地点,尽量避开环境干扰。

（二）发送（Send）

选择合适的方式和手段,有效地传送信息。

（三）接收（Receive）

接收方接收并准确理解信息,如有任何疑问,应要求发送方做进一步澄清。

（四）反馈（Feedback）

接收方确认收到的信息,并根据情况及时向发送方反馈。

五、有效沟通的原则

(一)明确沟通目的

明确沟通目的就是首先要明确为什么要进行通信与沟通,明确其必要性和紧迫性,这样可以确保通信与沟通的充分性和有效性。

(二)计划沟通过程

在开始沟通前,先要明确沟通的对象,组织沟通的内容,选择沟通的时间、地点,选择沟通的手段及方式,预计可能遇到的障碍及解决方法,即对沟通过程进行事先计划。

(三)选择合适的沟通时机

根据沟通的目的,以及沟通的必要性和紧迫性,合理地选择沟通时机。如时机不成熟,不要仓促行事;贻误时机,会使某些信息失去意义。

(四)选择有效的沟通方式

根据当时的环境情况,选择最有效的沟通方式:语言沟通(面对面、电话),文字沟通(书信、电子邮件、电传、传真)等。

(五)采取正确的沟通态度

按发信人对沟通内容的控制程度和收信人的参与程度,沟通的态度可分为以下四种。

1. 告知:发信人指令或指挥收件人做某项事情。只需要收信人去学习和理解,而不需要他的见解。使用这种态度与别人进行沟通的人通常是由于职位和知识水平较高而获得较高可信度的人。

2. 说服:发信人试图说服、劝告收信人做某些与其本意相悖的事情。他需要收信人与他一起去完成这些工作。使用这种态度与别人进行沟通的人通常为人特别友善和有着较强的个人魅力。

3. 协商:发信人通过商榷的方法与收信人交换某些信息,虽然他在某种程度上仍控制着沟通过程,但他希望从对方处获得信息。

4. 参与:发信人与收信人通过合作完成某项工作。

使用后两种态度进行沟通的人在很大程度上以双方的共识为沟通的基础。事实上,选择正确的沟通态度并不是件容易的事情,因为在同一沟通的不同阶段,也可能需要不同的沟通态度。

(六)注意沟通中的反馈

沟通过程中要关注并鼓励接收方积极反馈。

第二节　船舶通信与沟通

一、船舶通信与沟通特点

在 STCW 规则 Section A-Ⅱ/1 对支持级、操作级和管理级三个级别人员的强制性要求中，有一共同的要求就是有效沟通(Effective Communication)。由于船舶特殊的工作环境，船舶通信与沟通与陆地上的通信与沟通相比具有以下突出的特点：

(一)直接影响船舶安全

船上的操作许多是具有其特殊性甚至临界性的操作，例如，船舶进出港口、靠离码头、系离浮筒、抛起锚及一些应急操作。因此，船上的通信与沟通具有极其重要的准确性、有效性和严肃性。通信与沟通是驾驶台资源被团队成员充分共享的重要手段。通信与沟通一旦出现障碍或中断，意味着失误链正在形成，船舶将面临风险。船舶通信与沟通过程中产生任何障碍都将导致不可估量的后果，直接影响到船舶安全。

(二)通信与沟通途径复杂

在船舶上，有部门与部门之间、驾驶台与首尾之间、驾驶台团队与引航员之间、船员上下级及同级之间的内部通信与沟通；也有船舶与 VTS 中心、引航站、港调、船东、租船人及代理之间的外部通信与沟通。根据目的和环境条件的不同，沟通的手段多种多样，包括：语言沟通(面对面、电话)，文字沟通(书信、电子邮件、电传、传真)等。因此，与陆地上的组织相比，船舶的通信与沟通途径更加复杂。

(三)通信与沟通障碍较多

由于船舶团队的组成具有多国籍性，许多船舶有三个国籍以上的船员，他们有着不同的民族语言、种族信仰及历史文化背景。即使一船所有海员都来自同一国家，但他们也可能来自不同的地区或省份，使用不同的方言。如果大家不用统一的工作语言，沟通就会出现障碍；信仰及文化背景的不同也会给沟通带来障碍。此外，像船舶的机舱、抛起锚时的现场常常有很大的噪声；压力、疲劳及无线电通信设备的故障都会给内外部沟通带来障碍，甚至造成通信与沟通的中断。

(四)须遵守标准的通信与沟通程序

由于通信与沟通会直接影响到船舶的安全，通信与沟通过程中产生任何障碍都可能产生严重的后果，因此为了保证通信与沟通的顺畅，船员必须遵守标准的通信沟通程序。例如，车钟令、舵令的发出与执行程序，抛起锚、靠离泊时驾驶台与首尾之间的沟通程序等，都严格遵循：发出指令→重复指令→执行指令→反馈指令的程序。这个程序是一个严格的闭环沟通程序，沟通过程中缺失了任何一个环节都会造成沟通的错误、障碍或中断。

二、船舶重要的通信与沟通

(一)船舶通信与沟通的方式

船舶通信与沟通的方式多种多样,根据船舶作业的情况和条件通常可分为内部通信与沟通和外部通信与沟通。

1. 内部通信与沟通

1)口头的通信与沟通方式主要包括:

(1)会议(面对面);

(2)简要说明、总结报告;

(3)电话;

(4)对讲机。

2)书面的通信与沟通方式主要包括:

(1)常规命令、夜航命令;

(2)手册;

(3)公告栏;

(4)符号与标签。

2. 外部通信与沟通

1)口头的通信与沟通方式主要包括:

(1)电话;

(2)甚高频无线电话;

(3)中频/高频。

2)书面的通信与沟通方式主要包括:

(1)通函;

(2)电子邮件;

(3)传真;

(4)电传。

(二)船舶重要的通信与沟通

1. 工作前的安排说明与工作后的情况总结

工作前的安排说明与工作后的情况总结是团队内部交流的一个重要方式。

1)工作前的安排说明:要求在每项工作开始前安排时间由相关的负责人做简要的安排说明。这种说明是公开的、友好的,并使负责人与驾驶台团队能够互相交换意见,建立操作的标准和指南,识别操作中的薄弱环节,营造高效的团队协作氛围。

2)工作后的情况总结:要求在每项工作结束后尽快安排时间由相关的负责人做情况总结。在进行情况总结时,应尽可能包容那些消极的做法,肯定那些积极的做法。总结中应使团队关注问题,尽量避免过分地责备个人。积极吸取成功的经验,鼓励为将来的改进提出反馈意见和建议,制订出纠正错误的行动计划。

2. 航前会

船舶开航前,船长应集中所有相关人员召开航前会,向他们通报下列情况:

1)航行计划;

2)驾驶台团队的协作要求;

3)相应的规定;

4)航行中可以预见的薄弱环节;

5)根据航线的具体情况制定的操作标准和指南。

航前会应会尽早召开,以便留出足够时间供驾驶员和轮机员制订各自的工作计划,如果随后的情况发生了任何变化,船长应重新向所有相关人员通报这些变化。通过航前会,每个船员都能够清楚地了解他们在整个航行计划中的职责,使其能够在团队协作基础上,高效、有序地操作。

3. 驾驶台与机舱的联系制度

1)开航前

船长应提前24 h将预计开航时间通知轮机长,如果靠港时间不足24 h,应该尽早通知轮机长;开航前1 h,值班驾驶员应会同值班轮机员试验、核对各种航行设备,确保其处于可用状态。

2)航行中

每日正午,驾驶台和机舱应核对船钟,并互换填写船位报告所需要的各种数据。

每班下班前,值班驾驶员和轮机员须互换下列应共享的信息:主机转数、海水温度、平均航速和风向、风力等;如果需要备车航行,驾驶台应提前1 h通知机舱。

3)停泊中

轮机部若检修影响动车的设备,应事先征得船长同意。

4. 驾驶台与船首、船尾的沟通

作业开始前,负责指挥船首、船尾系泊操作的驾驶员应联系驾驶台并报告钢丝缆、化纤缆、撇缆、引缆、止锁装置以及锚机和绞车的可用情况和工作状态。同时,驾驶台也应将包括下列信息的系泊计划及时通报驾驶员:

1)引航员登船安排:包括在哪一舷安放引航员软梯、软梯的高度、是否需要使用组合梯,以及是否使用引航员升降装置等;

2)拖船的数量和拖带作业方式;

3)带缆顺序和系缆数量;

4)泊位和靠泊程序方面的详细资料。

驾驶员应该向相关船员通报系泊计划的具体安排,以便使所有成员都知道自己在操作过程中的具体职责。驾驶员也应将操作的进展情况及时报告驾驶台,直到系泊作业顺利完成。

5. 船长与驾驶员间的信息交换

1)常规命令

船舶的指挥和控制应该按船舶操作程序手册中的规定进行,该手册应该以船公司的航行方针为基础并参照常规操作原则编制。船长应及时按照船舶具体营运状况以及当时船舶规定编制常规命令。常规命令的执行不应与船舶安全管理体系发生冲突。所有驾驶员在开航前都应阅读船长的常规命令并签字确认。其副本应保留在驾驶台以备查阅。

2）夜航命令

船长夜航命令包括船长不在驾驶台时为确保航行安全的各种指示。船长应该在夜航命令中，明确值班驾驶员需要认真遵守的常规命令和特殊情况需要的戒备，尤其应该明确告知值班驾驶员，当其对船舶安全产生怀疑时应采取的措施，其中包括在哪些特殊情况下应该叫船长。船长夜航命令也应由值班驾驶员阅读签字。

3）报告船长

在下列情况下负责航行值班的驾驶员应立即报告船长：

（1）遇到或预料到能见度不良时；

（2）对通航条件或他船的动态产生疑虑时；

（3）对保持航向感到困难时；

（4）在预计的时间未能看到陆地、航标或测不到预计的水深时；

（5）意外看到陆地、航标或水深突然发生变化时；

（6）主机、推进机械的遥控装置、舵机或者任何重要的航行设备、报警或指示仪发生故障时；

（7）无线电设备发生故障时；

（8）在恶劣天气中，怀疑可能有天气危害时；

（9）船舶遇到任何航行危险时，诸如海冰或海上弃船；

（10）其他紧急情况或感到疑虑时。

6. 引航员在船

引航员到驾驶台后，即成为驾驶台团队成员。船长与引航员沟通时，必须使用共同的语言。船长有义务向引航员介绍其他驾驶台团队成员、驾驶台设备的相关情况，并允许他使用驾驶台设备、信息和资料等。

1）船长的责任

船长对船舶安全负有最终责任，当他认为必要的时候，有权从引航员手中接管船舶指挥权。有时，船长会发现自己处于这样一个困境：对引航员的指挥有疑问，但由于不熟悉当地情况而无法询问引航员。同时，船长无权支配拖船、带缆艇和带缆工。

引航员在船时，不解除船长或值班驾驶员对船舶安全所负责任和义务。船长应与引航员沟通关于航行程序、当地情况和船舶的特性、不足之处、设备状态等信息。船长或值班驾驶员应与引航员密切合作，保持对船位和船舶运动的准确核查。

2）引航员的责任

除了引航卡和驾驶台张贴的船舶操纵数据外，引航员登船后还应和船长就下列信息进行沟通：

（1）航行计划；

（2）泊位位置；

（3）潮汐、海流、当时天气及预报；

（4）航行速度（轻重油转换）；

（5）通航条件和操纵限制；

（6）拖船的数量和拖带作业方式；

（7）带、解缆顺序和系缆数量；

（8）可能的障碍、危险；

（9）泊位和靠离泊程序方面的详细资料。

引航员具备当地航行的特殊知识和与港口当局的特殊联系，熟悉当地水域，可支配拖船、带缆艇和带缆工。引航员有责任和义务利用其特殊知识和能力在当地水域驾驶船舶，帮助船舶进出港口、靠离泊。引航员应与船长和驾驶员沟通：在引航水域中的任何困难和制约因素；条件允许时，尽可能多地告知自己的操纵意图。

3）值班驾驶员的责任

引航员上船后，值班驾驶员负责监视设备和船舶动态，向船长和引航员提供支持。引航期间，值班驾驶员应知道船舶位置，并知道在一个预定的时间间隔内将到达的位置。通过监视船舶改向、舵和对船舶位置的标绘，应当能够判断引航员是否出错。如果值班驾驶员对引航员的行为或意图有疑问，应向引航员寻求澄清。如果疑问仍然存在，应立即通知船长，并在船长到达前采取任何必要的措施。

7. 驾驶员交接班事项

接班的驾驶员应熟知以下有关情况：

1）船长对船舶航行有关的常规命令和其他特别指示。

2）船位、航向、航速和船舶吃水。

3）当时和预报的潮汐、海流、气象、能见度等因素及其对航向和航速的影响。

4）当主机由驾驶台控制时，操纵主机的程序；航行局面，包括但不限于：

（1）正在使用或在值班期间有可能使用的所有航行和安全设备的工作状况；

（2）陀螺罗经和磁罗经的误差；

（3）看到的或知道的附近船舶的位置及动态；

（4）在值班期间可能会遇到的情况和危险；

（5）由于船舶的横摇、纵摇，水的密度，以及船体下沉而可能对富余水深的影响。

8. 船舶与引航站间的通信与沟通

引航员在登船前应与船长就下列内容达成共识：

1）引航员登船时间和地点；

2）引航员登船装置：包括在哪一舷安放引航员软梯、软梯的高度、是否需要使用组合梯，以及是否使用引航员升降装置等；

3）引航员登船时对航速和航向的要求；

4）需要显示的识别信号。

9. 船舶与 VTS 中心的通信联系

1）VTS 中心为船舶提供如下服务

（1）信息服务：获得有关区域的基本信息，及时获得船上航行决策过程中所需要的基本环境和交通状况。

（2）航行协助服务：促进或参与船上的航行决策过程，并监测其效果。

（3）交通组织服务：通过事先的规划和对运动目标的监测，在 VTS 区域内提供安全和有效的交通活动并防止产生危险局面。

(4)与联合服务和相邻 VTS 中心的合作；综合 VTS 中心的效能，协调信息收集、评估和数据传递。

2)船舶应向 VTS 中心报告的内容

在 VTS 水域航行的船舶应按照相关规定向其报告，根据报告种类的不同，内容包括下列中的若干项目：

(1)船名、呼号或船舶电台识别码和国籍；

(2)通信的日期和时间；

(3)船舶的位置、航向、航速；

(4)出发港；

(5)进入报告系统的日期、时间和位置；

(6)目的港和预计抵达时间；

(7)船上是否有外海或当地引航员；

(8)离开报告系统的日期、时间和位置；

(9)航路信息；

(10)守听通信台站的全称和频率；

(11)下次报告时间；

(12)以米为单位的最大动态吃水；

(13)货物和危险品的概况，包括可能对人身或环境造成危害的有害物质和气体；

(14)缺陷、损坏、不足或限制；

(15)对污染或危险品灭火的说明；

(16)天气和海况；

(17)船东代表或船东的详细名称和地址；

(18)船舶的尺度和种类；

(19)医生、助理医生或护士的数目；

(20)船上人员总数。

10. 船舶与代理间的信息交换

1)代理公司在接受委托后，通常会联系船舶并提供下列信息：

(1)代理公司的详细名称和地址；

(2)办理进口手续需要准备的文件；

(3)引航员的安排；

(4)泊位的安排；

(5)指定港口的特殊注意事项。

2)船舶抵港前，船长应向船舶目的港的代理提供下列资料：

(1)常用船舶规范；

(2)办理无线电检疫所需要的各种资料；

(3)有关装卸作业的安排；

(4)船舶预计抵港时间。

三、船舶通信与沟通的障碍与改进措施

(一)船舶通信与沟通的障碍

任何干扰、阻碍或影响沟通有效进行的因素都属于船舶通信与沟通的障碍。船舶管理者应采取相应措施防止上述现象发生,否则船舶将面临危险的局面。沟通障碍可能是物理的,也可能是人为的。

1. 船舶通信与沟通中的物理障碍主要包括:

(1)各种噪声:如船舶抛起锚时,锚机的轰鸣声会影响船首与驾驶台的沟通;

(2)设备所处的场所和位置:例如,起货设备的操作人员可能看不到甲板上指挥者的手势等;

(3)通信设备故障。

2. 船舶通信与沟通中的人为障碍主要包括:

(1)缺少共同语言,或语气、语调、清晰度、速度、节奏不合理;

(2)对肢体语言(眼神、面部表情)的误解;

(3)不用专业术语;

(4)职位级别造成的胁迫感;

(5)对传递的信息没有很好的组织;

(6)没有遵循标准的沟通程序;

(7)文化背景、宗教信仰等方面的差异;

(8)精力涣散:驾驶员精力涣散、注意力不集中,将可能引起船舶内、外部通信与沟通的效果下降或中断,甚至引起误解,从而给船舶航行安全带来隐患。导致驾驶员精力涣散的原因包括超负荷工作、压力、疲劳、紧急情况、身体不适、工作经验不足、容易因小的事情分心等。例如,驾驶台 VHF 呼叫可能占据驾驶员的全部注意力,而忽略对其他紧迫事件的处理。

(二)船舶通信与沟通的改进措施

1. 通过船舶设计和可行的物理方法减少噪声;

2. 通过资源管理避免精力涣散;

3. 通过船舶设计改善设备的物理处所;

4. 使用共同语言;

5. 加强通信技能培训;

6. 使用标准航海用语;

7. 遵循标准的沟通程序;

8. 增强文化意识;

9. 合理安排时间,减少压力和疲劳等。

四、船舶通信与沟通的技巧

良好的沟通可以消除误解,增加团队的凝聚力,可以提高船舶指挥人员的情境意识和工作

效率,保证船舶这样一个命令型的结构系统正常运作,减少人为事故的发生。因此,作为船舶指挥人员,应掌握一定的沟通技巧。

(一)沟通途径、工具的选择与使用

信息传送的方式有很多。

船舶内部的口头沟通方式有:各种会议、工作前的安排说明、工作后的情况小结、电话沟通、对讲机和广播系统沟通等;书面沟通方式包括:值班命令(常规命令、夜航命令)、船舶操作手册、布告或公告等。

船舶与外部的口头沟通工具主要有:电话、VHF、MF/HF、卫星船站、组合电台等;船舶与外部的书面沟通工具包括:信函、电子邮件、传真、电传等。

应根据需要选择最佳的沟通途径和工具,以期达到最佳的沟通效果。作为船舶驾驶员,还应能够熟练使用船上通信设备与外界进行沟通联系。

(二)发送与接收

发送者应保证信息交流准确、清晰、简洁并切中要点,尽量减少、限制那些多余的、没必要的信息传送。接收者要学会耐心聆听,以准确理解发送者的意图,并及时反馈;如有任何疑问,应及时要求澄清。

(三)使用标准的专业术语,提高英语水平

在船舶的通信与沟通过程中一定要用专业术语,而不要用一些乡俗俚语,甚至自己臆造的一些词语以免造成误会。

另外,应不断提高自己的英语水平。熟练地使用英语是 STCW 公约和公司质量方针的要求,也是航海实践的需要。STCW 规则要求值班驾驶员应具备英语听说读写的能力,以便能够充分理解海图、航海出版物、气象信息以及涉及船舶安全和操作的相关内容,并能与其他船舶及海岸电台联系。

船舶驾驶员应注意使用国际海事组织指导书籍:

Standard Marine Navigational Vocabulary(SMNV)(《标准航海用语》)

Standard Marine Communication Phrases(SMCP)(《标准航海通信用语》)

(四)遵守标准的沟通程序

比如,车钟令、舵令的发出与执行程序,抛起锚、靠离泊时驾驶台与首尾之间的沟通程序等,都严格遵循:发出指令→重复指令→执行指令→反馈指令的程序。这个程序是一个严格的闭环沟通程序,沟通过程中缺失了任何一个环节都会造成沟通的错误、障碍或中断。另外,重要、关键的信息要注意重复。

(五)对有些复杂的口头沟通最好先做书面准备

当感觉将要进行的口头沟通过于复杂,不太容易表述清楚,或由于没有共同语言、英语水平不高,可能造成沟通障碍时,沟通前做一下书面准备,将沟通的主要内容写下来,并予以整理,将有助于沟通的顺利进行。

（六）使用信息标志

在进行口头沟通,尤其是通过 VHF 进行沟通时,为了使沟通清晰准确,船舶驾驶员应养成使用信息标志的习惯:

1. Question:表示下述信息带有疑问性质;

2. Answer:表示下述信息是对先前问题的回答;

3. Request:表示下述信息是在要求他人（船）采取与本船有关的相应行动;

4. Information:表示下述信息仅限于事实观察得出;

5. Intention:表示下述信息意在告知他人（船）应立即采取的行动;

6. Warning:表示下述信息意在告知他人（船）航行中的危险;

7. Advice:表示下述信息的意图是发送方将以建议的形式影响信息接收方;

8. Instruction:表示下述信息的意图是发送方将根据规则的要求影响信息接收方。

（七）主动提醒

主动提醒是指在工作中没有被要求的情况下主动提出建设性的意见或提示,例如,毫不犹豫地提醒某人或指出其面临的危险,或在未被询问的情况下主动向上级传递一些有用的信息,清楚地讲述有关事宜并要求反馈等。船上工作应坚持不懈地鼓励这样的行为方式,主动提醒是提高他人情境意识的有效方法。

（八）质询

在工作中如有疑问就应及时提出,由于特殊的位置或视角,你可能看到了别人看不到的情况。例如,一个舵工,可能由于他的特殊位置或视角而看到了引航员和船长没有看到的危险,这时应毫不犹豫地提出质询。船上工作应坚持不懈地鼓励这样的行为方式,质询是提高自己情境意识的有效方法。

第五章
船舶领导与决策

| 第一节 | 船舶领导

一、领导的含义与作用

(一)领导的含义

所谓领导(Leadership),是指设定目标,率领组织或个人在一定时间内、一定条件下,按照一定的计划或方法实现该目标的过程。也就是说领导是指挥、带领、引导和鼓励部下为实现目标而努力的过程。从领导的不同形式看,它可以指一个具体组织或团体的首领式人物,也可以指一种能力、方法和艺术。

领导是一门科学。领导科学是以领导活动为研究对象的科学,其基本任务就是研究领导活动中各种因素之间内在的、本质的、必然的联系,科学揭示领导工作中合乎规律性的东西。领导也是一门艺术,侧重于领导能力的提升。

在任何时代、任何组织中都不能没有领导者。领导者是目标的制定者,也是率领和激励下属为目标而奋斗的指挥者。同时,从领导者的身上可以体现出其特定的工作能力、方法和艺术。

(二)领导者的作用

领导者在带领、引导和鼓舞下属为实现组织目标而努力的过程中,主要起到以下四个方面的作用。

1. 计划指挥作用

为了帮助人们在工作中认清所处的环境和形势,明确活动的目标和达到目标的途径,就必须有头脑清晰、胸怀全局,能高瞻远瞩、运筹帷幄的领导者来指挥人们的集体活动。领导者在组织中最突出的作用就是带领团队制订切实可行的行动计划,并指挥团队成员为实现这一计划而努力工作。

2. 组织协调作用

在多人协同工作的团队活动中,人们之间往往会因各人的专业技能、理解能力、工作态度、性格、作风、地位等不同或外部各种因素的干扰,而导致思想上发生各种分歧、行动上出现偏离目标的情况。因此,这就需要领导者来组织协调团队成员相互之间的关系和活动,使大家团结起来,统一思想,为共同的目标而努力。

3. 监督控制作用

领导者在带领团队按计划实现预定目标的过程中,要监督整个团队和每个队员的行动,及时发现不安全的行为和工作环节,对背离计划、偏离目标的行为进行积极的干预和控制。这是领导者的重要作用之一。

4. 领导激励作用

在组织的工作中,尽管有许多人都具有积极工作的愿望和热情,但是这种愿望并不能自然地变成现实的行动,这就需要有通情达理、关心群众的领导者来为他们排除困难、激发和鼓舞他们的斗志,发掘、充实和加强他们积极进取的动力,以保证每一个职工都能保持旺盛的工作热情,最大限度地调动他们的工作积极性。

(三) 领导者的素质要求

为了能保证领导的正确性和有效性,领导者应具备一些特定的基本条件和素质。作为一名领导者,要想带领下级去完成本部门的既定目标,首先就必须建立起自己的领导权威。权威就是权力与威信的统一,是由领导者的素质及其行为所形成的,它标志着一个领导者的能力是否被他人所承认。一个优秀的领导者,能团结与其共同工作的同事和下属,充分调动他们的工作积极性,并通过自己的良好素质与魅力来创建其威信。这些良好的素质包括:高尚的品德;高深的专业知识;丰富的工作经验;敏锐的观察能力;冷静的思考判断;巧妙的沟通影响;充沛的精神活力;坚定的意志目标;公正的立场和评判。

二、领导者的类型与风格

(一) 领导者的类型

领导者的类型与风格有很多不同的分类,在船舶工作中常见的领导者有以下几种类型。

1. 专制型

专制型的领导者只注重工作的目标,仅仅关心工作的任务和工作的效率。他们对团队的成员不够关心,被领导者与领导者之间的社会心理距离比较大,领导者对被领导者缺乏敏感性,被领导者对领导者存在戒心和敌意,容易使群体成员产生挫折感和机械化的行为倾向。

专制型团队的权力定位于领导者个人手中,在这种团队中,团队成员均处于一种无权参与决策的从属地位。团队的目标和工作方针都由领导者自行制定,具体的工作安排和人员调配也由领导者个人决定。团队成员对团队工作的意见不受领导者欢迎,也很少会被采纳。领导者根据个人的了解与判断来监督和控制团队成员的工作。这种家长式的作风导致下级只是被动、盲目、消极地遵守制度,执行指令。团队中缺乏创新与合作精神,而且容易产生成员之间的攻击性行为。

2. 民主型

民主型的领导者注重对团队成员的工作加以鼓励和协助,关心并满足团队成员的需要,营造一种民主与平等的氛围,领导者与被领导者之间的社会心理距离比较近。在民主型的领导风格下,团队成员自己决定工作的方式和进度,工作效率比较高。

民主型团队的权力定位于全体成员,领导者只起到一个指导者或委员会主持人的作用,其主要任务就是在成员之间进行调解和仲裁。团队的目标和工作方针要尽量公之于众,征求大家的意见并尽量获得大家的赞同。具体的工作安排和人员调配等问题,均要经共同协商决定。有关团队工作的各种意见和建议将会受到领导者的鼓励,而且很可能会得到采纳,一切重要决策都会经过充分协商讨论后做出。民主型的领导者注重对团队成员的工作加以鼓励和协助,关心并满足团队成员的需要,能够在组织中营造一种民主与平等的氛围。在这种领导风格下,团队成员的工作动机和自主完成任务的能力较强,责任心也比较强。

3. 放任型

放任型的领导者采取的是无政府主义的领导方式,对工作和团队成员的需要都不重视,无规章、无要求、无评估,工作效率低,人际关系淡薄。

放任型团队的权力定位于每一个成员,领导者置身于团队工作之外,只起到一种被动服务的作用,其扮演的角色有点像一个情报传递员和后勤服务员。领导者缺乏关于团队目标和工作方针的指示,对具体工作安排和人员调配也不做明确指导。领导者满足于任务布置和物质条件的提供,对团队成员的具体执行情况既不主动协助,也不进行主动监督和控制,听任团队成员各行其是,自主进行决定,对工作成果不做任何评价和奖惩。在这种团队中,非生产性的活动很多,工作的进展不稳定,效率不高,成员之间存在过多的与工作无关的争辩和讨论,人际关系淡薄,但很少发生冲突。

(二) 领导者的风格

鉴于以上不同类型的领导者在实际工作中的特点,他们各自的领导风格也会各不相同。这些不同的领导风格主要包括以下几种。

1. 命令型

具有命令型领导风格的领导者往往采用下达命令的方式来要求下属必须完成工作任务。他们会给出明确的指令,包括要求下属做什么、如何做、在何时与何地做等细节。

2. 指示型

具有指示型领导风格的领导者往往采用发出指示的方式来布置具体的工作任务。他们会向下属提供框架性的指示和要求,并要求下属通过自己的努力去完成相关的任务。

3.参与型

具有参与型领导风格的领导者往往能在发出指示和布置具体工作任务的同时,主动地和下属一起共同讨论和决定完成工作任务和解决问题的最佳方案。

4.委托型

具有委托型领导风格的领导者往往只是向下属发出指示和布置具体工作任务,他们很少向下属提供如何完成工作任务或解决问题的具体指导和人员支持,也不愿多承担责任和义务。

以上这些不同类型领导风格与不同类型领导本身的性格及特点是密切相关的。但是,这些具有不同性格与特点的领导者在从事他们的具体实际工作中,也不是完全采用单一的领导风格来办事的。在不同的场合和情况下,他们也会根据实际情况调整或采用混合型的领导风格来适应或满足工作需要。不过从他们总体工作中的实际行动而言,一般每个领导者都具有自己独特的领导风格。

三、领导与管理

(一)领导

领导者主要负责方向性的带领和引导。领导者在工作中会问这样的问题:为什么我们要做这些事情？哪些人真正适合做这些事情？领导者要激励这些人,以便使他们完成个体成长并对他人做出贡献的同时,也完成共同的目标。领导者除了管理经营以外,还包括人的因素。领导者有责任去帮助个人发展。组织中的每一个人都有他自己的尊严和价值,每一个人都具有不同的技能和才华。领导者会激励员工,激励创新,并且寻求潜在的机会和回报。

(二)管理

管理是日常性的,非决策性的。管理强调理智和控制,是把一群人组织起来完成一个共同的目标。管理既是一种制度也是一种方法,它涉及组织行为学等多种因素。比如需要一群人来完成一项任务,那么管理就是要解决,让从事完成这项任务的人在合适的岗位上发挥才能,并且确保日常工作顺利进行的问题。

(三)领导与管理的关系

领导与管理是两个不同的概念,两者既有联系又有区别。

1.领导与管理并不完全属于同一范畴

领导是管理的一个职能,一般称为领导职能,但管理的其他职能,则不属于领导。比如组织中的参谋人员所从事的工作是管理工作,但不是领导工作。管理是指管理行为,而领导工作既包括管理行为,也包括业务行为。领导与管理的范畴既有包含的部分,又有互相区别的部分,但一般而言领导主要是对人的领导,主要是处理人与人之间的关系,特别是上下级关系,这是管理活动中的核心问题;除对人的管理之外,管理的对象还包括财、物,管理不仅要处理人与人之间的关系,还要处理财与物、物与人、人与财的关系。管理涉及的范围比领导要广泛得多。

2.领导与管理相互区别又密切相关

领导与管理属于两个不同的行为层次,但是它们密切相关、难以分离。领导活动的重点在于做出决策,确立奋斗目标、规划,以及制定相应的政策,为本地区、本部门、本单位的工作指引前进的方向。领导从整体发展的目标出发,着重于争取赢得良好的外部环境;而管理是为了保证能够顺利实现领导确定的目标,着重于维护和加强组织的正常秩序。

四、船舶领导力

(一)领导力的概念

所谓领导力,就是一种特殊的人际影响力,组织中的每一个人都会去影响他人,也要接受他人的影响,因此每个员工都具有潜在的和现实的领导力。在组织中,领导者和成员共同推动着团队向着既定的目标前进,他们共同构成了一个有机的系统,在系统内部具有以下几个要素:领导者的个性特征和领导艺术,员工的主观能动性,领导者与员工之间的积极互动,组织目标的制定以及实现的过程。

系统是否正常取决于各要素能否协调地发展。而协调发展的关键就在于领导者和其他成员之间的互动,能否使领导行为为双方互动形成统一的认识、情感和行为活动,是领导力正确发挥的必要条件。

因此,作为优秀的领导者,需要具备引导、授权、关系管理、目标制定和执行管理、领导创新和组织变革的能力。

领导力可以分为两个层面:一是组织的领导力,即组织作为一个整体,对其他组织和个人的影响力。这个层面的领导力涉及组织的文化、战略及执行力等。二是个体的领导力,对于企业来讲,就是企业各级管理者和领导者的领导力。

组织的领导力的基础是个体的领导力,如何突破和提升领导力,如何由一个领导自己的人成为一个领导他人的人,再成为一个卓越的领导者,是管理级船员常常需要面临的问题。

(二)团队领导者

由于越来越多的组织采用团队方式工作,置身于团队环境中的领导活动也越来越多,其所起的作用也越来越重要。船舶驾驶台作为特殊的团队,更需要强有力的领导。然而,团队领导者与传统领导者并不完全相同。与传统领导者运用权力相比,团队领导者更侧重于通过授权于团队成员来完成各项管理活动。团队领导者的工作重点可分为团队内部事务管理和外部事务管理两部分,并进一步分解为四种具体的领导角色。

1. 团队领导者是对外联络官

团队领导者代表整个工作团队。他需要保护必要的资源,确定其他人对团队的期望,从外界收集信息,并与团队成员分享这些信息。

2. 团队领导者是问题处理专家

当团队遇到困难并寻求帮助时,团队领导者会出现并帮助他们解决问题。团队领导者处理的难题很少针对技术层面,因为团队成员一般比领导者更了解如何完成具体任务。问题越尖锐,领导者的作用可能越大。他们帮助团队成员针对问题进行交流,并获得解决问题所必需的资源。

3.团队领导者是冲突管理者

当出现不一致的意见时,团队领导者通过分析问题帮助团队成员解决冲突。例如:冲突的来源是什么? 谁卷入了冲突? 冲突的本质是什么? 可能的解决方案有哪些? 每种方案的优点和缺点是什么? 通过这些方式使团队成员针对问题本身进行处理,从而把团队内部冲突降到最低。

4.团队领导者是教练员

团队领导者应明确团队的目标和职责,为团队成员提供教育与支持,为成功的团队成员喝彩,尽一切努力帮助团队成员保持高水平的工作业绩。

(三)船舶领导者的权力与影响力

1.船舶领导者的权力

在船上,组织结构较为特殊,等级分明,不同的级别常常具有明确规定的权力和限制,船舶领导者也经常利用不同类型的权力来有效规范下属的行为,进而达到良好的工作绩效。他们的权力可分为以下四种:

(1)法定权力

法定权力是指组织中各职位所固有的、合法的、正式的权力。这种权力来自一个人在组织中的职位,代表一个人在正式层级中占据某一职位所相应得到的一种权力。例如,ISM规则要求船公司必须明确船长的绝对权力,因此,船长在就安全和防止污染事件决策时可以不受船公司的约束。

(2)强制权力

强制权力是指领导者对下属有惩罚或控制的能力。我国《海商法》第三章第二节规定:为保障在船人员和船舶的安全,船长有权对在船上进行违法或犯罪活动的人采取禁闭或者其他必要的措施。

(3)奖赏权力

奖赏权力是指赋予下属所期待的利益或效益的权力。奖赏包括:奖金、表彰、职务晋升或其他福利待遇。

(4)专家权力

专家权力是指基于专业知识、技术或特殊技能的影响力。如船长拥有船舶操纵、船舶管理所需要的各种知识、技术和能力,并具有丰富的航海实践经验,能够正确指导船舶驾驶员完成各种专业操作,这些知识、技能、经验使得船长除了具有法定的权力外,还具有专家权力。

2.船舶领导者的影响力

影响力一般是指在人际交往中影响和改变他人心理与行为的能力。领导影响力就是领导者在领导过程中,有效改变和影响他人心理和行为的一种能力或力量。构成领导影响力的基础有两大方面:一是权力性影响力;二是非权力性影响力。

1)权力性影响力

权力性影响力又称为强制性影响力,它主要源于法律、职位、习惯和武力等。权力性影响力对人的影响带有强迫性、不可抗拒性,它通过外推力的方式发挥作用。在这种方式的作用下,权力性影响力对人的心理和行为的激励是有限的。

2）非权力性影响力

非权力性影响力也称非强制性影响力,它主要来源于领导者个人的人格魅力,来源于领导者与被领导者之间的相互感召和相互信赖。构成非权力性影响力的因素主要有:品格因素、才能因素、知识因素、情感因素。

3）提高领导影响力的途径

（1）正确行使手中的权力:要树立正确的权力观,避免以权谋私;要遵循权力行使的原则,依照正当、民主、公正的原则来行使权力,不能滥用;要科学地运用权力,能够做到科学授权,即合法授权、视能授权、权责统一、有效控制、信任支持。

（2）培养高尚的道德品质:道德品质是构成领导影响力的最重要因素。

（3）培养健全的心理素质:培养自己开阔的胸襟和坚强的意志。树立正确的人生观、价值观、权力观、利益观。

（4）进一步提升领导能力:不断提高自己科学正确的决策能力;知人善任的用人能力;开拓进取的创新能力。

（5）构建合理的知识结构:深厚的政治理论知识;精深的专业业务知识;娴熟的领导专业知识;广博的科学文化知识。

（四）有效地激励船员

我们知道激励作用是领导者的重要作用之一,那么船舶的各级领导者在日常的管理工作中应该如何有效激励船员,从而使他们始终保持旺盛的工作热情,最大限度地调动他们的工作积极性呢? 具体的应该做好以下几个方面的工作。

1. 满足船员的合理需求

与其他群体不同,海员的需要有许多特殊性。首先,海员没有在低级需要方面得到完全满足。他们经常受到缺乏淡水、新鲜蔬菜和水果的困扰。他们生活在狭小的空间里。他们需要长时间远离自己的亲人。更不用说他们常常遭遇恶劣天气、危险作业,甚至海盗攻击的威胁。其次,他们的高级需要也常常无法得到满足。一个出色的水手可以晋升为水手长。但无论如何,他不能再一次晋升,因为对于支持级船员而言,水手长和机工长已是最高职位。因此,结合船舶实际情况,尽量满足船员的合理要求,是营造团结高效的团队氛围、激励船员努力工作的重要前提,包括强化安全操作规程、合理安排饮食、提高福利待遇、明确考核和晋升制度等。

2. 结合船员特点分配工作

不同态度和人格的船员在从事不同性质工作时能够导致不同的工作绩效。一个责任意识强的船员如果在团队协作中被指派负责某部分工作,他将会以很高的工作满意度去完成工作。一个性格内向但领悟能力强的人更适合于从事复杂的故障分析和烦琐的设备拆解工作。对他们而言,可能及时找出故障或将设备恢复正常工作就是最大的满足。

3. 合理运用目标激励

目标激励是用提高目标吸引力的方法调动船员的积极性。目标是人们期望达到的成就和结果。它的吸引力越大,就越能产生强烈的情感,进而转化为积极的动机。与此同时,目标应该是具体的和可行的,并且符合船员的需要。比如许多船公司都制定了持续的"百日无事故"的目标,并承诺每次实现目标后都给相关人员一定的奖励。这种活动会对保证船舶安全和提高营运效益起到积极的促进作用。

4.检查体制是否公平

体制是否公平不仅体现在工资上,而且也体现在其他福利待遇上。一个水手通常不会抱怨船长的工资比他高好几倍,因为他承认船长的工作难度之高远远不是他努力几倍就能够胜任的。但如果船长在分配扫舱费时也按照职务工资的比例分发,恐怕普通船员就无法接受了,因为即使船长也参与了扫舱劳动,他的贡献也不会超过水手几倍。他们也可能不会直接对这种分配提出异议,但他们在其他工作上的积极性受到的打击完全是可以想象的。

5.奖励与绩效挂钩

对于表现良好的船员应该给予相应的奖励。奖励的方法不仅仅局限于金钱,及时的晋升职务,提供上船和离船时的方便,甚至包括口头的表扬。适当的奖励不仅满足了表现良好的船员的需要,而且也为其他船员树立了目标,使所有的人都朝着有利于团队高效运作的方向努力。

(五)权威与自信

1.权威

1)权威的含义

权威(Authority)是权力在人的头脑中的主观反映,是对权力的一种自愿的服从和支持。人们对权力安排的服从可能有被迫的成分,但是对权威安排的服从则属于认同。

公共行政学最主要的创始人之一马克斯·韦伯认为,任何组织的形成、管理、支配均建构于某种特定的权威之上。适当的权威能够消除混乱、带来秩序;而没有权威的组织将无法实现其组织目标。

2)权威的形式

马克斯·韦伯提出了三种权威的形式

(1)传统权威:这是一种很大程度上依赖于传统或习俗的权力领导形式,领导者有一个以传统的和合法的形式行使的权力。这种权力往往是非理性的和不一致的。

(2)魅力权威:一个领导者的使命和愿景能够激励他人,从而形成其权力基础,产生魅力权威。对魅力领袖的忠实服从以及其合法性往往都是基于信念。

(3)理性法定权威:这是以理性和法律规定为基础行使的权威。服从并不是因为信仰或崇拜,而是因为规则给予领导者的权力。

3)权威与权力的关系

权威与权力的关系实际上就是主观与客观的关系:首先,权威以权力为基础上下波动,权力的大小在根本上决定着权威的大小,权力的发展方向与发展规模在根本上决定着权威的发展方向与发展规模,权力如果发生了变化,权威迟早会发生变化;其次,权威的大小可以在一定程度上偏离权力的大小;再次,权威会对权力产生一定程度的反作用。有些人虽然实际权力并不大,但他的魄力、智力和人格能够给人产生强大的权威感,强大的权威感有时会放大和扩展一个人的实际权力。不过,一般情况下,权力与权威的大小是基本对等的。

权威和权力都以服从为前提,两者既有联系又有区别。权力是一种强制力量。权威是通过令人信服的威信、影响、声誉发生作用的。在许多场合,权威和权力结合在一起,相互为用、相互增强。

4）领导权威的建立

领导权威的建立需要领导者注意处理与被领导者的距离。一方面,领导者要努力提高自己各方面的素质,具备熟练处理问题的能力、丰富的学识、高尚的品德、独特的人格,使被领导者为之叹服;另一方面,领导者应与被领导者建立真诚的感情联系,增进交流和理解,缩短心理距离,在感情上接受领导者。所以,权威也可以说是被领导者情愿接受的内在性权力。脱离权威的权力是难以发挥预想的作用的。

2. 自信

1）自信的含义

自信(Assertiveness)是指人对自己的个性心理与社会角色进行的一种积极评价的结果。它是一种有能力或采用某种有效手段完成某项任务、解决某个问题的信念。它是心理健康的重要标志之一,也是一个人取得成功必须具备的一项心理特质。

一般情况下,人取得的客观成功越大,其自信度或自信心也会相应越高、越强,否则反之。但人客观上的成功与其自信之间并不是线性关系,即一一对应关系,也就是说人在客观方面的高度成功未必直接导致与之相称的高度自信。客观的成功是否导致自信要经过中间变量到主观的自我评价。客观的成功是指各种外显的、以事实为基础的成就、业绩等,如考上大学、晋升获奖、找到理想工作、在工作岗位上获得丰硕成果等;主观的自我评价是指人对内隐的、以个人感受为基础的,对自我进行评判、估量的心理活动。

2）自信的个人特质

自信的个人特质表现为:

（1）优势认定:对自己的优势与劣势有正确的认识,并对自己的实力、优势有正确的估计和积极的肯定。

（2）信念:相信自己有能力实现既定目标,特别在问题难度加大时,表现出对自己决定或判断的认可。

（3）敢于挑战:主动地接受挑战,将自己置于挑战性极强的环境中。

（4）坚持不懈:即使在受到阻挠、诽谤等困难境地,也不改变目标,直到实现预期的目标。

自信的人常常活泼、开朗、坦诚、虚心、大度、轻松、言行一致、幽默、勇敢、果断。其在工作上表现为:事业心强,勇于承担工作;进取心强,勇于开拓创新、坚忍不拔、执着追求、不畏困难。

3）培养团队自信

一支充满自信的团队才能战胜工作中遇到的各种艰难险阻,达到预期的目标。作为一名管理者,在日常的工作中要有意识地培养团队的自信心,努力做到以下几点:

（1）努力营造一个既严肃认真,又宽松和谐的工作氛围,使团队成员不害怕讲出自己的真实想法。

（2）使每一个团队成员尽快适应其工作和团体组织。无法适应,就无法产生自信,这点对新进人员尤其重要,如接船或船员大换班时船员面临的适应期。

（3）训练团队掌握自主解决问题的方法。只有依靠自己的力量解决问题,才能激发出自信心。

（4）训练团队高标准地完成工作。

（5）鼓励团队成员承担具有挑战性的工作。

（6）鼓励团队成员勇于质询,勇于挑战权威。例如,鼓励下级船员指出船长、引航员或驾驶员犯的错误。

（7）真诚地赞扬你的团队成员。当然,这种赞成应当是切合实际的,否则会起到相反的效果。

（8）不要轻易地批评团队成员本身的个人能力,尤其在公开场合。

3. 团队中的权威与自信

1）过高的权威和过低的自信

拥有过高权威的领导者个性张扬,而过低自信的下属对这样的领导唯唯诺诺,什么事都是领导一个人说了算,没有质疑,有可能导致决策的错误。

2）过低的权威和过高的自信

除了职务,下属在各方面明显优于领导者,虽然领导者有疑惑,没有完全按自己的想法行事,但因具体工作由下属完成,下属也自信有能力完成,风险不大。

3）过高的权威和过高的自信

这是一种危险的组合,在紧急情况下会出现技术上的分歧,对决策可能意见不一,都想指挥和控制,因自尊而各不相让,导致争吵,延缓行动或行动不力。

4）过低的权威和过低的自信

这是一种最危险的组合,领导和下属都意识不到问题,不做决定或决定不及时,或由于缺乏质询而使决策不正确。

导致过高的权威的原因通常包括:领导者权力欲过高,希望全面控制;缺乏与团队成员的沟通技巧;不善于将工作和任务委派给适当的团队成员;只注重结果,并希望通过职务权威获得结果等。

导致过低的自信的原因包括:下属因领导者的职务权力而产生畏惧;对自己的能力有怀疑;对结果如何无预见;缺乏与领导者的沟通技巧;人际关系紧张等。

第二节　船舶决策

一、决策的概念、特点与作用

（一）决策的概念

决策(Decision Making)是为了达到一定目标,采用一定的科学方法和手段,从两个以上的方案中选择一个满意方案的分析、判断过程。

决策是管理中经常发生的一种活动。决策的意思就是做决定,即为了实现特定的目标,根据客观的可能性,在拥有一定信息和经验的基础上,借助一定的工具、技巧和方法,对影响目标实现的诸因素进行分析、计算和判断、选优后,对未来行动做出决定。

（二）决策的特点

1. 目标性：目标是组织在未来特定时期内完成任务程度的标志。
2. 可行性：不仅考虑采取行动的必要性，而且注意实施条件的限制。
3. 选择性：不仅具备选择的可能，而且具备选择的依据。
4. 满意性（满意原则）：用"满意"代替"最优"。
5. 过程性：大的决策是一系列小决策的综合，每项决策都会经历一个完整的过程。
6. 动态性：决策是一个过程，又是一种适应。

（三）决策的作用

1. 科学决策是现代管理的核心，决策贯穿整个管理活动。
2. 决策是决定管理工作成败的关键。决策是任何有目的的活动发生之前必不可少的一步。不同层次的决策有大小不同的影响。
3. 科学决策是现代管理者的主要职责。

二、决策的类型与风格

（一）决策的类型

根据不同的标准，决策的分类也多种多样。例如，按决策范围分为战略决策、战术决策和业务决策；按决策性质分为程序化决策和非程序化决策；按决策主体分为个人决策和群体决策；按决策问题的可控程度分为确定性决策、非确定性决策和风险性决策。

在实践中，人们可以根据决策工作内容及其时间上的需求情况将决策归纳成以下三种类型。

1. 紧急情况下的决策

当发生意外而又紧迫的局面或问题时，为了能及时处置和解决这些特殊的局面与问题，人们不得不立即采取相应的应急措施。而采取何种措施、如何采取这些措施都涉及紧急情况下的决策，这就是在危急关头需立即做出紧急的决定和采取关键的行动。

例如，在船舶航行过程中，因主机、辅机或舵机等突然发生故障而造成船舶失控，或遭遇特殊性复杂气象条件等情况时，就必须根据当时的情况做出应急性的决策，采取相应的措施与行动来保证船舶的安全。由于时间与条件的限制，这种决策必须是及时、果断和正确的，否则就会造成严重的后果。

2. 一般情况下的决策

在实际工作中，常会发生原定的计划与安排因为生产或工作的变化而无法继续实施，或是遇到一些新的问题，此时必须做出一些新的决策。由于这类情况并不紧急，可以有一定的时间来加以考虑和用于决策，所以称为一般情况下的决策。

例如，船舶在正常的航行与作业过程中，由于航道的通航条件、码头等其他因素而导致船舶靠离泊时间与计划发生变化，驾驶员就必须根据实际需要对原有的方案和决策加以调整，或做出新的决策。这种决策虽然不属于紧急性的决策，但是也必须认真对待，以免因决策不当而造成事故。

3. 日常工作中的决策

在平时的工作中，人们必须根据常规性的工作计划与进度，做出具有日常操作特性的决定，而这些则被称为日常工作中的决策。这些决策往往是根据平时工作的惯例做出的。

例如，船舶航行、作业中的许多规章制度都是在这些平时日常性决策的基础上制定的。驾驶员在平时的工作中，也都是结合自己实际工作的情况与要求，遵照这些规章制度而做出自己操作性决策的。

(二) 决策的风格

决策是领导工作的关键，决策的有效与否，不仅同科学的决策程序、方法有关，而且很大程度上取决于领导者的个性决策风格。所谓风格，是指人们做事的习惯、方式或手段。不同的人做同一件事的方式会有很大差异，实现同一目的的途径也不一样，从而形成不同的风格。

所谓决策风格，就是指人们决策的习惯和方式，它并不涉及决策的内容和目的，但是决策风格对于决策效果和效率有着非常明显的影响。决策过程与结果往往与决策者的年龄、心理素质、知识、经验、阅历、胆略、性格、习惯等有直接关系，同时还受到所处社会环境和时代的影响。诸多不同的因素，使决策者对待决策的态度、方法也各有不同，久而久之，就形成不同的决策习惯，进而形成各有所长的决策风格。在实际工作中常见或可能会看到以下一些不同的决策风格或方式：

1. 决策者利用当时自己所能获得的信息，自行解决问题或做出决定。

2. 决策者从团队成员获取必要的信息，然后自己决定解决方案。当从团队成员获取信息时，可能向团队说明问题所在，也可能什么也不说。很明显，在决策制定过程中，团队扮演的角色只是信息提供者，而不是方案的提出者或评估者。

3. 决策者与团队共同讨论问题后，最后由其本人做出决定。这一决策可能反映，也可能不反映下属的意见。

4. 决策者与团队在宽松和谐的氛围中交换信息和思路，共同商讨问题、分析问题并达成一个各方都满意的方案。决策的过程中，决策者与团队成员凭借的是各自拥有的知识而非权力影响。

5. 决策者把问题交由团队处理，并提供相关的信息，赋予它们解决问题的权力和责任。

6. 决策者完全把问题交由团队成员处理，自己不再过问，也不想为相关的问题承担任何责任。

决策风格的自我认知是非常必要的，因为只有自觉了解自己的决策风格，才能充分认识自己所做决策的长处与短处，以便扬长避短。同时，要了解同事、上级或助手的决策风格特点，了解不同决策风格之间的冲突、可能性和兼容性，设法协调好决策者之间的冲突，实现在决策过程中的合作，从而达到提高决策有效性的目的。

三、决策的过程与要点

(一) 决策的过程

决策是在对特定事件进行分析、评价、比较的基础上，最后选择应对的最佳方案。决策的过程包括以下步骤,见图5-1。

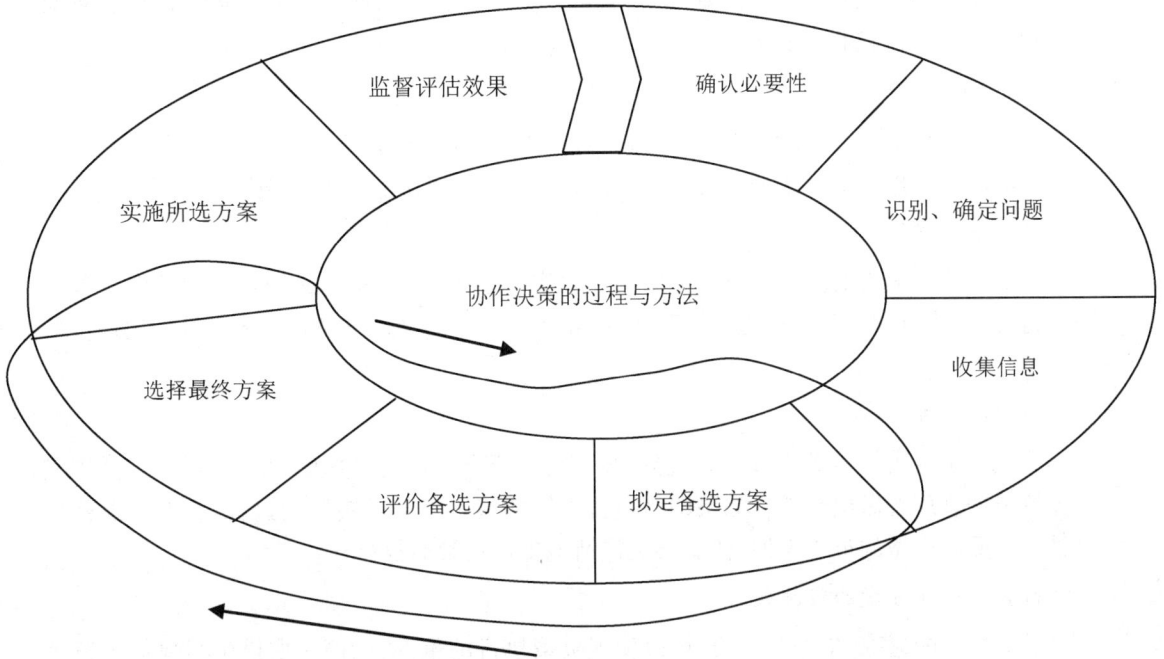

图 5-1　决策的过程

1.确认决策的必要性

决策的目的是实现和达到一定的目标,所以制定决策首先要做好分析和确定决策必要性的工作。

2.识别、确定需要决策的问题

决策过程常常开始于一个工作中存在的问题,或者更具体地说,开始于现状与希望状态之间的差异。问题的识别并不那么简单,在事情被确认是问题之前,管理者需要意识到问题,感到有采取行动的压力,以及拥有采取行动的资源。管理者如何意识到问题的存在呢?显然,他需要比较事情的现状与希望状态之间的差异。如果事情的进展没有像他希望的那样,那么显然就存在问题,或者说存在着不平衡状态。

为了发起一个决策过程,所遇到的问题必须能够向管理者施加某种压力,使之采取行动。这种压力也许来自组织的政策或下属的抱怨,抑或来自上级的期望或即将开始的绩效评估。但即使管理者感受到了这种压力,如果不具有采取行动的资源,他们仍不太可能将某些事情作为问题。

3.收集决策所需信息

在明确了需要决策的问题以后,就必须根据决策的要求,详尽地收集相关的资料与信息,以便能在全面了解和掌握真实情况的基础上,有针对性地进行分析研究,做好制定对策的准备工作。

4. 拟定备选方案

在全面了解和掌握真实情况的基础上,就可以为实现目标来研究和制定可采取的各种对策及其相应的具体措施和主要步骤。

5. 评价备选方案

备选方案拟定以后,随之便是对备选方案进行评价,评价标准是看哪一个方案最有利于解决所遇到的问题。评价的方法通常有三种:经验判断法、数学分析法和试验法。

6. 选择最终方案

决策的本质和最终的工作是选择方案。而要进行正确的选择,就必须对所拟的多种备选方案进行分析、比较和排列。在这个过程中,决策者必须最终从多种备选方案中选择出最佳的应对方案。

7. 实施选择方案

实施包含了将决策传送给有关的人员和部门,并要求他们对实施结果做出承诺。群体或团队能够帮助管理者做出承诺。如果即将执行决策的员工参与了决策的过程,相对于那些仅仅是被告知要怎么做的员工来说,他们会更热情地支持决策的执行。

8. 监督和评估方案的实施效果

通过对决策的追踪、检查和评价,可以发现决策执行的偏差,以便采取措施对决策进行进一步的修正。

(二)决策的要点

为了保证决策的正确性和可行性,决策者在决策的过程中应注意以下要点:

1. 决策前

(1)首先明确自己所需要解决的问题和决策的最终目的,以保证所做的决策能有的放矢。

(2)积极调动团队成员的工作积极性,让他们共同参与决策工作,集思广益。

(3)认真做好资料收集工作,有针对性地和尽最大可能获取尽可能多的信息。

2. 决策时

(1)决策者应根据所需要解决问题的轻重缓急来考虑进行相应的决策。在紧急情况下,必须在最短的时间内沉着果断地做出决策。但这种决策不能因为时间的紧迫而草率行事。

(2)对收集到的各种资料和信息加以充分的分析与研究,仔细考虑所有可能的情况,以确保这些资料和信息的真实性。

(3)在做出相应决定的同时,应认真考虑采用该决定后可能发生的情况,做好最坏情况的打算,并制定好一旦发生其他特定情况的替代方案。

3. 决策后

(1)决策一旦付诸实施,就应及时和连续地监督其实际进展情况,并不断核实所采取的决定和方法能否发挥预期的效果。

(2)在监督决策的实施和查核其有效性的过程中,还应对其进行评估。如果发现新的情况与所做决策有冲突,不要急于认定决策或情况有误,而要再次认真地考虑和分析局面,重新全面地考虑问题。

（3）通过对决策方案的查核和评估，结合所收集到的经验与教训，在必要时对决策方案加以改进和完善，以便能真正充分利用好所有的资源。

（三）如何更好地决策

1. 团队协作

制定更好的决策应让团队成员参与其中。决策者最好在与团队充分讨论之后再做决定，采用团队协作的方法。

2. 沉着从容

不要急于下结论。要利用一切可用的时间，沉着冷静地做决策。通常，需要快速做出决定的情况是很少的。

3. 收集信息

决策制定前应从尽可能多的资料中获取尽可能多的信息。决策应建立在事实根据之上而不是依据个人偏见或假设。

4. 谨慎考虑

做出决策前，应仔细考虑收集到的信息所有可能的情况，包括最不可能的情况。

5. 细心判断

根据实际情况而不是根据个人意愿来判断局面。

6. 斟酌备选方案

确定解决问题的备选方案。权衡各备选方案的实施效果。做好最坏的打算。

7. 监督进程

一旦行动方案开始实施，应及时监督方案实施情况。根据出现的新情况核实做出的决策是否仍然正确。

8. 评估进展情况

若新出现的情况与先前的决策有冲突，不要急于断定决策或新情况有误，而应再次考虑局面，重新全面地考虑问题。

四、船舶短期决策

（一）短期决策

从决策影响的时间看，可把决策分为长期决策与短期决策。长期决策是指有关组织今后发展方向的长远性、全局性的重大决策，又称长期战略决策；短期决策是为实现长期战略目标而采取的短期策略手段，又称短期战术决策。短期决策的实施程序一般包括：

1. 识别问题

利用所有的资源和可用的时间，识别、确定需要决策的问题。

2. 制订问题的处理计划

利用所有的资源和可用的时间,考虑轻重缓急,制订详细的问题解决方案和计划。

3. 团队成员参与决策

充分利用团队成员的个人知识和经验,采取团队协作的方式进行决策。

4. 与团队成员充分交流,并核查计划

听取建议,比较备选方案,充分考虑团队成员提出的意见和建议。

5. 通报计划

对已达成一致共识的计划进行报道,并检查团队成员对计划的理解情况,建立监督监控准则,赢得团队承诺。

6. 执行计划

监控计划的执行进程,必要时及时修改、更新计划。

(二)短期决策应遵循的原则

1. 充分利用所有可用资源(例如人力、时间、硬件设施等)。
2. 充分考虑全体团队成员的意见或建议。
3. 避免团队成员间的商讨演变为冲突。
4. 引导团队成员商讨问题时对事不对人。
5. 不要一味地盲信盲从。
6. 不是每一个决策都能得到所有人的赞同。
7. 群体意见有益于获得更多备选方案。
8. 必要时完善短期决策的制定策略。
9. 鼓励团队成员对决策"大胆地提醒与质询"。

(三)船舶短期决策

在涉及船舶航行安全时,所做决策的要求包括:

1. 在船舶航行过程中,需要做出决策的驾驶台团队成员包括船长、驾驶员和引航员。驾驶台团队成员所做的决策必须是明确的。这些决策的最终目的是在船舶安全的前提下,确保船舶航行的正常与顺利进行。由于船舶航行具有一定的复杂性和可变性,驾驶台团队成员在航行过程中的决策应是他们根据自己的经验与技能,并在高度综合性的心理活动中所做出的。

2. 驾驶台团队成员在决策前应利用一切可获得的时间进行收集、了解和分析相关的资料和情况,仔细考虑所收集到的信息和所有可能发生的情况(包括最不可能的情况),并充分利用船舶驾驶台所有可利用的资源,决不能根据自己不完全的判断与意愿随意行事;决策做出后,则应把握正确时机,及时加以实施,并监督其进展情况和查核效果;必要时对所采取的措施加以调整,最终达到保证船舶安全航行的目的。

3. 驾驶台团队成员应在自己的工作中充分考虑针对不同问题所做不同决策的优先次序问题,注意对不同风险程度的评估和应优先考虑的因素,以保证决策的应变性、适应性和有效性。

4. 驾驶台团队成员在进行决策时,必须尊重驾驶台团队的全体人员,加强与驾驶台团队其他成员之间的交流;了解自己的决策风格与驾驶台团队其他成员决策风格的异同,通过取长补短来提高决策的有效性。

5.驾驶台团队成员在时间允许的情况下,应协助船长的工作,积极提供信息和参与决策的制定。在认真落实和实施相关决策的过程中,应及时发现和处理好工作条件或外界因素发生变化对所做决策的影响,必要时应立即向船长汇报,尽可能地提出自己的修改意见,以便船长能进一步改进和完善原定的决策。

第六章
人为失误与事故预防

第一节　人为失误

一、人为因素与人为失误

（一）人为因素

人为因素（Human Factor）是指人在完成某一特定任务时，人的行为对这一系统的正确功能或不良影响。

人为因素涉及心理学、行为科学、管理学、系统安全学、人机工程学等广泛的领域。个人远远不只是一种生产因素，在任何组织中都存在人与人、人与物的关系。但人与物的关系最终表现为人与人的关系，任何资源的分配也都是以人为中心的。由于人不仅有物质的需要还有精神的需要，因此，社会文化背景、历史传统、社会制度、人的价值观、人的物质利益、人的精神状态、人的素质和人的信仰都会对人的活动产生影响。

由于以上种种因素的影响，人在完成某一系统中的特定任务的过程中，是否有足够的综合能力处理系统中出现的种种情况，就成为安全完成任务的关键因素。人为因素对安全的影响最终是由人为失误所体现出来的。

（二）人为失误

人为失误（Human Error）是指某一特定系统中的操作人员在完成任务的过程中，意识、判断、行为等出现错误，导致不能做出适合当时环境与情况的操作或操作没有达到预期目的，从而导致人的行为没有足够的能力处理当前的情况而发生系统运行的失常,在海事安全系统中就可能发生事故。也可以说是由于操作人员的错误决策和行为,导致系统出现故障、效率降低或性能受损。

二、人为因素与船舶事故

自从 20 世纪 30 年代美国安全工程师海因里希(Heinrich)第一个提出引发事故最大的根源是人为因素的理论后,陆续有一些安全工作者和航运企业把目光投向人为因素这一领域,对海事中的人为因素进行研究。20 世纪 50 年代初到 80 年代中期开始了人为因素的定量化研究。

海事部门从 20 世纪 80 年代中后期开始有组织、有规模地开展关于人为因素对海上安全影响的研究。20 世纪 90 年代以后对人为因素的研究达到高潮。根据国际海事组织的权威统计,人为因素导致的船舶事故比例为:搁浅 90%,火灾爆炸 70%,碰撞 96%,触碰 70%;80%以上的海上事故是由人为失误所致。这促使海事界将控制人为因素提到了前所未有的高度。人为因素涉及人、机、环境、管理的各个方面,了解人为因素有利于采取有针对性的控制措施。

为了减少人为因素对船舶安全的影响,国际海事组织通过了 ISM 规则,制定了涉及船舶、环境及船员培训、评估、考证和值班方面的规定;并在 1995 年对 STCW 78 公约做了较大修改,修改后的公约充分体现了“以人为本”的内涵,对海员的专业知识、管理才能和心理素质等提出了更高要求,并将船公司的管理纳入强制性范围之内。

STCW 公约 1995 年修正案和 ISM 规则的生效,在一定程度上减少了由人为因素所造成的海上事故,但随后不断发生的航海事故表明,人为因素在事故中所占的比例并没有发生根本性的变化。这就决定了人为因素问题仍将是研究重点之一。《STCW 公约马尼拉修正案》将驾驶台资源管理规定为强制性培训项目,成为减少船上工作人为失误的主要方法与途径。

三、人为失误产生的原因

船舶管理人员必须对人为失误产生的原因和特点保持清醒的认识。人类不同于机器,人类擅长的是利用自己的知识和经验对所处的局面进行评估,并灵活解决工作过程中所遇到的问题。人类不擅长的是长时间从事重复性的工作,或精力高度集中,长时间得不到休息,这时,人为失误最易发生。人为失误按产生的常见原因可分为以下几种。

(一)疏忽或注意力分散造成的失误

疏忽或注意力分散常常是因为分心、突发紧急事件、航行环境突然改变,以及压力和疲劳。

另外,心理学上注意的稳定和分配造成的疏忽和差错也应引起高度重视。注意是一种常见的心理现象。它是指一个人的心理活动对一定对象的指向和集中。注意受到很多主、客观因素的影响,如需求、兴趣和爱好、知识和经验、情绪状态、精神状态以及受到的训练等。注意的稳定性是指注意长时间保持在某种事务或活动上的特性。心理学家们通过很多实验和调查,得出了一个基本结论:任何人的注意都不能以同样强度维持 30 min 以上,超过 30 min,作业效率将明显下降,错误率将上升。注意的分配是指在同时进行两种或两种以上活动时,把注意指向不同对象的特征。严格地说,在同一时刻,注意不能分配,即所谓“一心不能二用”。当同时进行智力和运动活动时,智力活动的效率会降低得多些。因此,当一位驾驶员在数个小时的值班中,要同时进行多种智力和运动活动时,如要避让、瞭望、用车、用舵、记录、看雷达、计算、观察,等等,"走神"或发生差错的概率就会增大。

（二）基于法规的失误

1.没有正确或充分考虑相应的法规,就快速、草率地做出决定。

2.没有注意到某些法规已失效而仍去使用。

3.由于对法规理解得不准确而错误地使用等。例如,在能见度不良、不能互见的情况下,将本船后面的船舶当作追越船处理。

4.由于完全按照法规规定的做法太麻烦,想走捷径和省力,而简化或偏离法规规定的做法。

（三）基于知识的失误

1.由于相关专业知识的缺乏而不能正确应对、处理所面临的局面和情况,即无知造成的失误。

2.由于无知而过分自信,这在年轻驾驶员中经常出现。

3.随着船舶建造业的不断发展,一些传统的书本知识变得不再适用,但船舶驾驶员得不到及时的知识更新。

（四）基于技能的失误

基于技能的失误主要是指因本身缺乏从事本职工作的操作技能而导致在实际工作中发生的失误。这类失误往往是由于缺乏足够的训练或缺少实际工作的实践经验而发生的,当然这也和自己与同事间相互交流经验过少有关。这类失误在一些从事驾驶工作时间不长或工作经历还不多的船舶驾驶员中还是屡有发生的,并与船舶事故有着非常密切的联系。

（五）文化背景差异造成的失误

1.许多在陆地上用于保障社会稳定的文化背景方面的习惯,在船舶这样一个命令型的操作结构中并不适用。西方传统的航海文化往往过分强调等级观念和下级对上级的服从意识,从而导致下级不愿意指出上级所犯的错误,也易导致失误的发生或升级。

2.多国船员组成的船舶团队,常常由于文化背景的差异,造成沟通上的障碍或中断。船舶团队与引航员、拖船、带缆工人、装卸工人、理货人员的合作,也存在着由文化背景差异造成的沟通问题,而沟通不畅常常引发各种失误。

（六）背离安全惯例造成的失误

1.过于自信或自满,忽视或背离了长期航海实践中形成的安全习惯做法。

2.由于个人的懒惰,图省劲儿而背离安全习惯做法。例如,雷达开机前不检查天线附近有无人和障碍物。

3.在工作中,明知某项操作的安全习惯做法,却不按照执行,而是想试验一种新的做法,许多的失误都是在这种试验中发生的。

四、人为失误的预防

为了在船舶日常工作中防止或减少人为失误的发生,船舶团队成员应注意以下几点:

1. 做任何工作前都要先制订好计划,知道每一步会发生什么。

2. 尽快使船舶团队成员养成良好的安全生活、工作习惯,以保证绝大部分日常工作的安全进行,从而有更多的时间和精力来处理那些棘手的问题。

3. 在船上所有的工作中,养成自我检查的习惯。

4. 监督检查其他船舶团队成员的工作,同时也希望别人监督检查自己的工作。即在工作中养成交互检查的习惯,将事故发生的可能性降到最低。

第二节　情境意识

一、情境意识概述

(一)情境意识的含义

1. 情境意识的起源

情境意识(Situation Awareness,简称SA)概念最早出现在航空领域,它的意思是飞行员要准确了解他周围的飞行环境,包括飞机的俯仰和偏航,风向、风速,外部的温度和高度等影响飞行安全的因素。常用"丧失情境意识"来责备飞行员操纵上的失误。丧失情境意识意味着飞行员已经忘记了他们正在做的事情,而做些他们不该做的。在航空心理学上,情境意识是个体对不断变化的外部环境的内部表征。在复杂、动态变化的信息环境中,它是影响操作者决策和绩效的关键因素。

2. 情境意识的定义

当前,在众多的情境意识的定义中,引用最广泛的定义是由 Endsley 提出的,她认为情境意识是在特定的时间和空间内,对环境中各种要素的知觉、对其意义的理解及对它们随后状态的预测。Endsley 的定义从认知心理学中信息加工模型的角度,把情境意识划分为三个阶段:知觉、理解和预测。

第一个阶段,即知觉,是指人们对周围环境中各种要素的知觉。比如,船舶在狭窄水道航行,驾驶员对周围船舶的种类、数量、航向、航速、航道宽度、水深、航标、能见度等的察看和选择性注意。在这个阶段中,人们有选择地注意某些关键要素(选择性注意)和能够短暂地记住这些关键要素及其特性(短时记忆)是良好情境意识的重要前提。

第二个阶段,即理解,是指人们对前一个阶段中记忆里的关键要素和关键要素之间关系的理解和判断。比如,周围船舶哪个要转向、哪个要追越、哪个会保向保速、哪个失控,等等。在这个阶段中,人们大脑中正在进行的思维活动(工作记忆)和人们已有的知识经验(长时记忆)起着非常重要的作用。

第三个阶段,即预测,是指人们根据前两个阶段的结果,对可能的各种行为结果进行预测和比较,确定一种最佳的操作方式。比如,由于狭窄水道内船舶很多、能见度变差,所以决定减速航行。在这个阶段中,决策的果断性和某些人格特征等高级心理过程起着重要作用,例如,认知风格的不同或价值观的差异会最终决定个体对某种行为方式的评估和偏好。

简单地说,情境意识是对影响团队完成预定目标的关键要素、信息的识别、了解和处理。更简单地说,就是随时随地知道你周围正在和即将发生什么。

3.船舶工作的情境意识

船舶工作的情境意识是指,在一个特定的时间段内对影响船舶安全的因素和条件有着准确的理解和把握。例如,在船舶航行中,船长对船舶的结构与强度、船舶的操纵性能、船舶稳性,货物的积载与绑扎,危险货物的位置、等级与特点,航线沿途的风、流、能见度、碍航物、可能遇到的恶劣天气、避险锚地,船舶团队的人员素质等,随时随地都有准确的了解和把握,我们就说船长具有高水平的情境意识。

(二)情境意识与安全

在船舶工作中,情境意识又指发现、识别失误链,并在事故发生前中断失误链的能力。保持高水平的情境意识可随时掌握即将发生的与团队和团队任务相关的事情,及时发现失误。丧失情境意识则意味着失误链正在形成。情境意识水平越高,发生事故的风险越小。低水平的情境意识则会产生高风险。详见图 6-1。

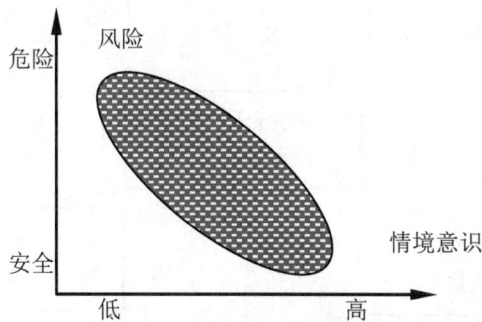

图 6-1　情境意识与安全的关系

(三)个体与团队情境意识

在船舶工作中,提到情境意识既指不同级别船员个体的情境意识,也指由不同级别船员组成的团队的情境意识。

1.个体情境意识

个体情境意识是指在特定时间段内某个船员对影响船舶安全的因素和条件的知觉。个体的情境意识包括:

(1)个人经验与训练。情境意识最基本的影响因素是经验与训练。经验与训练是获取知识和技能的重要途径。知识越丰富,理解力、判断力和适应性越强,情境意识水平自然越高。

(2)操纵与操作技能:技能是构成情境意识的重要因素。操纵与操作技能越强,理解力和适应性也越强,情境意识水平越高。

（3）身体与心理状态。情境意识非常重要的构成因素是身心健康状况,它是充分运用自身知识和技能的基本条件。身心健康状况不良,会降低各感官的功能,容易出现过度疲劳,甚至无精打采。这是航海实践中许多误操作引发海事的重要原因之一。

（4）对情况的适应与熟悉程度。对情况的适应与熟悉程度越高,认识过程中对局面和条件的感知越容易,在思考、分析和判断上越容易达成与实际情况一致的结论,情境意识水平自然也越高。

（5）驾驶台领导与管理技能。驾驶台领导与管理技能的高低与驾驶台团队成员所形成的情境意识有着密切的联系。

由于个人的知识经验、工作技能等的不同,从而使知觉在不同的个体之间存在差异,驾驶台成员的情境意识水平就可能不同。在一个驾驶台团队中可能有一些船员的情境意识水平高一些,另一些船员的情境意识可能处于较低的水平。即使驾驶台团队成员的情境意识水平都差不多,他们情境意识的指向性也可能存在这种差异。

2. 团队情境意识

驾驶台团队情境意识是指船长、引航员和其他船员（驾驶员、舵工等）个人情境意识的组合,也即驾驶台团队的群体情境意识,见图 6-2。

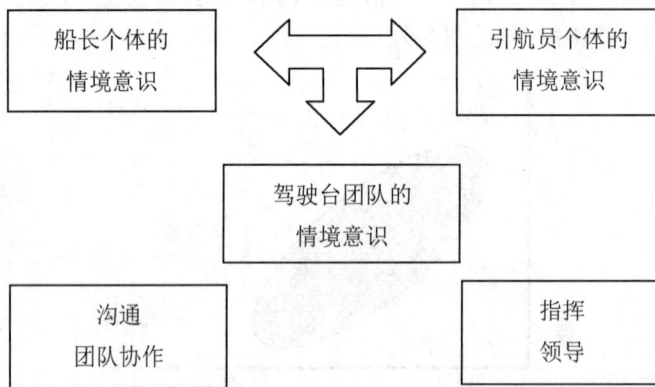

图 6-2　驾驶台团队的群体情境意识

船舶驾驶台团队的群体情境意识是指作为一个整体的船舶驾驶台团队所具有的情境意识。船舶航行安全主要取决于这种作为驾驶台团队的整体所能获得的情境意识。值得一提的是:这样的情境意识绝不是每一个个体情境意识的简单叠加。驾驶台群体情境意识中,船长起到制约作用,既可能调动起全船成员的情境意识,也可能限制船舶成员个体情境意识的发挥,从而降低了群体情境意识水平。为了保持驾驶台团队的情境意识水平,保证船舶的安全运行,应注意以下几点:

（1）努力提高值班驾驶员的情境意识水平。因为在很多情况下,船舶的安全由值班驾驶员一人掌控,即使船长（引航员）在驾驶台,值班驾驶员也起着十分重要的协助、支持作用。

（2）重视其他驾驶台团队成员的贡献,鼓励提醒和质询。因为驾驶台的任何一个人由于其特殊的位置或视角,都可能发现船长、引航员和驾驶员没有看到的情况。

（3）有效的交流沟通。驾驶台的工作要求团队各人员分工明确,在各自使用不同设备的过程中,就信息进行交换,这就要求保持顺畅的交流沟通。有效的交流沟通是保持团队群体情境意识水平的一个重要环节和关键措施。

（4）高效的团队协作。团队协作意味着团队中的每个成员都非常清楚预定的行动计划,为实现共同目标,每个人都做出最大贡献,从而可大大降低失误带来的影响并将事故发生的可能性降到最低。

（5）正确的指挥、领导。指挥、领导是船长调动全体船员情境意识的途径和手段。

（四）良好的情境意识表现

良好的船舶工作情境意识表现为:
1. 能正确地感知船舶本身的实际情况与变化趋势。
2. 能敏锐地察觉船舶周围的实际情况与变化趋势。
3. 能全面地了解周围情况变化对船舶运动的影响。
4. 能正确地预测船舶即将面临的局面和安全状况。

二、情境意识的获得与保持

（一）情境意识的获得

无论是个体还是团队,要想获得较高水平的情境意识,需从以下几个方面努力。

1. 知识和技能

知识是人脑对客观事实的主观表征:人们掌握知识,并运用这些知识指导自己的实践活动,知识是活动自我调节机制中一个不可缺少的构成因素,也是能力结构的一个不可或缺的组成部分;技能是指人们通过练习而获得的动作方式和动作系统,它主要表现为动作执行方式,由于技能直接控制活动动作程序的执行,因此是活动自我调节机制中的又一个组成要素,也是能力结构的基本组成部分。丰富的专业知识和较强的专业技能会提高个人的理解力、判断力和适应性,因而,知识和技能是获得高水平情境意识的基础。

2. 经验

经验是在社会实践中积累的,是客观事物在人们头脑中的反映,是认识的开端;经验是从多次实践中得到的知识或技能,是体验或观察某一事件后所获得的心得,并应用于后续实践。而航海是一项实践性很强的工作,航海实践的积累是增强感知灵敏性与正确性的重要途径。

3. 计划和准备

在管理实践中,计划是其他管理职能的前提和基础,并且还渗透到其他管理职能之中。计划是组织协调的前提;计划是指挥实施的准则;计划是控制活动的依据:计划为各种复杂的管理活动确定了数据、尺度和标准,它不仅为控制指明了方向,而且还为控制提供了依据。未经计划的活动是无法控制的,也无所谓控制。因为控制本身是通过纠正偏离计划的偏差,使管理活动保持与目标的要求一致的。周密的计划和准备工作可以使我们及时发现行动中的偏差和问题,并预测下一步的发展趋势。

4. 驾驶台团队资源管理

船舶管理人员对驾驶台工作环境内可供利用的资源进行控制、管理、协调和组织，尤其是驾驶台团队协作，是获得高水平情境意识的有效手段。

5. 沟通、反馈

有效的沟通、反馈是船舶驾驶台各种信息在团队成员之间进行充分交换的保证，是获得和保持个体和团队群体情境意识的一个重要环节和关键措施。

（二）情境意识的保持

为了保持良好的情境意识，及时发现失误链形成的迹象和中止失误链，以达到船舶航行安全的目的，驾驶台团队成员应：

1. 培养和提高个人的情境意识。
2. 提前做好周密详尽的计划和准备。
3. 在平时工作中养成安全的做法和习惯。
4. 灵活地把握注意力的转移和集中。
5. 避免由于个人的错觉以及主观臆断而造成失误。
6. 充分认识和发挥其他驾驶台团队成员的作用。
7. 重视通信与沟通中的反馈。
8. 进行有效的交互检查和监督。
9. 对航行风险等级进行预见性评估，并制定与风险等级对应的戒备措施。

三、丧失情境意识的征兆

丧失情境意识的征兆与失误链形成的征兆是一样的，也就是说什么时候驾驶员失去了情境意识，那么表明失误链正在形成。在船舶作业中，这些征兆通常有：

（一）不确定

不确定即当事人对所处的局面或眼前的信息感到困惑，以至于无法做出正确判断。例如：两个独立的定位系统 GPS 和雷达船位不一致；测深仪测得的水深与海图水深不一致；就某一项工作、行动，两个队员观点不一致等。这时船舶指挥人员的感觉就是不确定。不确定本身可能不一定意味着船舶会有危险，但是必须加以分析并确定正确的一方。不确定一般是由于没有经验或缺少培训而造成的。

（二）注意力分散

注意力分散即当事人的注意力集中在一件与当前工作无关的事情上，而对现状的察觉淡化或丧失。注意力分散可能是由多种因素造成的，如工作负荷过大、压力、疲劳、缺少工作经验、突然出现的紧急情况或对细节的疏忽等。有时一些简单的事情也可导致注意力分散。例如，VHF 呼叫就可能占据一个人全部的注意力，而使其忽略了对其他紧急情况的处理。

(三)感觉不充分或困惑

感觉不充分或困惑即当事人感觉对局面失去了控制,不知道下一步将发生什么。其通常是由经验不足造成的。

(四)沟通中断

无论是团队内部之间还是与外部的沟通,一旦出现障碍或中断,那么就预示着船舶已处于危险之中。噪声、缺少共通语言、不同的沟通程序或误解都有可能造成沟通中断。

(五)不当的指挥或瞭望

指挥不当或瞭望不到位通常是由对所处局面和周围环境缺乏了解造成的。它意味着驾驶员已经失去了情境意识。

(六)偏离计划航线

在船舶航行过程中,由于指挥不当、监控不力或瞭望不到位,船舶偏离计划航线,是失误链形成的征兆之一。

(七)违反已建立的规则和程序

违反已建立的规则和程序即没有正当理由而背离明确规定的规则和标准的操作程序。例如,在狭窄水域或通航密集水域使用自动舵,或用自动舵进行避让;开启雷达前不检查天线等。

(八)自满或过于自信

自满或过于自信,容易产生不重视危险的心理。在这样的心理状态支配下,驾驶员往往凭经验、印象、习惯进行操作,忽视异常情况。当突然出现与预料相反的客观条件变化时,由于没有心理准备,往往表现为惊慌失措、手忙脚乱,不能采取有力措施,而造成事故。另外,由于驾驶员对工作与任务过于熟悉,不考虑或轻视潜在问题也是自满的一种表现。

四、情境意识障碍及克服方法

(一)情境意识障碍

下面的一些障碍会削弱我们对周围环境的感知能力,及时发现这些障碍并采取措施消除障碍是驾驶台团队的共同责任。

1.基于错误的信息处理所获得的认知。船舶指挥人员的主要工作就是通过驾驶台的仪器、设备及视觉观察,获取大量的信息,根据自己的专业知识和经验,对这些信息进行分析、处理,掌控并预测船舶动态,发出正确指令。如果不对获取的信息加以甄别,利用虚假或错误的信息来感知、预测,就会导致丧失情境意识。

2.激励过度。激励的目的是激发成员工作的积极性、主动性,而不是使成员体能和心理承受能力超极限发挥。

3.自满或过于自信。自满或过于自信容易导致凭经验、印象、习惯进行操作,忽视异常情况。

4. 工作负荷过重。工作负荷过重会使人疲于应付,并产生压力和疲劳,进而降低情境意识水平。

5. 疲劳与压力。疲劳与压力会大大降低个人或团队对外界环境的感知能力,造成反应迟钝,从而大大降低情境意识水平。

6. 沟通不畅。有效的沟通是保持团队群体情境意识的一个重要环节和关键措施。

（二）克服方法

情境意识是动态的,很难保持,又容易失去。对任何一个人来讲,随时随地知道周围发生的一切是非常困难的,特别是在进行复杂的、压力较大的操作时。

因此,知道什么行为能使我们保持高水平的情境意识是很重要的。以下措施可以帮助团队保持或恢复情境意识。

1. 对偏离标准工作程序的情况保持高度警惕。

2. 注意观察团队成员工作绩效的变化。

3. 积极主动,提前提供操作需要的各种信息。

4. 及时发现、识别工作中出现的问题。

5. 及时表明你对周围所发生的一切的了解程度。

6. 保持有效的沟通。

7. 及时了解、掌握预定任务的现状。

8. 不断对局面进行评估和重新评估。

9. 确保团队中的每一个队员都清楚地知道预定的进程和目标。

10. 鼓励主动提醒和质询。

第三节　工作危害分析

一、任务及安全分析

（一）任务分析

所谓任务,一般是指工作过程中那些相对独立的基本活动单位。

任务分析(Mission Analysis)是指分析者借助一定的手段与方法(基本的分析方法与工具),对团队所承担的某项任务进行分析、分解,寻找出构成整个工作任务的各种要素及其关系,找出工作难点或质量控制点,分析预测完成预定任务过程中可能出现的各种风险,找出控制风险的相应措施,保证过程安全。

作为船舶管理人员,应能够对所承担的任务进行准确、科学的分析,制订长期工作计划,对可能发生的突发事件制订相应的应急反应计划;能够合理地组织、分配、监控团队资源,并能够评估和控制工作过程中的安全风险。

（二）安全分析

船舶管理者的任务分析重点是安全分析。

1. 定义

安全分析（Safety Analysis）是运用已经掌握的科学理论、方法以及相关的知识体系和实践经验，研究、分析和预知人类与工程技术及环境领域的危险、危害和威胁；限制或消除这种危险、危害和威胁，以过程安全和环境无害为研究方向的理论体系。

2. 主要内容

船舶安全分析的主要内容包括：
(1)调查和评价可能出现的初始的、诱发的危害之间的相互关系；
(2)调查和评价与船舶运输安全有关的环境条件、设备、人员及其他因素；
(3)调查和分析利用适当设备、规程等避免或根除某些特殊危害的措施；
(4)调查和评价控制危害的措施及用于船舶运输系统的最佳方法；
(5)调查和评价难以根除的危害在其失控时可能出现的后果；
(6)调查和评价一旦危害失控时，为防止损失与伤害应采取的安全防护措施。

3. 分析方法

安全分析实际上就是一种危害性分析。这里的危害包括不安全的环境条件、不安全操作、机器设备故障或其他不安全因素。危害性分析的目的在于查明危害，根除或控制危害，从而达到安全生产的最终目标。在进行船舶安全分析时，应结合船舶运输系统的船员、船舶、货物及航道、自然、交通等具体条件选取适当方法，做出多方面的安全分析和评价。船上常用的分析方法如下。

(1)危害预先分析

危害预先分析（Preliminary Hazard Analysis，简称 PHA）是整个安全管理的最初阶段的分析。在接受一项运输任务之前，对系统存在的危险类别、危险出现条件、危险导致事故的后果做一次整体分析，这就是危害预先分析。

(2)工作危害分析

工作危害分析（Job Hazard Analysis，简称 JHA）是目前欧美企业在安全管理中使用最普遍的一种作业安全分析与控制的管理工具。其目的是识别和控制操作危害和预防性工作流程，通过对工作过程的逐步分析，找出其多余的、有危险的工作步骤和工作设备、设施，进行控制和预防。

(3)系统安全分析

系统安全分析（System Safety Analysis，简称 SSA）是从安全角度对系统中的危险因素进行分析，主要分析导致系统故障或事故的各种因素及其相关关系。它常用于主管部门对整个系统的审查，如船队、公司或总公司领导阶层对其所管系统的综合性或问题进行的分析和研究。

二、工作危害分析

工作危害分析是对操作者在系统运行各阶段进行审查后做出的，其内容常包括基本作业、作业方法、潜在危害、对策等。工作危害分析包括对系统运行中操作者的失误、不安全、不合理操作等对安全的影响等方面的分析。由于工作危害分析对船舶操作具有很好的适用性,在此对其做单独介绍。

（一）工作危害分析的特点与作用

1. 工作危害分析是团队工作中的一种产物,它能提高有关人员的情境意识;
2. 工作危害分析是安全工作计划的一个基本工具,它能提高工作的安全性和效率;
3. 有效的工作危害分析,有利于减少船舶作业中的人员受伤;
4. 有效的工作危害分析,能使人员集中工作注意力,增强感知力;
5. 工作危害分析能使人员充分参与,对作业进行一个全程的培训;
6. 工作危害分析能使人员对可能出现的不同变化做出相应的应对。

（二）工作危害分析的实施步骤

工作危害分析通常包括以下步骤:
1. 工作危害分析的准备。选择拟进行危害分析的工作任务,即确定所需分析的项目和范围。
2. 分解工作单元任务。将已选定的工作任务分解为连续的工作步骤。
3. 识别任务中的危害与风险。对已选定的工作任务进行危害的识别。危害与风险的识别是对工作过程中已发生过的危险进行总结和对可能发生或潜在危险的预期性分析。
4. 对识别的危害制定控制与预防措施。在危险识别和风险评估的基础上,有针对性地提出相应降低风险的措施。
5. 编制安全操作规程。制定具体可行的风险控制措施,包括制定和修改一些流程与规定。

（三）书面工作危害分析（Written JHA）

1. 需做书面工作危害分析的工作
（1）具有能导致严重后果的潜在危险的工作;
（2）以前发生过事故和临近发生事故的工作;
（3）可能产生危害的重复性工作;
（4）经常发生事故的工作;
（5）新的工作。

2. 书面工作危害分析的实施
（1）查阅生产商的使用说明书;
（2）参考先前的工作中的风险分析;
（3）与经验丰富的员工研究、讨论实施步骤;
（4）观察、监督正在作业的人员。

3. 书面工作危害分析的运用
根据工作中出现的问题,制定相应的检查单（Checklist）,将作业过程分解为若干步骤,对其中的每一步骤进行危害性分析,对风险加以鉴别并给出消除每个可能风险的建议。

（四）口头工作危害分析（Verbal JHA）

口头工作危害分析的好处在于能使作业人员将精力集中在工作上。讨论应以船员承诺安全地工作这种方式进行。具体内容包括：

（1）工作步骤；

（2）潜在的危害；

（3）为消除或降低危害应采取的措施。

第四节　人为失误事故预防

一、事故致因理论

事故致因理论（Accident-Causing Theory）是探索事故发生与发展规律、研究事故始末过程、揭示事故本质的理论，是分析事故的工具，用以指导事故预防和防止同类事故的重演。国外有关事故致因理论的研究较多，在此仅以其中的四例加以说明。

（一）失误链理论

失误链（Error Chain）理论认为海上事故或灾难很少是由单一事件引起的，它们几乎都是由一系列看上去不严重的事件相互叠加、互为因果导致的。也就是说，一些小的事件相互作用形成失误链，最后导致了事故或灾难的发生。

这些小的事件相继发生，可能是顺序发展，也可能是无序发展；它们之间可能存在某种联系，也可能没有联系；它们可能是明显的失误，也可能具有一定的隐蔽性，使人不容易及早发现。无数事故证明，在许多大的事故发生以前，实际上已经存在了正在不断发展的失误链，只是人们没有发现或意识到这些征兆。失误链形成的征兆与丧失情境意识的征兆几乎是一样的。在航海上常见的失误链形成的征兆有（参见第二节，丧失情境意识的征兆部分内容）：

1. 对某项将要进行的操作不明确，或感到困惑；

2. 值班或操作过程中分心；

3. 对某项将要进行的操作感到程序混乱，或无充分把握；

4. 沟通中断；

5. 不正规的瞭望或指挥；

6. 偏离了事先做好的航次计划；

7. 背离了已有的规则、程序和良好船艺。

只要人们增强失误链意识，及时发现或意识到失误链形成的征兆，并在事故形成以前及时采取措施，将失误链的某个环节打断，就可以避免事故的发生或进一步升级。

（二）事故因果连锁理论

1936年，美国人海因里希（H. W. Heinrich）首先提出了事故因果连锁理论，用以阐明导致伤亡事故的各种原因和伤害之间的关系。该理论认为,伤亡事故的发生不是一个孤立的事件,尽管伤害可能在某瞬间突然发生,却是一系列事件相继发生的结果;并用五个竖立的骨牌来形象地说明这种因果关系,即第一块倒下后,会引起连锁反应而导致其余的骨牌倒下。因此,这一理论也被称为"多米诺骨牌"理论。

海因里希提出的事故因果连锁过程包括五个因素。发生事故的因果关系如图6-3所示。

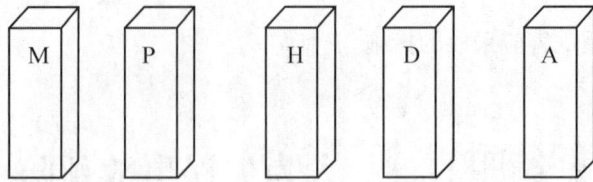

图6-3 "多米诺骨牌"理论

1. 遗传及社会环境(简称 M)

人的性格上的缺点是因遗传因素及社会环境而产生的。遗传因素可能造成鲁莽、固执等不良性格;社会环境可能妨碍教育、助长性格上的缺点发展。

2. 人的缺点(简称 P)

人的缺点是使人产生不安全行为或造成机械、物质不安全状态的原因,它包括鲁莽、固执、过急、神经质、轻率等性格上的先天缺陷,以及缺乏安全生产知识和技能等后天的缺点。

3. 人的不安全行为或物的不安全状态(简称 H)

事故的发生是由人的不安全行为或物的不安全状态造成的。所谓人的不安全行为或物的不安全状态是指那些曾经引起过事故或可能引起事故的人的行为,或机械、物质的状态,它们是造成事故的直接原因。

4. 事故(简称 D)

事故是由于物体、物质、人或放射线的作用或反作用,人员受到伤害或可能受到伤害的、出乎意料的和失去控制的事件。

5. 伤害(简称 A)

事故一旦发生就会对人身造成伤害。

不难看出事故因果连锁理论与失误链理论存在许多相同或相似之处。

(三)轨迹交叉理论

轨迹交叉理论认为,在事故发展进程中,人的因素的运动轨迹与物的因素的运动轨迹的交叉点,就是事故发生的时间和空间,如表6-1所示。在许多情况下,人与物的不安全情况互为因果。轨迹交叉理论作为一种事故致因理论,强调人的因素、物的因素在事故致因中占有同样重要的地位。按照该理论,可以通过避免人、物两因素的轨迹交叉,即避免人的不安全行为和物的不安全状态同时同地出现,来避免事故的发生。

表 6-1 事故致因的运动轨迹表

	基本原因	间接原因	直接原因	事故	损害
人的因素	遗传、环境管理缺陷	人的缺点	人的不安全行为		
物的因素	设计、制造缺陷	故障、毛病	物的不安全状态		

(四)事故损失偶发性法则

事故损失偶发性法则也称为海因里希法则,是指事故与伤害程度之间存在着偶然性的概率关系,即同一人发生的 330 起同种违章事件中,严重伤害、轻微伤害和没有伤害的事故件数比为 1:29:300。该法则是对认为不安全行为和不安全状态无害的经验论者的有力警告。例如:在油轮机舱随意烧焊通向空油舱的管系导致船舶发生爆炸事故而沉没;在开启雷达前没有检查天线附近有没有人和障碍物,造成人员伤亡或天线损坏事故等。这些事故都是因违反安全操作规程而造成的,肇事者的陈述都是:以前这样做从未出现过事故,这次事故是因为没有掌握好,等等。显然,他们是不了解"1:29:300 法则"的。该法则还说明事故与损害之间存在着偶然性,同类事故并非产生相同的损失,为防止重大伤害,唯一的途径是防止事故的再次发生。

二、人为失误事故预防

随着现代航海技术的飞速发展,船舶向大型化、高速化、专用化发展,船舶配员向多国籍化发展,局部地区交通运输日益繁忙,船舶航行环境日益恶化,管理难度日益增大。为了确保船舶安全,船舶驾驶员必须高度认识人为因素与船舶安全之间的关系,采取有效措施做好预防船舶事故发生的工作。

(一)全面认识人为因素与船舶事故的关系

如前所述,在船舶事故所涉及的各种不同因素中,人为失误是最主要的因素。因此,为了预防船舶事故的发生,船舶驾驶员必须充分考虑自身行为模型中的错觉和在实际工作中对信息处理、决策、操作过程中可能产生的失误及其对本职工作的影响,从思想上全面认识人为失误与船舶事故之间的密切关系。

1. 船员的行为模型

船员在船舶航行中主要依靠自己的视觉、听觉或其他适合当时环境和情况的一切手段,如通过雷达、AIS 等导航或通信设备,对当时航行条件、船舶动态和与船舶相关的时间与空间等情况进行观察。当他们长期、反复从事某一操作时,有时会因人本身的特点与局限性而产生视觉与客观环境对象之间的不一致,这种自身视觉和客体不一致的错觉往往是不安全行为的起因,有时会导致事故的发生。它们大多是因视觉差错或思维判断差错而引起的,这主要涉及船舶运动与定位的错觉或差错。如两船相遇已构成危险,有些船舶驾驶员在特定的情况下误认为两船没有危险,还有的把正在航行的船误看成锚泊船。这些错觉和差错的产生,经常与他们所处工作环境(如过大的噪声、振动、极端的温度变化或照明不足等)和人的生理与心理状况(过于疲劳、压力过大或生病等)相关。

2. 船员的信息处理

人对信息的处理是受其信号通道限制的。研究表明，人只有一个单一的信号通道，所有的信息要按次序通过这个通道。当两个信息同时传向大脑时，其中一个必须等到另一个放入工作记忆中之后才能通过。这就是人在同一时间只能注意一件事情的原因。但也有人认为人在同一时间能做两件事情。事实上，这只是人对一个信息源到另一个信息源很快地进行扫描。例如，在正常情况下，船舶驾驶员在值班瞭望中和他人聊天时，当他突然发现前边有来船或是通航条件发生变化等情形时，他就会停止在两种信息源之间扫描，而把注意集中到后一信息源上。但是，船舶驾驶员的注意力往往会受到人的生理和心理因素的影响，有时还可能会被某种事情的预先占有而分散了工作中的注意力，而这些客观存在的影响因素就难以保证他们的正常工作，甚至引发事故。

另外，"不正确的假设"往往会影响船舶驾驶员正确处理信息的能力。当有大量的信息冲击船舶驾驶员的大脑时，他们不可能非常仔细地处理全部的信息，而只能对有些信息做一些粗略的推论和假设。但在这些信息进入工作记忆以后，信息被转化为判断，接着在长期记忆中的有关判断被激活，最后形成新的命题网络。船舶驾驶员脑中的不正确的假设可能会在自己工作记忆和长期记忆的命题联络之中产生错误，而这些错误的假设也经常会引起工作中的失误，进而引发事故。

3. 船员的决策

船员在避让他船或操纵船舶靠离码头的过程中，都是根据自己所做的决策而采取具体行动的，而这些决策是根据自己掌握的信息，运用专业技能与工作经验而做出的。但是，一旦信息来源有误或不全，或是本身的技能与经验缺乏，有些船舶驾驶员就会做出不当或不力的决策，而这些不当或不力的决策将导致船舶事故的发生。

实践证明，决策不当或不力在船舶事故原因中占有很大比例，即使受过正规教育与培训且具有丰富实践经验的人，有时也会做出不当或不力的决策。因为船舶驾驶员在做出决策时，经常会受到情感、信息等因素的影响，或是因为未能充分考虑所有的相关因素与信息和为了怕麻烦，走捷径而做出了不当或不力的决策。由于船舶航行的外部环境和内部条件的复杂性，船舶驾驶员处理信息的时间是非常关键的。通常情况下，判断必须是在感知外部的信息后才能进行，而操作又必须基于判断的基础之上，所以内、外部信息越复杂，决策难度就越大。同时，这种情况对决策的反应时间也相对增长，且易引起错误的决策而导致错误的行为发生。

4. 船员的操作

船员的所有操作行动，实质上是为了安全控制船舶。这些操作行动包括定位、加速、减速、转向等，操作行动的正确与否直接受航行信息的收集情况和对船舶动态的感知与思维的判断所制约。

关于人类活动能力的研究证明，只要工作范围与内容不断增加，其操作的准确性就会随之下降。例如船舶驾驶员在靠离泊位的作业中，码头障碍物越多，作业环境越复杂，甚至会出现一些未预料到的特殊情况，则其用于思维决策的时间就越长，从而给操作的时机、时间和空间带来了影响，也容易因这些影响而产生操作的失误。

综上所述，船舶驾驶员的人为因素在自身行为中的错觉和在实际工作中对信息处理、决策和操作过程中的具体反映，要求相关的人员必须全面认识和高度重视人为因素与船舶事故的关系,以便能积极采取针对性的措施,从而做好事故的预防工作。

(二)认真分析船舶事故中涉及人的综合影响因素

船舶航行是一项涉及多种因素与条件的综合性的工作。当船舶在沿海水域或狭水道航行时,由于通航密度较高,水文、气象和交通条件又比较复杂,所以船舶驾驶员除了对船舶周围的通航情况应保持高度的戒备外,还必须熟悉自己船舶及其设备的性能,及时和正确地保持驾驶台团队成员之间的沟通与合作,以便保证船舶的安全航行。在船舶靠离泊位的过程中,船舶驾驶员必须正确地指挥拖船和码头人员,以期通过有效的合作,确保船舶靠离泊位作业的安全。因此,船舶驾驶员在以上工作中往往要承受很大的工作强度和心理压力,因为在以上这些水域的航行与操纵中,任何的疏忽或过失都有可能导致船舶事故的发生。

根据船舶事故发生的实际情况,可将这类事故中涉及人的原因及其综合因素归纳如下。

1. 主体原因

主体原因是船舶事故中人为因素的一个重要组成部分。从许多船舶事故的原因分析中可以得知,这些事故的发生往往涉及船舶驾驶员自身航行技术方面的原因,如船舶航行中的定位、避让、操纵、应急处理等技术因素。这些与航行技术相关的因素包括:

(1)航行计划:船舶开航前的航行准备、计划、资料等;

(2)航行操作:航行中对于船位与船速的控制程度;

(3)航行戒备:驾驶员对船舶和周围外界局面情况的了解与判断;

(4)避让行为:航行中对于会遇船舶的避让行为;

(5)操纵判断:船舶在风、流、拖船等外界条件作用下对船舶影响程度的判断;

(6)操纵行为:航行过程中船舶在抛锚、靠离泊作业过程中的具体操作;

(7)应急能力和处理:船舶在突发紧急事件时的应急方案、处理与行动等;

(8)通信与合作:船舶通过各种方式与外界各方的联系、沟通、合作等。

2. 客体原因

客体原因则是指船舶驾驶员以外的其他原因,也是船舶事故中人为因素的一个重要组成部分。主要包括:

(1)他船原因:所会遇船舶的设备装置、操纵性能、货载等状况及其行动的影响因素;

(2)他船的船员原因:会遇船舶上的船员行为的影响因素;

(3)拖船原因:船舶操作过程中协同作业的拖船的行为影响因素。

3. 环境因素

环境因素包括自然原因、航道与码头原因、交通原因等。

(1)自然原因:航行水域的能见度、风、流等气象条件;

(2)航道与码头原因:航行水域航道的自然特性与助航设施、码头条件;

(3)交通原因:航行水域的船舶交通状况与通航管理。

(三)注意调节生理与心理状态

1. 保持良好的生理状态

人的生理状态与自己的感知和反应有着非常密切的关系。当人疲劳时,他对周围的感觉就会麻木,反应迟钝。生理状态往往是改变心理状态的杠杆。每一种生理状态都有一个对应的心理状态。船舶驾驶员在生病的情况下继续坚持工作,往往会因为自身生理问题而产生对外界情况的观测不全面或因反应不灵敏而产生误判断、误动作,或者是操作不到位,从而发生事故。

另外,即使在身体健康的情况下,人们往往会由于受到外界一些自然条件的限制而影响自己的正常工作,从而难以正常发挥自己的技能而致使一些意想不到的事故的发生。例如在极端的高温或噪声影响下,绝大多数人难以如正常情况下那样集中注意力,并严格按照操作规程进行工作。因此,除了保持身体健康外,还必须注意到外界环境因素对自身生理状态的影响,在可能的情况下采取必要的措施来减少或消除这些影响。

2.避免不正常的心理状态

心理状态是人的心理活动在某一段时间内的特征,如分心、疲劳、激情、镇定、紧张、松弛、克制、欲望等。在船舶航行过程中,船舶驾驶员由于受不正常的心理状态的影响而引发的事故也屡有发生。为此,为了确保船舶安全,不但应保持良好的生理状态,也必须避免以下一些不正常的心理状态。

(1)侥幸心理

严格地说,侥幸心理并不是一个心理学中的专门概念,而是人们在日常生活中经常使用的一个词语。侥幸心理的含义是在某种行为既可以导致有利后果,也可以导致不利后果的情况下,行为人自认为不利后果不会发生的主观判断。可以论定,凡是知道操作行为有一定危险,但仍然冒险进行操作的人,都可以认为是存有侥幸心理的。

(2)盲目自信与麻痹心理

盲目自信与麻痹心理表现为自己在工作中是"经常这样做的""不知干过多少次了""自己很有把握""不会有危险"等,因而产生不重视危险的心理过程。在这样的心理状态支配下,有些船舶驾驶员往往凭经验、印象、习惯进行操作,在作业过程中未能意识到自己操作方法中的错误,也没有及时发现异常情况。当突然出现与预料相反的客观条件变化时,由于没有心理准备,往往表现为惊慌失措、手忙脚乱,难以采取有力的措施,最终造成事故。

(3)逞能好强心理

具有逞能好强心理的人虽然对安全知识略知一二,但往往在其逞能心理的支配下,为表现自己而头脑发热,产生盲目的行为,结果却事与愿违,酿成事故。逞能好强心理是年轻船舶驾驶员较为普遍的心理特征,他们容易在这种心理的驱使下,干出一些冒险的、愚蠢的事情,导致一些本来不该发生的事故发生。

(4)捷径心理

捷径反应是人类行为的共同特征,图省事、走捷径的心理,人皆有之。实际上,捷径心理是由人类追求个人利益最大化的需求而产生的。这里所说的个人利益是广义的概念,包括省时间、少费力等。在船舶营运过程中,捷径心理的表现形式多种多样,常见的是为了赶时间完成航行任务,在不注意安全航速的情况下,不愿受安全规章制度的制约,或是简化必不可少的操作步骤,或是违反操作规程,结果往往导致事故发生。

(5)胆怯心理

由于船舶航行具有较高的风险,船舶驾驶员在工作中稍有不慎就很容易引发事故。这致使少数船舶驾驶员从思想上对自己的工作产生了胆怯的心态,造成在工作中有时缩手缩脚、心神不安,也有的在突如其来的变故面前缺少心理准备和承受能力而惊慌失措或束手无策,导致反射性行为而发生事故。

(6)逆反心理

人的动机具有内隐性的特征,逆反心理便是这种内隐性的特征之一。逆反心理往往在年轻人身上比较明显,其表现一般是"你让我这样,我偏要那样"。逆反心理通常是在思想上带有某种偏见而产生的,有了逆反心理,会引起心理上的不快,产生与领导者或规章制度的对抗情绪。从而对各种安全法规、规章制度缺乏理性认识,这直接影响到他们的安全意识和在工作中的实际行为。在特定的条件下,持有这种心理的船舶驾驶员极易在工作中固执己见,不听他人的劝告或意见,从而导致船舶事故的发生。

(四)提高船舶管理人员的任务分析能力

如本章第三节所述,任务分析能力就是对团队所承担的某项任务进行分析、分解,寻找出构成整个工作任务的各种要素及其关系,找出工作难点或质量控制点,分析预测完成预定任务过程中可能出现的各种风险,找出控制风险的相应措施,保证过程安全。

作为船舶管理人员,只有不断地学习积累,提高自己的任务分析能力,才能够对所承担的任务进行准确、科学的分析,制订长期工作计划,对可能发生的突发事件制订相应的应急反应计划;才能够合理地组织、分配、监控团队资源;并能够预测、评估和控制工作过程中的安全风险,减少人为失误事故的发生。

(五)严格遵守工作程序

程序是有关思维和行动的特殊方式。程序化管理或操作是一种科学的管理意识,只有程序化实施,才能有标准化、科学化的管理,才能在最大程度上降低在操作过程中人的不稳定性,以实现操作的安全。

ISM 规则要求公司在其 SMS 体系中建立一系列的管理程序、操作程序和应急程序等,其目的就是采用文件化程序的方式进行安全管理。程序加强的目的在于实现三大目标,即:保障海上安全、防止人员伤亡、避免环境损害,尤其对海洋环境和对财产的损害。

船员职业是一项高风险的职业,船舶航行的环境情况复杂多变,气象条件、水文条件以及港口码头条件时常变得非常恶劣;船上机器设备密集,货物的物理和化学性质不一。因此,航运公司根据 ISM 规则的要求和自身的实际情况制定了一系列的程序文件、操作规程和须知。

这些程序会使船员的行为受到一定的约束,使他们感觉烦琐和厌倦,但从更高原则来讲,正是有了这些程序才使船上各项工作处于有序和受控状态,大大限制了工作人员的随意性和冒进行为,从而大大降低了因无序和混乱而导致人为失误,最终造成事故的可能性。因此,为了减少或避免人为失误事故的发生,所有船员必须严格遵守已经确立的工作程序。

(六)加强驾驶台团队协作

协作是指在目标实施过程中,部门与部门之间、个人与个人之间的协调与配合。协作的优点是可以充分有效地利用组织资源,便于集中力量在短时间内完成个人难以完成的任务。

团队协作意味着团队中的每个成员都非常清楚预定的行动计划,为实现共同目标,每个人都做出最大贡献,从而大大降低了失误带来的影响,并将事故发生的可能性降到最低。

驾驶台团队协作通过良好的通信与沟通来分享、共享信息资源;通过交互的监督、检查来防止人为的疏忽和错误;通过相互的提醒和质询来提高个体和团队的情境意识;通过团队成员间相互配合、帮助和支持来弥补个人能力上的不足。因此,驾驶台团队协作是防止船舶人为失误事故发生的重要手段和方法。

(七)提高驾驶台资源管理能力

由于海上航行环境的复杂多变,船舶驾驶员常常承受着巨大的工作压力和精神压力,他们必须使用所有的设备和有效的资源,并形成一个团队去正确完成各种航行任务,否则就会导致事故发生。驾驶台资源管理培训的目的就是通过研究船舶在航行中可能发生或遇到的船舶紧急情况,要求船舶驾驶员在遇到这些情况的时候,通过对驾驶台组织和程序的执行,对船舶维护计划和人为因素的管理,有效地利用船舶现有的各种助航仪器和航行设备、安全设备,发挥每个人在团队工作中的作用,从而严格而有序地执行相关工作的操作程序,以保证船舶的安全航行,减少和避免潜在的人为失误。驾驶台资源管理是减少人为失误的主要手段和途径,船舶驾驶员必须努力提高自己的驾驶台资源管理能力。

(八)保持高水平的情境意识,及时识别和破断失误链

为了防止船舶事故的发生,必须及时识别和破断与其相关的失误链。

为了能及时发现失误链的存在及其发展过程,船舶驾驶员首先必须通过保持高水平的情境意识,了解自己船舶内、外部的实际情况,掌握和知晓周围局面对本船将产生的影响,从而能在发现失误链的存在后及时采取相应的措施来中止其发展。实践证明,什么时候驾驶员丧失了情境意识,失误链就正在形成,并将不断发展,最终可能导致事故的发生。保持高水平的情境意识是及时发现和中断失误链发展的基本保证。

在及时识别失误链并果断采取措施将其破断的过程中,必须做好一些具体的细节性工作。

1. 用心

实践证明,认真能将事情做对,而用心才能将事情做好。船舶航行是一项系统工程,而作为这项工程的主体,船舶驾驶员需要充分发挥其适应能力、判断能力、操纵能力、应变能力、应急能力,以及自己的定力和体力。因此,仅有认真的工作态度还是不够的,还必须时时刻刻地用心做好工作。特别是应在工作中不能死板,而唯有多用心、多动脑才能及时识别失误链,并将其及时破断,才能确保船舶工作的安全。

2. 积累

船舶航行是实践性很强的技术工作,船舶驾驶员必须在工作中注重自身经验的积累和综合能力的提高,才能及时地识别失误链,并将其彻底破断,为实现安全航行提供重要保证。事实告诉人们,聪明的船舶驾驶员不仅仅是通过自己的工作实践来积累经验与教训的,他们更多的是总结了其他人的经验,或从其他人所发生的事故中吸取教训来提高自己的业务水平。这种通过自己的工作实践不断总结经验与教训和通过交流吸纳,以承袭别人的间接经验的方式,可以使自己具有更为良好的技术业务素养,拥有及时发现失误链和有效地破断它们的能力。

3. 勤勉

近几年来,随着世界航运业的快速发展,国际海运贸易量和船舶吨位与数量的剧增导致船

舶驾驶员处于长期的高强度工作状态之下。这种情况很容易使他们产生心理方面的惰性、懈怠和自负等不良心态。而这些情况的产生恰恰又形成了失误链的温床。在这方面最为突出的反映便是瞭望疏忽。由于对潜在的危险不敏感，以及自身应急反应不力等而导致船舶事故的发生是客观存在的。如何减少或避免这类事故？唯有勤勉，即对工作的一丝不苟，因为在许多情况下勤勉往往是避免最初失误的一大利器。

4.遵章

船舶常年航行在大洋、沿岸或港内的航道上。由于不同的水域与地区航行的特点与要求不同，有关主管部门或机构为之制定了许多相关的规章制度或操作规程。可以肯定的是，这些众多的规章制度和操作规程会使工作在一线的船舶驾驶员受到一定的约束。但正是因为有了这些规章制度和操作规程，才使船舶在这些地区的航行安全得到了保障。特别是当船舶在靠近港口或港内航行与作业时，只有严格地遵章，才能保证船舶处于较为有序和受控的状态，从而大大降低因无序和混乱而导致人为失误最终造成事故的可能性。正是因为有了严格的操作规程，从而大大限制了船舶驾驶员的随意性和冒进行为，同时在一定程度上弥补了一些年轻船舶驾驶员在经验上的欠缺。更为重要的是，执行这些相关的规章制度或操作规程，有利于船舶驾驶员及时做好对失误链的识别与破断工作。由此可见，担负船舶安全航行重任的船舶驾驶员如能严格遵守规章制度和操作规程，就能确保船舶航行的安全。

综上所述，船舶驾驶员在实际工作中虽然难以避免失误链的产生，但是可以通过自己的努力及时发现失误链的形成，并采取果断有效的措施来中断它的发展，达到避免事故的目的。在采取破断失误链的行动后，还应注意到这些失误链可能会再次产生。因此，船舶驾驶员，首先，必须随时密切注意失误链是否存在；其次，在采取破断和终止其发展的措施后，还应继续保持高度的警惕，认真观察和判断所采取措施或行动的效果，必要时，可采取进一步的措施，以确保船舶航行工作的最终安全。

三、典型船舶事故成因及预防

任何船舶事故的发生均有其成因和条件，而且较少有单一原因造成的事故。通常，船舶事故是由船员、船舶、航道、交通、自然条件等各种因素相互叠加汇合、相互作用而造成的。因此，分析船舶事故的成因、研究船舶事故的预防措施离不开系统工程的观点和安全科学的知识。下面，我们将围绕着"人（船员）—机（船舶、货物）—环境（航道、港口）—控制（管理）"系统，概述船舶碰撞、搁浅/触礁、火灾/爆炸和倾覆四种典型海事的成因及预防。

（一）碰撞事故原因及预防

1.碰撞事故的常见原因

（1）人的因素：船员责任心不强，值班时注意力不集中；避让操作技术差，会船时紧张过度或漫不经心；瞭望疏忽，错误地判断会遇局面；没有使用安全航速；在需要时不敢使用主机；不使用雷达或不正确地使用雷达；英语水平差，不能及时使用VHF协调避让；值班安排不当，如驾驶员、水手在值班前没有得到充分休息，过度疲劳；在船舶密集区雾航，船长既不上驾驶台也不增派舵工操舵；引航员操作失误等。

（2）船舶因素：舵机、主机等影响航行安全的设备突然故障。

(3)环境因素:航道环境、自然环境异常;交通秩序混乱等。如狭水道、航道交汇点、渔区、能见度不良区域的航行。

(4)管理因素:用人不当,设备维护、保养制度不完善,交通管理混乱等。

2.碰撞事故的主要预防措施

(1)加强安全教育和技术培训,提高船员的责任心和专业技术水平;重视值班安排,船员在值班前应得到充分休息;保持正规的瞭望;使用安全航速;严格遵守地方航行规则和《国际海上避碰规则》;正确使用雷达、舵机、主机、声号、VHF等设备;正确对待引航员操纵。

(2)公司应健全设备维护制度,预防主机、舵机、供电等影响航行安全的设备故障。

(3)当局应积极改善通航环境,建立、健全VTS。

(二)搁浅/触礁事故原因及预防

1.搁浅/触礁事故的常见原因

(1)人的因素:船员责任心差、技术水平低、值班时注意力不集中;航线选择不当;瞭望不正规;导航设备使用不当;该请引航员而不请或盲目依赖引航员,放弃监督职责;船长听任驾驶员操作,驾驶员放任舵工操作;定位时错认物标、错读数据、错误作图而造成错误定位;船舶装载不当,导致在大风浪中操纵困难而搁浅或触礁;对浅水效应和涌浪所需增加的船舶吃水估计不足;通过险恶航段的时机选择不当;盲目高速航行;锚位选择不当,锚泊值班不认真。

(2)船舶因素:导航设备故障,船体破损,主机、舵机、供电故障等。

(3)环境因素:可航水域狭窄(如港口、航道、江河、分道通航区等);通航船舶密度大;黑夜、能见度不良。

(4)管理因素:对船员素质了解不够、安全意识教育不力;设备维护、保养制度不完善等。

2.搁浅/触礁事故的主要预防措施

(1)选择安全的航线、锚位,谨慎值班;上级船员应掌握下级船员的职业素质,有效地行使指导和监督职责;保持正规瞭望;正确定位,防止迷航;灵活使用车舵;运用良好船艺;正确使用各种助航仪器,特别是雷达;正确对待引航员操纵;熟悉和严格遵守地方航行规则;严格遵守安全管理规章,包括航行值班和交接制度、海图作业规则、夜航制度、STCW公约的休息规定等;全面执行公司SMS的航行安全规定。

(2)健全航行安全核查制度;健全设备维护制度,预防操纵失控。

(3)政府、公司和船长应注重船员的责任心、技术素质和身心素质的提高。

(4)当局应积极改善通航环境。

(三)火灾事故原因及预防

1.火灾/爆炸事故的常见原因

(1)人的因素:在床上抽烟及乱扔烟头;乱丢乱放油污的棉纱、破布;违章明火作业;乱拉电线和违章使用电器;在易燃场所装卸货物不当或维修保养操作不当产生火花或过热起火;在油气场所穿着易产生静电的衣服和带铁钉的鞋引发火花而爆炸;油轮违章装卸;油轮因操纵不当发生碰撞或触礁而引发火灾和爆炸等。

(2)船舶因素:电器设备损坏起火,例如线路老化、电器漏电、电瓶充电间通风不良导致氢气积累或爆炸、用纸或布遮盖电灯、在电热器附近放置可燃物等;易燃易爆气体被明火或静电火点爆,例如烟囱火星点燃油气,空油舱内油气因静电释放而爆炸,可燃气体被人为点爆或流入机电间被引燃;锅炉超压爆炸;机件润滑、冷却不当而过热起火;机件损坏摩擦起火;高温管系裸露;锅炉或油管漏油起火;易自燃货物因通风不良而积热自燃等。

(3)环境因素:因恶劣天气不能有效通风而引起易自燃货物积热自燃;大风加剧火势蔓延等。

(4)管理因素:安全意识教育开展少或效果较差;船舶安全规章执行情况的监督、纠正程序不健全;船舶维修保养制度不健全等。

2.火灾/爆炸事故的主要预防措施

(1)通过教育、培训和演习,巩固并提高团队成员的消防素质,包括防火灭火的意识、知识和技能;严格执行船员日常防火守则和运输船舶消防管理的有关规定;按期举行消防演习,确保演习质量。

(2)从构造、材料、设备及布置角度最大限度地保持船舶防火、探火、灭火的有效性;清除船上非营运必需的易燃物,对必需的易燃物实施限制、隔离和监控;消除和控制火源。

(3)健全防火巡查制度。应根据本船情况画出防火巡查路线,注明巡查要点,规定巡查人员和时机。

(四)倾覆事故原因及预防

1.倾覆事故的常见原因

(1)人的因素:散粮、生铁、金属块锭、盘圆、煤炭、散盐、矿石、矿砂、矿粉等不按有关装舱标准和规定装载;货物绑扎系固不当;积载不当导致稳性恶化(尤其是集装箱船);积载、压载不当导致船体断裂;灭火时大量积水和排水不力,船舶因单边载荷和自由液面作用使稳性恶化而倾覆;船东、船长、船员对天气力量的认识不足,以及过于信赖天气预报,不做必要的规避和对抗准备;出航时未紧闭水密门,或水密关闭装置失效而未采取措施,导致进水翻沉等。

(2)船舶因素:由于船体老旧、触礁、碰撞等原因,船体破损进水,在外力、自由液面综合作用下横倾,最终丧失稳性;因船体纵向强度不够,断裂进水而倾覆;因主机、舵机、供电失灵使船舶失去航向控制力而横浪,进而谐摇、货物移动、横倾进水而翻沉。

(3)环境因素:灾害性天气是船舶倾覆的主要原因,例如,遭遇大风浪、冰山,或在寒冷海区,因上层建筑严重结冰,未及时清除而使船舶翻沉。

(4)管理因素:公司管理松懈混乱,配货和调度部门盲目指挥等。

2.倾覆事故的主要预防措施

(1)提高人员素质:公司有关人员和船员,应具备对倾覆事故的防范意识、知识和技能,能及时正确地判断和采取适当的行动,避免盲目指挥和操作错误。

(2)规范船员操作:对散货和盘圆等要严格按照有关装舱标准和规定装载;配载时应确保全航程中船舶的稳性和强度;进行正规的货物绑扎和系固;灭火时应及时控制和排除积水;船舶出航前应密闭水密门窗;正确分析天气动态,采取相应防范措施,规避灾害天气。在寒冷海区,上层建筑严重结冰时,应组织人员及时清除。

(3)健全维护保养制度,确保主机、舵机、供电系统等机电设备的正常运转;制定防止倾覆应急计划，并定期演练，按时进行弃船演习。

第七章
疲劳与压力

第一节 工作负荷

一、工作负荷的定义

所谓工作负荷(Workload),是指单位时间内人体承受的工作量,包括体力工作负荷和心理工作负荷两个方面。合理的工作负荷直接关系到工作效率。工作负荷体现了工作任务在数量和质量上的共同要求。研究表明,工作负荷与工作倦怠有较高的相关度,尤其与情绪衰竭的相关度最高。一般认为,工作负荷既应包括工作消耗的能量,也应包括工作的难度和复杂性。

二、工作负荷的形式

工作负荷包括体力工作负荷和心理工作负荷两个方面。

(一)体力工作负荷

体力工作负荷又称生理工作负荷,是指人体在单位时间内承受的体力工作量的大小,主要表现为动态或静态肌肉用力的工作负荷。工作量越大,人体承受的体力工作负荷强度越大。人体的工作能力是有一定限度的。

(二)心理工作负荷

心理工作负荷是指人体在单位时间内承受的心理活动工作量,主要表现为监控、决策、期待等不需要明显体力的工作负荷。

三、工作负荷对人的影响

（一）合理的工作负荷

一般情况下，人们把个体在正常环境中连续工作 8 h，且不发生过度疲劳的最大工作负荷值称为最大可接受工作负荷水平。在确定最大可接受工作负荷水平时，应考虑人们的个体差异和工作性质。一般来说，体力工作负荷以疲劳感、肌肉酸痛感、沉重感等主观体验作为评定手段。脑力劳动者的工作负荷则以情绪状况、睡眠质量、脾气好坏作为最直接的指标。

如果一个人的工作让自己感到力不从心、情绪低落，工作绩效降低、差错或事故发生率升高、个人满意感降低，就得考虑工作是否超负荷了。

合理的工作负荷并非任务越少越好。如果人们的工作要求远低于工作能力，不仅工作成果少，而且也会出现工作效率降低、不适感增加以及个人成就感降低等现象，这种现象被称为"工作低负荷"。

（二）工作负荷过低

在现实生活中，对于工作低负荷者而言，往往出现莫名其妙的空虚惆怅，常常感觉自己怀才不遇，觉得人生没有价值。他们不明白自己是因为自身的能力没有得到充分发挥而出现那些症状的。这样的人群，可以考虑调换到更具有挑战性的工作岗位，或者寻求一些兼职来做，以充分发挥自身的能量。

（三）工作负荷过高

对于工作超负荷者，其工作状况往往不是他们自己能够控制的，就需要其进行自我心态和自身工作方式的调整。一般来说，有计划、按步骤地工作，能够让你有条不紊、情绪安定，而把体力和脑力工作交替安排，你的工作效率就会大大提高。

无论是工作超负荷还是工作低负荷，都不利于人们保持工作的高效率。需要指出的是，当体力工作超负荷时，除了操作绩效不佳外，更严重的是容易引起人员损伤等事故；如心理负荷长期处于失衡状态，则很容易患上各种职业病或诱发生理系统功能紊乱。

四、海员超负荷工作的现状

根据 IMO 的相关调查：

1. 30%的海员每天工作多于 12 h；
2. 36%的海员每天没有得到至少 10 h 的休息；
3. 18%的海员每天有规律地休息不足 6 h；
4. 接近 50%的海员感到超负荷工作危及船舶的海上安全；
5. 60%的海员认为情形变得更坏，而不是更好。

五、国际公约对船员工作时间的规定

(一)STCW 公约的规定

马尼拉修正案要求值班制度的安排能使所有值班人员的效率不致因疲劳而降低,并且班次的组织能使航次开始的第一个班次及其后各班次人员均已充分休息,或者用其他办法使其适于值班。主管机关应考虑船员,特别是涉及船舶安全和保安操作职责的船员,由疲劳所引发的危险。

1. 所有负责值班的高级船员或参与值班的普通船员以及涉及指定的安全、防污染和保安职责的人员应在任何 24 h 内有最少 10 h 的休息时间;以及在任何 7 天内有 77 h 的休息时间。

2. 休息时间可以分为至多不超过 2 个时间段,其中一个时间段至少要有 6 h,连续休息时间段的间隔不应超过 14 h。

3. 在紧急或在其他超常工作情况下不必要保持上述关于休息时间的要求。紧急集合演习、消防和救生演习,以及国家法律法规和国际规则规定的演习,应以对休息时间的干扰最小并不导致船员疲劳的形式进行。

4. 任何情况下任何 7 天内的休息时间均不得少于 70 h。

(二)海事劳工公约的规定

海事劳工公约(MLC 2006)规定的工作时间和休息时间标准为:

1. 海员的正常工时标准应以每天工作 8 h,每周休息 1 天和公共节假日休息为依据。

2. 最长工作时间在任何 24 h 时段内不得超过 14 h,且在任何 7 天内不得超过 72 h;或最短休息时间在任何 24 h 时段内不得少于 10 h,且在任何 7 天内不得少于 77 h。

3. 休息时间最多可分为两段,其中一段至少要有 6 h,且相连的两段休息时间的间隔不得超过 14 h。

第二节　疲劳

一、疲劳的定义及表现形式

(一)疲劳的定义

疲劳(Fatigue)是人的一种生理规律,是为避免机体过于衰弱,防止能量过度消耗的一种保护性反应。一般而言,疲劳是指降低人的工作水平,使身体和头脑的反应迟钝,并削弱做出合理判断能力的一种状态。

IMO 的人为因素统一术语对疲劳的解释是:"由于身体、精神或情绪上的消耗,导致体力和思维能力上的降低。它可以使行为者能力降低,这种降低包括力量、速度、反应时间、协调性或平衡性。"

(二)疲劳的表现形式

根据人体对疲劳的反应,可将疲劳分为生理疲劳和心理疲劳。

1. 生理疲劳

生理疲劳,即肌肉疲劳,表现为肌肉和关节酸痛、肌腱过度紧张、身体疲惫乏力等。

2. 心理疲劳

心理疲劳,即精神疲劳,具体表现为体力不支、心情不安、怀有畏惧退缩心理、对于干扰作业的刺激十分敏感、情绪不稳定等。心理疲劳可加重生理疲劳。

二、疲劳产生的原因

疲劳产生的基本原因就是超负荷工作,没有得到充分的休息。疲劳也可能是不利的环境、个人生理因素以及压力或者其他心理因素造成的。

船员疲劳原因包括:休息不当、工作负荷过重、噪声、人际关系紧张等。将船员疲劳的致因进行分类,大致可包括以下几种。

(一)工作因素

船员是一种特殊的职业,他们很难按陆地上的节律来安排生活和工作,同时由于现代化程度的提高,配员不断减少,劳动强度不断增大。

许多船舶在白天通航密度不大、能见度较好的情况下,驾驶台只有一位驾驶员值班,有时还要进行海图改正等必需的工作,工作强度明显增大。如遇雾航、渔区或狭窄水域航行,工作压力也会大大增加。另外,大副、二副班的工作时间违反了人的生理规律,也易造成疲劳。

由于装卸效率不断提高,船舶运行周期越来越短,靠泊时间也随之缩短,尤其是集装箱船。时间的缩短意味着船员的工作强度也随之增大。除了频繁靠离泊作业本身带来的紧张压力外,靠泊期间报关、验舱、码头值班、装卸货监管、港口国检查、制订下航次航行计划等一系列的工作都会造成工作负荷增大、休息时间减少,从而导致疲劳。

另外,船上的货舱清洗、货物绑扎、演习训练、海事处理、抢修、航修、供应伙食物料、迎接各种检查等都会增加船员的工作负荷,使船员工作时间延长,休息不充分,造成疲劳。

(二)自身因素

船员自身因素与船员生活行为方式、个人习惯以及个人的特点有关。然而,每个人感觉疲劳的情况各有不同,疲劳对每个人的影响通常与个人所实施的特定行为有关。主要包括:睡眠时间和质量;生理节律;健康和饮食;心理和感情因素;自身对压力的反应等。

(三)环境因素

受到过度的环境因素影响,例如温度、湿度、振动、噪声等会引起或产生疲劳感;雾航、渔区、狭窄水域航行或通航密度过大都会造成工作负荷的急剧增大而引起疲劳;大风浪造成的船舶颠簸会引起晕船和呕吐,使身心都感到疲劳。

(四)管理因素

船员的管理主要包括船上的管理和岸上的管理。船上的管理会影响到船员自身的人际关系、值班安排、工作分配等。船上的管理环境的和谐程度,会不断作用于船员的心理,有时甚至因为船上管理环境而使船员出现不同程度的心理疲劳。

岸上的管理是指船公司及主管部门的管理,这些管理会影响到船员的休假、学习培训、职务晋升、考试等日常事务。岸上的管理会从更高的层面上影响船员的疲劳控制与管理。

三、疲劳对人的影响

美国海岸警卫队的研究表明:疲劳造成了船舶潜在事故的 16%、人身伤亡事故的 33%。近来的研究显示:事故的 12% 是由疲劳造成的。而根据日本资料统计,50% 的搁浅事故和 40% 的碰撞事故是由疲劳和缺乏戒备所致。

疲劳对人的影响主要表现在:

1. 缺少警觉和警惕。精神涣散,不能集中注意力。

2. 不能很好地做出判断。错误的判断和理解,没有注意应该做的事情。

3. 决策能力降低。常常会选择一些具有高风险的工作策略,具有冒险倾向。

4. 记忆力降低。遗忘掉某一项任务或任务的一个部分,工作程序错漏。

5. 平衡遭到削弱。

6. 交谈困难。沉默寡言,不愿与人交流。

7. 缺少积极性,工作不认真。

8. 变得脾气暴躁,喜怒无常。

9. 对身边的事情无动于衷,麻木迟钝。

10. 常常关注细枝末节之事,而忽略了重大的问题。

四、防止船员疲劳值班的措施

防止船员疲劳的最佳措施就是保证充足的睡眠:需达到个人需要睡眠的最少时间;睡眠不应被打断;人们需要深睡眠。在船舶日常管理工作中要严格遵守国际公约对船员工作和休息时间的相关规定。

1. 船长、大副应合理安排工作和休息时间,避免让未得到足够休息的船员继续值班。在驾驶台资源管理方面要求管理级具有运用任务及工作量管理的能力:

(1)对任务及工作量事先计划和协调。

(2)合理地分配人员。

(3)了解时间和资源的限制。

(4)对工作进行优先排序。

2. 正常值班规律因故被打乱后,船长应对值班人员的疲劳程度进行观测和判定,确定是否影响安全值班。

3. 发现负责值班的高级船员有疲劳症状,但仍能承担其职责时,在值班的组成上,应考虑配备其他精力充沛的人员配合值班。

4.发现负责值班的高级船员有疲劳症状,难以保证安全值班时,应毫不犹豫地进行调整,使之得到适当的休息,以利于下一个班次能够胜任其职责。

5.负责值班的高级船员由于疲劳难以保证值班安全时,应毫不犹豫地通知船长。

6.为确保航行值班安全,必要时船长应亲自上驾驶台指挥。

第三节 压力

一、压力的基本概念

压力(Stress)也叫应激,是人表现出某种特殊症状的一种状态,这种状态是由生理系统中由对刺激的反应引发的非特定性变化所组成的。

压力还可简单地定义为生活环境对身体系统造成的损耗。这也就意味着它对人体的影响会因人而异。几乎所有人们能想到的任何事情,开心的或不开心的,都可以成为压力源(Stressor)。例如,结婚、失业、养老、就业、工作量太多或者太少、封闭的单独空间或处于过度嘈杂的环境中等。不仅仅负面因素会造成压力,积极的因素也可形成压力;压力也不仅仅会造成不良的影响,在人们日常生活中应保持一定的压力来刺激我们以使我们对生活保持一定的斗志。

压力这个概念至少有三种不同的含义:

1.压力是指那些使人感到紧张的事件或环境刺激。

2.压力是指一种身心反应。这种反应包括两个成分:一个是心理成分,包括个人的行为、思维以及情绪等主观体验;另一个是生理成分,包括心跳加速、口干舌燥、胃部紧缩、手心出汗等身体反应。

3.压力是一个过程。这个过程包括引起压力的刺激、压力状态以及情境。面对同样的事件,每个人经历到的压力状态程度却可以有所不同,就是因为个人对事件的解释不同,应对方式也不同。

二、压力产生的原因

心理压力的产生原因是复杂的,我们将带来压力感受的事件或环境称为压力源。来自生活、工作环境及组织管理方面的许多因素会导致船员产生压力,这些压力会影响他们工作的稳定性、对事件反应的灵敏性和判断决策能力,严重的甚至导致事故的发生。

(一)压力源的类型

1.躯体性压力源

躯体性压力源是指通过对人的躯体直接发生刺激作用而造成身心紧张状态的刺激物,包括物理的、化学的、生物的刺激物。

2. 心理性压力源

心理性压力源是指来自人们头脑中的紧张性信息。例如心理冲突与挫折、不切实际的期望、不祥预感以及与工作责任有关的压力和紧张等。心理性压力源与其他类型压力源的显著不同之处在于它直接来自人们的头脑,反映了人们心理方面的困难。

3. 社会性压力源

社会性压力源主要是指造成个人生活方式上的变化,并要求人们对其做出调整和适应的情境与事件。社会性压力源包括个人生活中的变化,也包括社会生活中的重要事件。个人生活的改变常常会给人们带来压力。

4. 文化性压力源

文化性压力源最常见的是文化性迁移,即从一种语言环境或文化背景进入另一种语言环境或文化背景中,使人们面临全新的生活环境、陌生的风俗习惯和不同的生活方式,从而产生压力。

(二)常见的职业压力源

常见的职业压力源包括:新工作模式、新技术、职务晋升、职位变更、放松管制、裁员、工作设计、厌倦、噪声、环境温度不适宜、工作中竞争的加剧、加班工作、职位精简、过早退休、信息获取、部门合并、人员配备水平、工作环境不安全、照明、外部环境及通风情况等。

(三)船上工作中常见的压力源

1. 来自工作与生活环境方面的压力源

(1)居住或工作空间狭小;

(2)工作场所的设计缺乏人性化;

(3)过高或过低的环境温度;

(4)过亮或过暗的照明;

(5)生活、工作环境噪声过大,通风不足;

(6)恶劣天气造成的船舶摇摆、颠簸;

(7)某些工作带来的不安全感;

(8)长时间与家人分离等。

2. 来自组织管理方面的压力源

(1)由于船舶自动化程度的提高,船舶配员减少,工作人员紧张;

(2)部门之间沟通不畅、配合不好;

(3)新设备、新技术的使用缺少相应的培训;

(4)可获得的外部信息不充分;

(5)没有控制的工作负荷;

(6)机械呆板的工作程序;

(7)没有充足的休息时间;

(8)职务提升过快或过慢。

三、压力过大带来的危害

适度的压力可以激励人进步,但如果压力过大,时间过长,就会给个体和团队带来危害。

据不完全统计,由压力产生的行业成本约占国民生产总值的 3%;与压力相关的行业费用超过行业纠纷造成费用的 10 倍以上;与压力相关的疾病每年造成数百万工作日的损失;由于压力而不能正常工作导致的船员替换成本约占被替换船员年薪的 50%~99%。

(一)压力对个体的影响

个体对压力的反应受多种因素影响,例如,人的身体素质、心理承受力、对局面的控制程度以及实际感知潜在压力事件的能力。要克服压力就需要具备对某种形式压力的一般性适应。若不能适应,则会导致身体的损耗、体质虚弱以及诱发与压力相关的疾病,并导致人体更加无法承受以后生活中面对的压力。若能完全适应,则会促进人的健康成长,使人获得安全感,同时在面对以后压力时会更有抵抗能力。

1. 个体对压力反应的三个阶段(见表 7-1)

压力能使人体调动其机体防御系统以期适应外界的恶劣环境。反应过程包括以下三个阶段:

(1)警觉期:在正常的情况下,压力性事件发生,人体做出警报反应,体内的荷尔蒙也随之突然变化,促使人体能够调配其防卫机制以克服压力性事件的出现。

(2)抵抗期:此时期涉及两方面的反应。人体或抵抗压力源,抑或开始适应压力源带给它的影响。这与警觉期的反应是完全不同的。

(3)衰竭期:若压力源持续存在,则机体会受到损害而进入衰竭期。当人体进入衰竭期时,警觉期的初期反应症状会有所恢复。但如果压力持续存在或过度延长,则会导致机体局部性疾病或者死亡。

表 7-1　个体对压力反应的三个阶段

阶段	身体反应	影响
警觉期 (应对或逃避)	红色警报。身体和大脑准备行动。额外的能量将被释放	面对危险做出反应并设法恢复机体平衡
抵抗期	体内消耗更多的脂肪、糖分以及类固醇激素以获取更多能量	由于压力源的刺激,体内能量几乎耗尽
衰竭期	由于持续性压力的存在,体内开始动用贮存能量	导致体质衰竭并诱发相关疾病

2. 个体对压力的短期反应

(1)情绪:出现恐惧、焦虑、抑郁、烦躁、疲倦、消沉、紧张、缺乏兴趣等反应。

(2)身体:出现心跳加快、血压升高、肌肉紧张、大量出汗、口干、呼吸困难、肠胃功能紊乱、尿频等反应。

(3)形象:变得异常不整洁,或许还散发着酒精气味,后者是一种常见的压力表现。

(4)健康:出现免疫力降低、头痛、偏头痛、睡眠紊乱以及身体其他检测指标不正常等反应。

(5)精神:出现失去自信、忧虑、无助感、绝望感,甚至认知功能失调、思考困难、对工作不满、沮丧、易怒、失落等反应。

(6)行为:出现人际关系紧张、酗酒、吸毒、过度吸烟、语无伦次、工作频繁失误等反应。

(7)思维:难以做出决定、解决问题缺乏创造性、记忆力下降、反应迟钝、对批评过于敏感等反应。

3. 个体对压力的长期反应

长期在过高的压力下工作生活,将导致个体出现身体及精神疾病。

1)身体疾病:消化器官溃疡、哮喘、糖尿病、中风、高血压、冠心病等。

2)精神疾病:焦虑或抑郁症。

(1)焦虑:压力的典型表现。这是一种紧张状态:恐惧、担心、内疚、心神不定、经常需要安抚,伴随着大量身心的症状,如大量排汗、呼吸困难、胃扰动、心动过速、尿频、肌肉紧张或血压高等。

(2)抑郁症:压力的典型表现。更恰当地说是一种心情,是沮丧和忧郁的感觉,同时伴有:绝望、徒劳和内疚感。抑郁症也被描述为一种与相关事件毫无逻辑关系的悲伤。它可能轻微,可能严重。其温和的形式可能是工作关系危机;严重的形式可能会表现出生化紊乱;极端的形式可能导致自杀。

(二)压力对团队的影响

1. 缺勤率:工作积极性明显降低,缺勤率明显升高,特别是星期一的早晨;另外,提前就餐或延长就餐和休息时间是典型的压力表现。

2. 事故率:过大压力下事故发生的概率是正常情况下的3倍以上,许多意外事故与压力有着直接、间接的关系。

3. 工作表现不稳定,工作效率忽高忽低,但总体表现下降。

4. 丧失注意力:生活中的压力事件通常导致人们缺乏专注的能力,即个人或团队很容易分心,或无法一次性完成一个特定任务。

5. 判断错误:压力是判断错误的典型原因,容易导致意外事故和损失。并且往往将错误归咎于他人。

6. 人际关系紧张:经过一段时间的压力影响,人会变得更频繁地烦躁和对批评过于敏感。这可能伴随双重人格的情绪变化。同事间人际关系紧张,团队成员之间或部门之间交流、沟通不畅。

四、压力处理与管理

(一)驾驶台团队的压力处理

1. 船上人员应定期进行相应的专业技术培训,以保证其熟悉自己的岗位和工作。

2. 公司及陆上管理部门要为每艘船舶配备足够的能够胜任其工作的合格船员。

3. 合理调配,避免船员在船上超期工作;船舶管理人员要遵守公约的规定,保证船员有足够的休息时间。

4. 尽可能为船员提供符合相关国际公约要求的舒适的生活和工作环境。

5. 个人要养成良好的生活习惯,生活节奏要与团队相吻合,保证足够的睡眠。

6. 工作程序应尽可能地人性化,每一项工作都应按照标准的程序进行。

7. 即使在紧张的工作中也要注意用幽默和愉悦的心态来减轻压力。

8. 复杂操作一定要采取团队协作的方式,以便及时发现失误。

9. 对船上存在的潜在的压力局面要有充分的了解。

10. 船舶管理人员要对船员进行有关压力知识的培训,并能够进行适当的心理咨询。

(二)压力管理

1. 使自己完全融入团队,调整自己,与团队的节奏合拍。

2. 对潜在的压力局面进行分析和预判。

3. 对团队进行现实场景的训练,使培训尽可能接近实际情况。

4. 向团队灌输压力相关知识,培养团队抗压能力。

5. 每次关键操作前要进行讲解、介绍,操作完成后要梳理、总结。

6. 保持身心健康。

7. 充分了解自我。

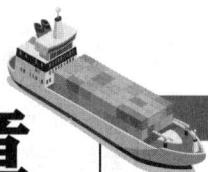

第八章

船舶应急

| 第一节 | 船舶紧急事件

一、紧急事件的定义及特点

(一)紧急事件的定义

所谓紧急事件(Emergency),是指一种突发的、严重的,需要立即采取行动的事件或局面,也称为紧急情况。

不要将紧急事件与管理工作中遇到的问题(Problem)相混淆。问题是指难以处理或难以理解的事务。紧急事件与问题的区别在于是否需要立即采取行动。紧急事件需要立即采取行动,而问题则不一定需要立即采取行动。

(二)紧急事件的特点

1. 事件的发生具有意外性、偶然性和突然性。
2. 很少或无事先警告。
3. 事件的发生会引发高度紧张的心理活动。

二、船舶紧急事件及应变原则

（一）船舶紧急事件

船舶主要的紧急事件有：碰撞、搁浅/触礁、火灾、进水、损坏、弃船、人员落水、搜寻救助、主机故障、操舵系统故障、航行设备故障、非法行为、医疗和急救、危险货物等。

（二）船舶应变的国际规定

根据 SOLAS 公约第Ⅸ章，ISM 规则的强制性要求，及 SOLAS 公约第Ⅲ章和 MARPOL 73/78 公约附则Ⅰ的规定，船上对各种紧急事件应做出应变计划准备。

为了协调船舶计划的编制结构，由国际海事组织（IMO）海上安全委员会（MSC）制定了《船上紧急情况应急计划综合系统构成指南》。该指南为船上紧急情况下的应变计划整体系统的准备提供了指导，其主要目的是：

1. 利用整体系统的构成帮助公司将规则要求转化成行动要求；

2. 将有关船上的紧急情况融合进这一系统中；

3. 帮助编制协调的应急计划，使船上人员接受，并在紧急情况下得到正确应用；

4. 为取得一致，鼓励各国政府采用整体系统的结构制订各种船上应变计划。

（三）船舶紧急事件的应变原则

船舶应变是指船舶进入或临近进入某种事故或紧急状态时所采取的应对措施和行动的活动过程。船舶应变的目的是使海上人命财产及海洋环境摆脱或远离事故危险，尽快恢复安全状态。

1. 立即行动

船舶发生紧急事件或出现紧急情况时，立即行动的原则是保障人命安全、避免船舶损坏、避免环境污染、在可行的情况下援助遇险船舶。

任何事故的最初时刻都是决定性的。发现事故的第一人如果能及时采取适当而有效的行动，可以在很大程度上减小事故的损失。

2. 警报

发出警报是重新控制局面的重要前提。绝不能等到局面变得极端危险时才通知他人。要及早请求帮助，哪怕事后证明是没有必要的。例如，如果一个船员发现火灾，他最重要的行动不是一个人去灭火，而是拉响警报，或呼喊报警并报告火灾的位置。

3. 呼叫船长

船长对全船负有安全责任，是船舶的领导，同时也是经验最丰富的人员。不要等局面恶化后才想到呼叫船长。

4. 寻求帮助

值班驾驶员在启动紧急事件的应急反应中起着至关重要的作用。值班驾驶员的首要职责是保持船舶安全航行，因此在面对紧急事件时应尽快寻求帮助。

5.使用检查单

启动预定的应急程序。任何事件的前几分钟都是至关重要的。值班驾驶员需要知道如何立即开始应急反应。因此,应注意使用检查单。

三、紧急情况下值班驾驶员应采取的行动

1.采取适合当时环境和情况的补救措施。

2.确认采取的补救措施能够达到预期的效果。

3.寻求帮助。

4.通知所有需要知道该事件的人员。

5.确定操作中任何需转换的程序都已正确执行。

6.执行正确的沟通程序,以便于对应急行动核查和监控。

7.准确记录相关情况。

8.保持警惕,确保不会因应急反应而使船舶面临危险。

四、船舶应急准备

对于船上发生的紧急情况,进行及时、正确处理的前提是做好准备,这些准备工作包括:

1.建立处理紧急情况的计划和程序。

2.建立检查单以确保应急计划和程序有规可循。

3.熟悉船上可利用的资源。

4.熟悉船舶安全(应急)设备。

5.保持安全(应急)设备得到良好维护。

6.定期熟悉(计划和程序)、培训、演习、训练,以保证人人都做好应急准备。

7.永远要记得事前预防比事后补救好。

五、船舶应急组织

1.准确识别确认紧急事件。

2.应急行动应遵循检查单。

3.明确职责分工。

4.值班驾驶员直接参与。

5.人员变动后要对计划进行复查。

6.引导团队主要成员最先进入应急状态。

7.确保应急演习时各成员携带应急设备。

8.确定领导和成员的角色和责任。

9.团队成员必须进行专业的训练。

10.应急设备应分门别类地放置于船上不同位置,以确保船舶局部被隔离时,仍有应急设备可用。

11.为了应急反应的需要,应对船员进行应急计划的培训。

六、船舶应急反应

船舶应急反应又称为船舶应变,是指在船舶发生各种意外事故和紧急情况时的处置方法和措施。成功的船舶应变措施必须具备四个基本条件:训练有素的人员;完备的应急设施和器材;高效率的应急预案;正确果断的指挥和组织,良好的团队协同和配合。

(一)船舶碰撞

船舶碰撞事故通常分为两种情况,与他船、浮动物标碰撞或与固定物标碰撞,例如,码头、助航标志等。另外,在碰撞发生前,如当时环境条件允许,船长或值班驾驶员应采取一切可以采取的措施来降低碰撞带来的损失。

1.碰撞发生前

当碰撞发生前,船长或值班驾驶员应采取一切行动来保证人命安全,尽可能地降低对船舶的损坏和对环境可能造成的污染。

2.碰撞发生前的检查单

船长和驾驶员应熟知该检查单的内容,以便在碰撞发生前采取相应行动。

(1)采取最有助于减轻碰撞损失的船舶操纵措施(诸如采取紧急倒车刹减船速,减小碰撞的动能,避免船中或机舱附近被他船船首撞入等);

(2)VHF 16 频道及其他工作频道值守;

(3)发出内部应急警报;

(4)通知船长;

(5)通知机舱;

(6)关闭水密门;

(7)关闭自动防火门;

(8)召集船员在应急站集合;

(9)通知损坏检查和控制队;

(10)通知后援队。

3.与他船或浮动物标碰撞

如果船舶不幸与他船或浮动物标碰撞,应尽一切努力确保人命安全,并尽可能地降低对船舶的损坏和对环境可能造成的污染。另外,根据国际公约的要求,在不严重危及自身安全的情况下要全力救助他船,并遵守相关的事故报告程序。

如果由于碰撞而导致了火灾或进水,船舶应急指挥部门应立即指挥船舶进行应急反应,采取一切措施控制局面。

船长或值班驾驶员作为船舶应急指挥队的领导,应指挥船舶应急队进行船舶损坏程度的检查,包括测量所有船舶内部空间的液位。如果损坏出现在机舱外,大副负责指挥应急队;如果损坏出现在机舱内,则三管轮负责指挥应急队。在任何情况下,大副都应负责将船舶损坏的程度和造成污染的情况全面地报告给船长。轮机长负责指挥机舱队,根据船长的命令负责所有的舱与舱之间的油、水调驳,并负责全船的电力、辅助机械等。轮机长应对船舶的主机、辅机、舵机等机械的损坏情况进行评估,并把情况通报船长。

船长应分析他能获得的所有信息,然后决定采取何种措施来保证船舶处于安全状态并减轻对环境的污染。

如果与其他船舶发生碰撞,在不严重危及自身安全的情况下,只要合理可行,船长应向他船提供救助。

碰撞后,两船应交换船名、船籍港、IMO 编号、上一挂靠港、下一挂靠港等信息。

船长应保证已遵循了所有的报告程序,并努力收集与碰撞相关的证据和材料。

如果与他船发生碰撞,船长应向他船递交一份碰撞事故责任通知书,要求对方船长签字,并加盖船章。船长如果收到了对方船长递交的碰撞事故责任通知书,应仔细斟酌上面的内容,通常应签署"Only Received." 或"This is not an admission of our liability."

4. 与固定物标的碰撞

如果不幸与固定物标发生碰撞,首先应保证上述 1 和 3 的内容已经做过。船长应收集相关证据,尽快向关系方提交一份详细的损坏情况报告。

5. 碰撞后的检查单

船长和驾驶员应熟知该检查单的内容,以便在碰撞后采取相应行动。

(1)碰撞前的检查单中的所有措施都已完成;

(2)内部应急程序启动;

(3)播发航行安全警告;

(4)显示相应的号灯/号型;

(5)在能见度不良的情况下鸣放相应的声号;

(6)打开甲板照明灯;

(7)测量所有船舶内部空间的液位;

(8)进行损坏检查和控制;

(9)检查主机、辅机、舵机的损坏情况;

(10)将船位输入 Inmarsat 终端和其他遇险自动报警系统,必要时予以更新;

(11)用最快的方式与公司的应急反应部门联系。

(二)船舶搁浅/触礁

人们总是希望搁浅/触礁事故发生在低潮,这样就可能有机会在下一个高潮到来时通过倒车将船舶重新浮起。最坏的情况是高潮搁浅,并且,船舶一端搁浅,另一端还处于深水中。这种情况将使船体承受强大的应力,必须尽快采取措施。

1. 搁浅后的应急措施

航行中的船舶不论因何种原因致使搁浅/触礁不可避免时,切忌惊慌失措,应设法采取减轻搁浅程度、防止船体损伤扩大的措施:

(1)尽量避开礁石;

(2)宁使船首受损也要保护好舵和推进器;

(3)及时停车、倒车;

(4)如果时间和水深允许,立即抛双锚减小船的冲力,它们一方面可以固定船体,另一方面还可以在将来脱浅时起协助作用;

（5）发出应急警报；

（6）通知机舱换高位的海水吸入口，以防止搅动引起的泥沙吸入机器。

当船舶已搁浅时应立即停车，迅速查明情况，然后决定是自力脱浅还是请求外援，切忌盲目用车，否则，容易造成扩大船体损伤，损坏舵、推进器和主机等，造成损伤的进一步扩大，甚至造成船舶的迅速沉没。

这时，大副应指挥应急队测量船舶所有内部舱室的液位，进行损坏评估和损坏控制。大副应将情况全面报告给船长。大副还应对油污情况做出评估并报告船长。二副检查船舶搁浅位置，估计船舶吃水、计算潮高信息等，以协助船长决定未来应采取的措施，保证船舶处于安全状态。三管轮负责测量船体周围的水深。轮机长应对船舶的主机、辅机、舵机等机械的损坏情况进行评估，并把情况通报船长。

船长通过各方面获得的信息来决定采取何种措施：是想办法将船舶重新浮起，还是让其保持一个安全状态。

如果搁浅发生在低潮，船长综合各方面信息认为有机会在下次高潮到来时可以通过倒车将船舶重新浮起，就应该提前做好相应的准备工作。减少压载水和/或淡水或调驳燃油是提供重新浮起船舶浮力的常用方法。

如果认为重新浮起船舶很困难，那么就应通过向空舱注入压载水增加船舶重量来防止船舶进一步搁浅或由于涌浪作用，船体碰底而进一步损坏船体甚至使船身断裂。

如果船舶损坏严重，重新浮起可能造成船舶倾覆或进水难以控制，就应考虑发送遇险求救信号，同时稳定船舶等待专业的救助部门。

2. 搁浅/触礁检查单

船长和驾驶员应熟知该检查单的内容，以便在船舶发生搁浅/触礁时采取相应行动。

（1）如果时间和水深允许，立即抛双锚；

（2）发出内外部应急警报；

（3）通知机舱换高位的海水吸入口；

（4）召集船员在应急站集合；

（5）水密门及相关的入口关闭；

（6）VHF 16 频道及其他工作频道（当地交通公用频道）值守；

（7）播发航行安全警告；

（8）显示相应的号灯/号型；

（9）在能见度不良的情况下鸣放相应的声号；

（10）打开甲板照明灯；

（11）测量污水沟、井，空舱和机舱等舱室的液面；

（12）测量船体周围的水深；

（13）应急队检查船舶损坏情况；

（14）检查主机、辅机、舵机的损坏情况；

（15）将船位输入到 Inmarsat 终端和其他遇险自动报警系统，必要时予以更新；

（16）用最快的方式与公司的应急反应部门联系。

(三)火灾

火灾事件可能发生在生活区、机舱、甲板或货舱(包括货物)。在任何情况下,灭火时必须要剔除燃烧三要素——火源、可燃物和氧气中的一个要素。

火灾时的船舶操纵原则是尽可能减少着火区空气的流通,防止火灾的进一步蔓延,尽一切努力保护生活区和机器场所。

几乎所有火灾都应进行边界冷却,并对所有相邻的空间进行频繁的检查,以确保火灾不会蔓延到邻近区域。

在港口发生火灾时,必须及时通知当地的消防部门。

船舶指挥人员应牢记,固定 CO_2 灭火系统只能使用一次,CO_2 仅具有极小的冷却作用,应根据制造商的说明一次性释放正确的剂量。

1. 甲板火灾

甲板火灾可能是最危险的一种,因为甲板火灾没有办法限制空气的供给,也没有固定的边界来限制火势的蔓延。此外,甲板上可能存在的有害原料也会大大增加火灾的风险。

灭火时应注意采取所有措施保护人员免受烟雾的伤害,尤其是有害原料燃烧产生的有毒烟雾的伤害,并时刻注意防止火灾蔓延到相邻的区域。

所有货舱的开口处应妥善保护,防止消防水进入货舱影响船舶稳性和危险货物。

如果可能的话,应将火灾邻近区域的可燃材料移除,或采取适当的阻燃覆盖保护措施,以防止可燃材料被点燃和火灾蔓延。

2. 货舱火灾

由于船舶结构的原因,货舱区域的火灾常常由于难以接近而只能选择使用固定灭火系统。立即行动应包括停止全部的通风和封闭所有通往货舱的开口。

应急小组应尽快确定起火的具体位置,分析可能的原因。

当决定使用固定灭火系统时,应选择合适的时机,确认现场人员已全部撤离,火灾区域已做好了彻底的封闭,并一次性释放正确的剂量。

3. 机舱火灾

机舱是船舶的心脏,大量的可燃油料和高温管路的存在使机舱成为船舶火灾的高风险区域。由于使用固定灭火系统会导致船舶失去控制,因此,在选择使用之前首先要对局面做出评估,看其他方法能否灭火。

4. 生活区火灾

生活区火灾可以由固定式探火系统检测到,而且由于防火舱壁的作用,可以大大提高成功灭火的机会。船员在日常生活中一定要养成正确关闭防火门的习惯,这样在火灾发生时有利于防止其快速蔓延。

5. 余火预防措施

在火灾被扑灭之后,千万不能放松警惕,应安排人员定时检查,防止死灰复燃,并确认燃烧已确实熄灭。

6. 火灾检查单

船长和驾驶员应熟知该检查单的内容,以便在船舶发生火灾时采取相应行动。

（1）发出火灾应急警报（对内、对外）；

（2）关闭通风筒、防火门、水密门和货舱通道；

（3）船员在集合站集合，并通告火灾大概位置；

（4）船舶机动操纵以减小甲板气流，调整航向，把着火处摆到下风；

（5）切断着火处的电源，开启甲板照明灯（夜间）；

（6）隔绝易燃材料；

（7）边界冷却，检查火灾相邻区域；

（8）检查危险货物舱单和货物积载图；

（9）如果需要，查阅国际危规补篇；

（10）如果需要，应急小组应遵守 EMS 和 MFAG 中建议的处理程序；

（11）评估可能造成的环境污染和可能的原因；

（12）重新评估船舶的稳性；

（13）如果需要，更新船舶自动遇险信号发送设备中的船位；

（14）发布航行警告并通知附近的交管中心；

（15）遵守相应的报告程序。

（四）船舶进水

碰撞、搁浅、结构损坏或其他紧急反应，如灭火，都可能导致船舶进水。

1. 船舶进水后的应急措施

一旦发生船舶进水，要尽快计算出船舶的排水速度和进水速度的大小，还应考虑造成进水的原因能否消除或减小。当决定采取行动时，应充分考虑到进水对船舶结构、稳性和机械设备可能造成的影响。

一旦发现船舶进水，应立即发出应急警报，召集船员在集合站集合。立即采取的行动应包括关闭所有的水密门、舱口盖和通风设施，以保证船舶最大的水密完整性。应急小组应确定进水的位置和范围，并立即展开损坏控制程序。立即启用所有可以使用的泵，包括便携式应急泵来控制进水量。如有必要，应建立寻求外界帮助的无线电沟通渠道，并更新船舶自动遇险信号发送设备中的船位。

2. 船舶进水检查单

船长和驾驶员应熟知该检查单的内容，以便在船舶发生进水时采取相应行动。

（1）发出应急警报（对内、对外）；

（2）船员在集合站集合；

（3）通知应急队可能的进水位置；

（4）关闭所有的水密门、舱口和通风口；

（5）保持 VHF 在 16 频道和其他工作频道上值守；

（6）如果需要，更新船舶自动遇险信号发送设备中的船位；

（7）与公司应急反应团队取得联系；

（8）立即进行损坏控制；

（9）遵守相应的报告程序。

（五）船舶损坏

船舶碰撞、搁浅、火灾、进水、货物移动、结构破损等很多原因都有可能导致船舶的损坏,有时损坏是由以上几种事故的叠加造成的。

1．船舶损坏时的应急措施

损坏控制包括了对船舶全面的勘查,对船舶所处局面做出正确的评估,然后,采取果断措施确保人命安全,保持船舶处于安全状态,同时防止造成海洋环境污染。

船长或负责的驾驶员在进行损坏控制时应对船舶所处局面做出全面的评估,主要包括以下事项:确保船员安全,保持船舶处于安全状态;需要立即展开的应急反应;损坏评估;船舶稳性状态;损坏控制,将对船舶和货物的损坏降到最低程度;保护环境,将污染降到最低程度,并对污染程度进行评估。

（1）船员和船舶安全

当遇到船舶受损的紧急情况时,船长或负责的驾驶员必须立即对局面做出最初的评估。首先应确定眼前或在不远的将来船员的安全是否有保障,因为任何时候都应把避免人员的伤亡放在首位。如果由于船舶受损而导致进水,应立即评估,确认是否能使船舶保持安全状态,作为船员依存的一个稳定平台。

如果经评估后确认船员和船舶的安全可以保证,应迅速展开应急反应程序,确定损坏控制和环境保护的具体方案。

（2）应立即展开的应急反应

造成船舶损坏的原因多种多样,如碰撞、火灾、搁浅、触礁等,船长必须根据具体情况对局面做出正确的评估,选择可以采取的最佳应急反应程序。

（3）损坏评估

船舶损坏的勘查由应急小组进行。如果损坏发生在机舱以外区域由大副负责;如果损坏发生在机舱内部区域,则由三管轮负责。轮机长应负责对主机、辅机及操舵装置的勘验评估。

应对船舶所有区域进行检查,包括对所有舱室进行液位的测量。损坏评估还应包括对货物的勘验评估。在进行船舶和货物的损坏勘验时,应考虑到由于船舶稳性的变化和应急反应可能使损坏进一步扩大。

（4）船舶稳性再评估

在任何情况下,只要船舶的损坏或应急反应可能影响到船舶的稳性,就应对船舶的稳性进行重新评估,使船长对船舶实际的稳性状态和损坏控制可能对稳性造成的影响有一个清醒的认识。

（5）损坏控制

损坏控制包括采取正确的行动确保船员、船舶和货物的安全,以及采取行动降低船舶和货物的进一步损坏。这涉及在实施损坏控制措施时,要充分考虑对船舶的适航性造成的影响。

（6）环境保护

在处理紧急情况和进行损坏控制时,大副应在轮机长的协助下(如需要)对可能造成的环境污染情况做出完整的评估,并将结果报告给船长。

应采取一切措施来减少污染,任何损坏控制程序的实施都应考虑到对环境的保护。

船舶在处理污染时,应严格遵循相应的报告程序。应当毫不延迟地向主管当局报告,以便迅速安排专业的污染控制和清理作业。

2. 损坏控制检查单

船长和驾驶员应熟知该检查单的内容,以便在船舶发生损坏时采取相应行动。

(1)船员安全;

(2)船舶安全状态评估;

(3)是否需要展开应急反应(是/否);

(4)损坏检验和评估;

(5)测量所有内部空间的液位;

(6)检查所有的内部空间;

(7)主机、辅机、操舵装置检验;

(8)货物损坏评估;

(9)货物系固;

(10)稳性再评估;

(11)采取措施减小、限制损坏;

(12)污染评估;

(13)遵守相应的报告程序。

(六)弃船

虽然,船员应该牢记"大船是最好的救生艇",但是,当拯救受损船舶的所有努力无效时,船长应留出足够的时间来做出弃船安排。

1. 弃船时的应急措施

在弃船之前不要忘记,船员可能还有机会重新登船,因此,撤离时应留下合适的登船通道。

之所以要留出足够的时间来做出弃船的决定,是因为总是希望有足够的时间用于发射遇险求救信号,并有足够的时间允许所有船员利用所有的救生设备成功撤离。同时,在决定弃船时,还应考虑最有利的时机,比如白天还是夜间,附近有没有可以提供援助的船舶等。

船长应确保在卫星终端和所有其他自动发射遇险信号的设备上更新船舶遇险求救信息,该信息还应包括船长弃船计划的详细资料。

船舶弃船之前,所有机器和舷外排放应当停止。

拉响应急警报(内部和外部),并通过船舶内部广播系统以口头命令予以补充。打开所有的甲板照明。

所有船员在救生艇甲板集合,所有的救生艇筏做好施放准备。所有救生及其他有用的设备转送到救生艇上,此外,船长应当努力做到保证所有船舶和船员的证书已放置在救生艇筏上。

只有在船长或负责的高级船员下达弃船的口头命令后,才可以开始弃船行动。

在船上,通常救生艇筏都是被存放在救生艇附近的,救生艇筏(如果可能的话不应充气)施放区域应尽可能避开救生艇施放区域,以避免在施放救生艇时造成困难。

为了增加获救成功的机会,弃船后,所有的救生艇筏应一起保持在最后发出遇险位置的附近。

应打开应急无线电示位标(EPIRB)和搜救雷达应答器(SART),并存放在救生艇筏上。

2. 弃船检查单

船长和驾驶员应熟知该检查单的内容,以便在弃船时采取相应行动。

(1)遇险信息已发送;

(2)救生艇登艇集合信号已发出(内部和外部);

(3)打开所有甲板照明;

(4)所有机器已停止;

(5)舷外排放已停止;

(6)船员已在救生艇站点集合;

(7)额外的救生和其他设备已转移到救生艇筏上;

(8)船舶和船员的证书已转移到救生艇筏上;

(9)救生艇筏已准备好施放;

(10)重新登船通道已安排;

(11)应急无线电示位标(EPIRB)已开启;

(12)搜救雷达应答器(SART)已开启;

(13)口头弃船命令已下达。

(七)人员落水

1. 人员落水的三种情况

根据《IAMSAR 手册》(International Aeronautical and Maritime Search and Rescue Manual 的缩写,意为《国际航空和海上搜寻救助手册》)第三卷,人员落水事件可以分成三种情况:

(1)立即行动:驾驶台发现人员落水,立即采取行动。

(2)延迟行动:目击者发现人员落水后通知驾驶台,耽搁一段时间后才开始行动。

(3)人员失踪:人员坠落舷外没有被看到,驾驶台接到人员失踪报告后采取搜救行动。

在第(1)、(2)种情况下需要立即展开救援行动,因为搜寻基点是知道的,在第(3)种情况下则需要更多的时间来对事态做出评估。

2. 人员落水时的船舶操纵

1)单旋回法(Single turn/Anderson turn /270°转向)

(1)操纵方法(见图8-1)

①满舵(在立即行动局面时,只向发生事件的一舷转向);

②在离开原航向 250°时正舵,并开始操纵船舶停止。

(2)适用的局面及特点

单旋回法适用于立即行动局面。在立即行动局面中使用有以下特点:

①在立即行动局面时,只能向发生事件的一舷转向;

②在立即行动局面时,单旋回法将使船舶最快地转回事件发生地点,比威廉逊旋回法节省时间;

③特别适用于具有良好旋转性能的船舶,为大多数具有良好动力的船舶使用;

④单螺旋桨船舶操纵起来难度较大;

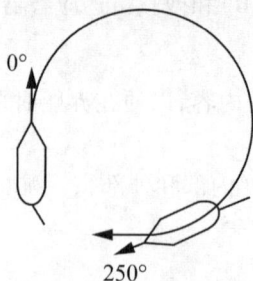

图 8-1 单旋回法

⑤因为回转后船舶不是直线接近,所以接近落水人员时较困难。

2)威廉逊旋回法(Williamson turn)

(1)操纵方法(见图 8-2)

①满舵(在立即行动局面时,只向发生事件的一舷转向);

②当航向离开原航向 60°时再用反方向满舵;

③当与原航向的相反方向差 20°时正舵,使船驶到相反航向上。

(2)适用的局面及特点

威廉逊旋回法立即行动、延迟行动和人员失踪三种局面都适用。威廉逊旋回法方法简单,在能见度下降时使用效果好,能够使船舶准确地回到原来航线,但操作程序较慢。

①在立即行动局面中使用时,只向发生事件的一舷转向;可暂时使船舶远离事发地点,比单旋回法多用时间;要注意适时减速、停车;

②在延迟行动局面中使用将使船舶准确地转回出事地点,当船接近开始操纵地点时,必须将船舶的搜寻速度减到能快速停船的程度;

③在人员失踪局面中使用能够使船舶准确地回到原来航线上,比斯恰诺旋回法驶过的距离远,因而浪费时间。

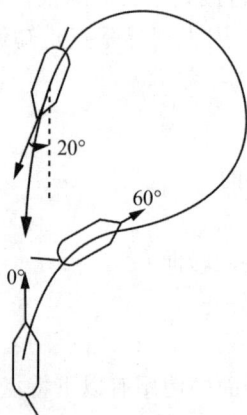

图 8-2 威廉逊旋回法

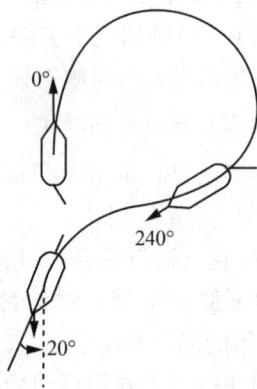

图 8-3 斯恰诺旋回法

3)斯恰诺旋回法(Scharnow turn)

(1)操纵方法(见图 8-3)

①满舵;

②当离开原航向 240°时再用反方向满舵;

③当与原航向的相反方向差 20°时正舵,使船驶到原航向的相反航向上。

(2)适用的局面及特点

①斯恰诺旋回法不适用于立即行动局面;

②除非已知从事件发生到开始行动所延误的时间,否则在延迟行动局面中亦不能有效使用;

③斯恰诺旋回法最适用的局面是人员失踪,在人员失踪局面中使用可以使船舶回到原航迹上,与威廉逊旋回法相比所驶过的距离较短,因而节省时间。在使用斯恰诺旋回法后,船舶回到原航向的相反方向时,开始操纵点在船后的几倍船长的地方。根据船舶类型的不同,可以节省 1~2 n mile。

3. 驾驶台发现人员落水时的行动

(1)立即选择单旋回法或威廉逊旋回法操纵船舶返回出事地点;

(2)在人员落水一侧,抛出带自亮浮灯和橙色烟雾信号的救生圈;

(3)发出应急警报,此外应发出三长声,如有必要,重复三长声,以告知其他船舶和本船船员人员落水,搜寻救助行动正在进行中;

(4)按下 GPS、电子海图或雷达上的 MOB(Man Overboard)键,记录人员落水时的船位;

(5)安排人员携带望远镜到高处瞭望,盯住带自亮浮灯和橙色烟雾信号的救生圈作为搜寻的基点;

(6)通知船长上驾驶台;

(7)通知机舱备车;

(8)通知救助艇艇员集合,后援组准备施放救助艇;

(9)在 VTS 管制区域,向 VTS 报告;

(10)播发无线电航行警告;

(11)操纵船舶为救助艇的施放创造良好的条件,驾驶台应系统地标绘人员落水时的船位;在施放(和收回)救助艇的时候,大船应依据当前天气状况机动操纵,为救助艇创造下风;

(12)如果需要,更新卫星终端和其他船舶自动遇险信号发送设备中的船位;并根据情况决定是否需要发出搜寻救助的援助请求。

所有船舶都应在应变部署表中明确救助艇队员名单及安排;救助艇的施放和回收应由后援队实施。救助艇队员和后援队应定期进行演练,以达到和保持船长所要求的标准。

救助艇队员应包括大副、三管轮、水手长,所有队员应当熟悉机器的操作以及操艇技术。

所有救助艇上的船员应穿上保温服,并穿上救生衣(如需要,与保温服一起),并为落水人员携带一件备用救生衣。

4. 人员失踪

人员失踪事件被发现可能是由于某位船员没有报到上班,或几个小时没出现等。在这种情况下:

(1)必须确认该船员确实不在船上,并确认该船员什么时候最后在船上被看到。如果确定或怀疑某个船员失踪,应立即报告船长。在此情况下,必须对全船进行彻底搜寻,以证实该船员确实不在船上。

（2）一旦证实该船员不在船上,船长必须准确地确定该船员在何时失踪,并计算出搜寻的基点。

（3）然后船舶应驶向搜寻基点,选择《IAMSAR 手册》中推荐的合适的搜寻模式,以高效的速度展开搜寻。人员落水警报应及时发送到区域搜寻救助中心(RCC)和所有其他适当的台站,保持更新,并用最快的方式直接通知公司危机反应小组。

5. 人员落水检查单

船长和驾驶员应熟知该检查单的内容,以便在船舶发生人员落水事件时采取相应行动。

(1)合适的搜寻旋回已开始;

(2)带自亮浮灯和橙色烟雾信号的救生圈已释放;

(3)应急警报已发出;

(4)拉响三长声(人员落水)并按需要重复;

(5)已安排专人携带望远镜瞭望;

(6)盯住带自亮浮灯和橙色烟雾信号的救生圈作为搜寻的基点;

(7)通知船长;

(8)通知机舱;

(9)备妥主机;

(10)救助艇队员集合;

(11)后援队队员集合;

(12)准备施放救助艇;

(13)船舶机动操纵,为施放救助艇创造条件;

(14)按下相关设备上的 MOB 键,标绘人员落水时的船位;

(15)更新船舶卫星终端和其他自动遇险信号发送设备中的船位;

(16)播发无线电航行警告;

(17)遵守相应的报告程序。

（八）搜寻救助

根据长期形成的海上惯例和国际法的各种规定,只要能够安全地实施救助,船长就有义务援救其他海上遇险人员。

1. 国际公约规定

对遇险船舶或航空器实施援助的责任是基于人道主义考虑和长期形成的国际惯例。在一些公约中都有与此相关的规定,这些公约包括:《国际民用航空公约》附则 12、《国际海上搜寻救助公约》及《1974 年国际海上人命安全公约》。其中《1974 年国际海上人命安全公约》第 V 章第 10 条"遇险信息——义务和程序"中规定:

（1）当船长在海上由任何方面接到遇险中的船舶、航空器或救生艇筏的信号时,应以全速前往援助遇险人员,如有可能,应通知他们正在前往援助中。如果该船舶船长不能前往援助,或因情况特殊,认为前往援助不合理或不必要时,他必须将未能前往援助遇险人员的理由载入航海日志。

（2）遇险船舶的船长在尽可能与应召援助的各船船长协商后,有权召请其中被认为最能给予援助的一船或数船;被召请的一船或数船的船长有义务履行应召,继续全速前进以援助遇险人员。

(3)某船船长,当他知悉除他本船外其他一船或数船已被召请并正在履行应召时,可解除本条(1)款所责成的义务。

(4)某船船长如经遇险人员的通知或经业已到达遇险人员处的另一船船长的通知,认为不再需要提供援助时,可解除本条(1)款所责成的义务;如果他的船为被召请者,可解除本条(2)款所责成的义务。

2.搜寻救助程序

当船舶从任何台站收到遇险信息时,船长应履行 SOLAS 公约中所规定的义务。

(1)在船舶驶往出事水域参与搜寻救助时,船长应该与其他参与搜救船舶的船长保持联系,以便能尽快地展开搜寻救助程序。

(2)船舶收到遇险信息时,如果船长觉得他是遇险信息的唯一接收者,或者经遇险人员请求时,应当转发遇险信息。

(3)船舶在驶往遇险船舶的过程中应与遇险船舶取得联系,并将下列内容通报遇险船舶:本船的船名、呼号、船位、船速、预计到达时间、可能得到的遇险船舶真方位。

(4)如果可能,在对方发送遇险电文过程中,争取测得其方位,在海图上标绘其船位,同时在遇险呼叫频道上保持不间断的守听。

(5)所有海面和空中搜寻救助单位之间应建立直接的无线电联络,相互之间应交换船位、航向、航速和预计抵达时间等信息并在海图上进行标绘。

(6)在驶往遇险位置时应参照《IAMSAR 手册》。

3.搜寻计划的制订

1)基点

对于要搜寻的区域,有必要确立一个基点或地理参考点。确立基点时应考虑下列因素:

(1)搜救事件的报告位置和报告时间;

(2)任何补充信息,诸如测向方位或观测到的情况;

(3)事故的发生与搜救设施到达的时间间隔;

(4)依据漂移(图 8-4 可用于计算漂移)估计遇险航空器/船舶或救生艇筏的水面漂移。用于搜寻的基准位置依据下列确定:

①漂移有两个因素:风压漂移和总流压;

②风压漂移的方向是下风方向;

③风压漂移的速度取决于风速;

④可使用图 8-5,通过接近现场时的观测风速来估算救生筏的风压漂流速度(落水人员没有风压漂移,救生筏的稳性和漂移速度因是否有海锚或压载而不同);

⑤可以通过计算接近现场时的潮流流向和漂流速度来估算总流压;

⑥漂流的方向和速度是风压和总流压的矢量和。

(5)漂移距离是由漂移速度和事故发生时间或上一次计算基点时间与搜寻开始时间的时间间隔的乘积。

(6)可通过从事故发生位置或上一次计算的基准位置开始,沿漂流方向上移动漂流距离,

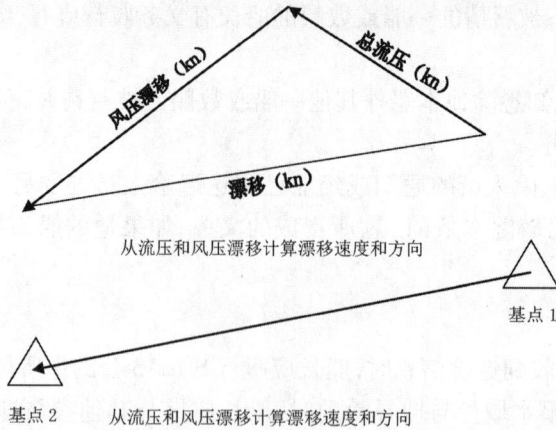

从流压和风压漂移计算漂移速度和方向

从流压和风压漂移计算漂移速度和方向

图 8-4 确定新的基点(漂移距离=漂移速度×漂移时间)

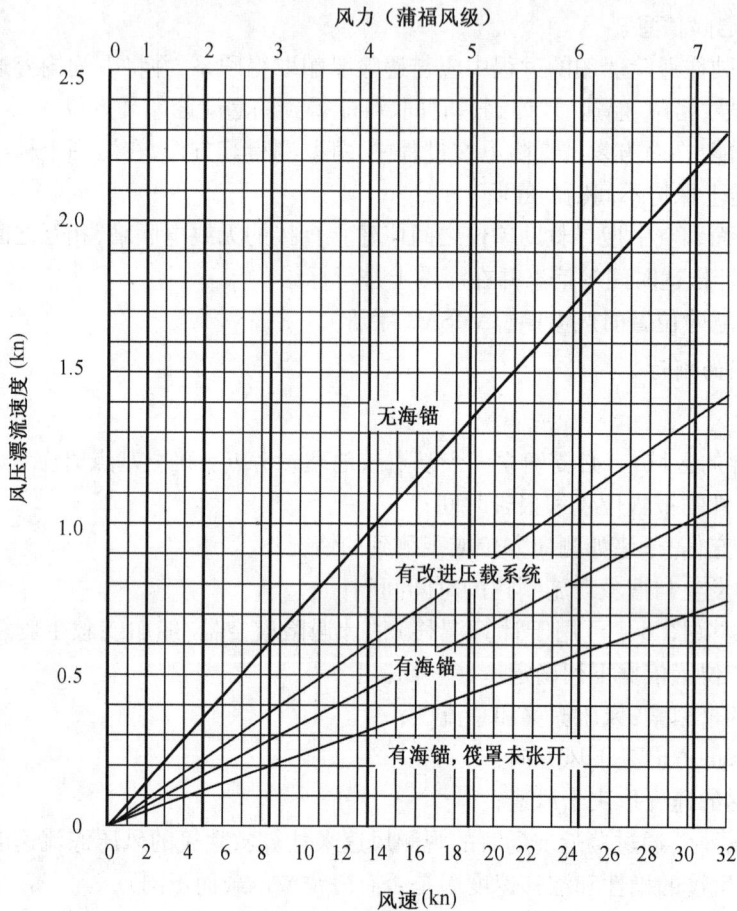

图 8-5 救生筏风压漂移

并在适当的图上使用标绘推算位置的办法来确定基准位置。

　　2)视觉搜寻

　　手册中已设计出一些单个搜寻模式,以使现场协调人能使用一艘或多艘航空器/船舶迅速开始搜寻。已经设计的基于视觉搜寻的搜寻模式可适用于许多场合。视觉搜寻因简单有效而常被使用。

3）搜寻线间距

大多数搜寻模式均由平行搜寻线或矩形区域扫视所组成。相邻搜寻线间的距离称作搜寻线间距。表8-1列出了未经修正的搜寻线间距（Su）供商船使用。表8-2提供了考虑天气情况和搜寻目标的修正系数（fw）。

表8-1　商船推荐搜寻线间距（Su）

搜寻目标	气象能见度（n mile）				
	3	5	10	15	20
水中人员	0.4	0.5	0.6	0.7	0.7
4 人救生筏	2.3	3.2	4.2	4.9	5.5
6 人救生筏	2.5	3.6	5.0	6.2	6.9
15 人救生筏	2.6	4.0	5.1	6.4	7.3
25 人救生筏	2.7	4.2	5.2	6.5	7.5
< 5 m（17 ft）的艇	1.1	1.4	1.9	2.1	2.3
7 m（23 ft）的艇	2.0	2.9	4.3	5.2	5.8
12 m（40 ft）的艇	2.8	4.5	7.6	9.4	11.6
24 m（79 ft）的艇	3.2	5.6	10.7	14.7	18.1

未经修正的搜寻线间距（Su）与考虑天气情况和搜寻目标的修正系数（fw）的乘积便是推荐搜寻间距（S）：

$$S = Su \times fw$$

天气、援助航空器/船舶的数量等都可能发生变化，这就使改变搜寻线间距时要谨慎。

搜救任务协调员必须保证所有的搜寻船舶和航空器彼此之间保持安全距离，并且要严格遵守已确定的搜寻模式。

表8-1中所列的搜寻线间距可供本手册中除扇形搜寻模式以外的所有搜寻模式推荐使用。

表8-2考虑了搜寻目标的类别和气象能见度因素，也可考虑其他因素，包括海况、时间、太阳所在方位、观测的有效性等。

4）搜寻速度

为了以一种协调的方式进行平行扫视搜寻，所有设施都应按照现场协调人的指示，以同一速度行进。该速度应为当时最慢船舶的最高速度。在能见度不良时，现场协调人通常命令降低搜寻速度。

表 8-2　各种搜寻单位使用的天气修正系数(fw)

天气	搜寻目标	
	水中人员	救生筏
无风	1.0	1.0
风力>28 km/h(15 kn)或浪高>1 m(3 ft)	0.5	0.9
风力 > 46 km/h(25 kn)或浪高 > 1.5 m(5 ft)	0.25	0.6

5）搜寻区域

确定搜寻半径(R):搜寻半径可用下列两种方法之一计算:

(1)如果搜寻必须立即开始,设定搜寻半径 $R = 10$ n mile;

(2)如果时间允许:用下面公式计算在一定量时间(T)内航空器/船舶所覆盖的区域:

$$A = SVT$$

数个航空器/船舶所覆盖的全部区域 A_t 是每一航空器/船舶覆盖区域的总和:

$$A_t = A_1 + A_2 + A_3$$

如果所有航空器/船舶都以同一速度搜寻同样的时间,那么:

$$A_t = N \times A$$

其中 N 代表搜寻航空器/船舶的数量。

搜寻圈的半径是搜寻区域平方根的一半:

$$R = \frac{\sqrt{A_t}}{2}$$

(3)标绘搜寻区域 (见图8-6):

①以基点为中心,以搜救半径 R 为半径画圆。

②用该圆的切线形成如图所示的方形。

最有可能的区域

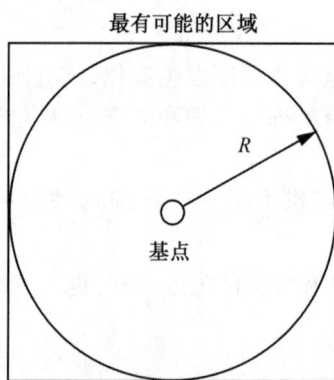

将半径$R=10$ n mile作为最初区域

图 8-6　搜寻区域

③如果几个设施同时进行搜寻,那么将该方形分成几个适当尺寸的分区,并且相应地分配给这些搜寻设施。

6）搜寻模式

（1）扩展方形搜寻

扩展方形搜寻如图8-7所示。当搜寻目标的位置在已经确认的相对有限的范围内使用时最有效。始终以搜寻起点作为基准点。扩展方形搜寻尤其适合于船舶或小艇搜寻落水人员，或在很小或无风压漂移时搜寻其他目标。由于所涉及的区域较小，相近高度的多个航空器或多艘船舶就不应同时使用该程序。扩展方形搜寻要求精确导航：第一段航程通常要顺着风向以减少航行误差。如果距离不足2 n mile，固定翼航空器靠近基点部分以外航程的飞行是困难的。

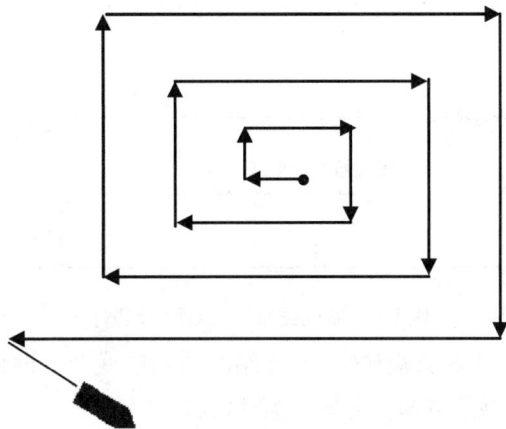

图8-7 扩展方形搜寻（SS）

（2）扇形搜寻

扇形搜寻如图8-8所示。当准确知道搜寻目标的位置并且搜寻范围较小时此种搜寻方式最有效。用于搜寻以一个基点为中心的圆形区域，由于所涉及的区域较小，相近高度的多个航空器或多艘船舶就不应同时使用该程序。

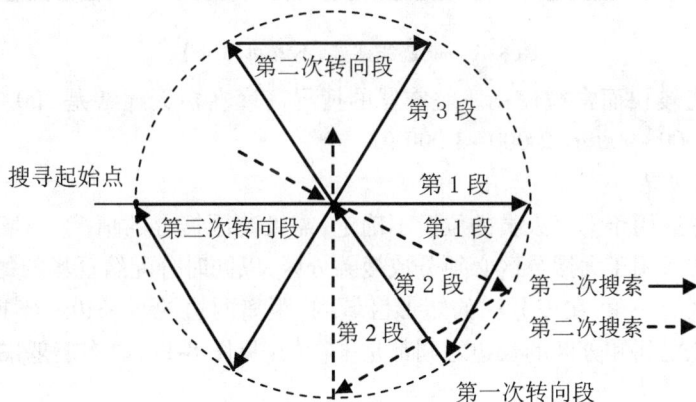

图8-8 扇形搜寻模式：单机/船（VS）

航空器和船舶可同时用在同一区域内执行独立扇形搜寻。

可以在基准点放置一个适当的标志（例如，烟雾浮或无线电信标），用作标识该搜救模式中心的参考或者助航标志。

对航空器而言,该搜寻模式的搜寻半径通常为 5~20 n mile。

对船舶而言,该搜寻模式的搜寻半径通常为 2~5 n mile,且每一次转向为 120°,通常向右转向。

(3)航迹线搜寻

通常用于航空器或船舶沿着一条已知航线失踪,没有留下任何迹象的情况。由于计划和实施比较容易,通常用于初始搜寻。由沿遇险航空器/船舶计划航线的迅速合理的彻底搜寻所组成。

航迹线搜寻可通过沿着已知航线的一侧,然后反向沿该航线的另一侧返回的方式进行(TSRN)(见图 8-9)。

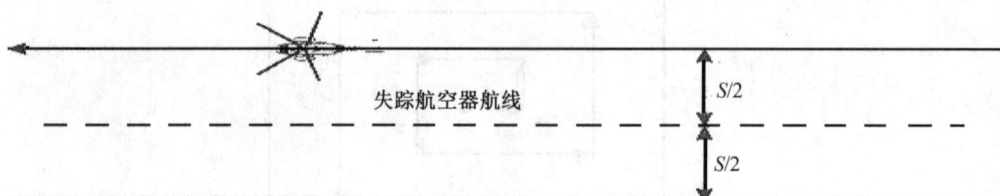

图 8-9　航迹线搜寻,返回(TSRN)

航迹线搜寻也可通过沿着遇险航空器/船舶的计划航线及其两侧各一次进行搜寻,然后搜寻设施沿原定搜寻线继续前进而不返回(TSN)(见图 8-10)。

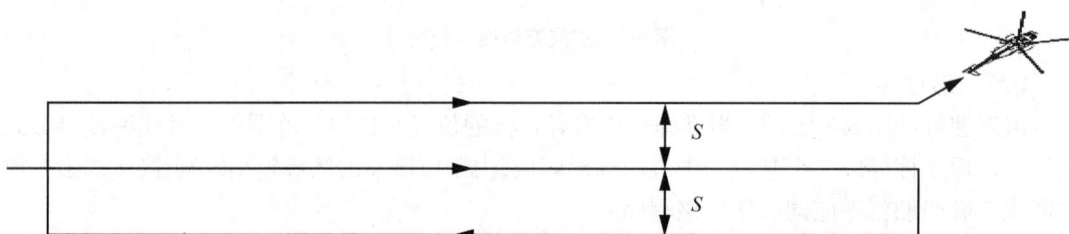

图 8-10　航迹线搜寻,不返回(TSN)

航空器因速度较快而常被使用。航空器的搜寻高度在白天通常是 300~600 m(1 000~3 000 ft),在晚上 600~900 m(2 000~3 000 ft)。

(4)平行扫视搜寻

平行扫视搜寻适用于幸存人员的位置不确定,需大范围搜寻的情况。对于水面或平坦的地形最有效。通常适用于大搜寻区必须分成搜寻分区,以同时分配给现场的每一搜救设施时。搜寻起始点在分区的一角,在该分区的矩形区域内,距离两边的每一边一半搜寻线间距的位置。搜寻航程彼此之间和分区的长边之间都是平行的(见图 8-11)。多艘船舶参加搜寻时,如图 8-12 所示。

(5)船舶-航空器协调搜寻模式

通常只用于有现场协调人为参加搜寻的航空器/船舶提供指导和建立通信联络的情况。该模式经常要用到横移线协调搜寻(见图 8-13)。航空器从事大部分的搜寻工作,船舶则按照现场协调人指示的速度,沿一定方向前进,以便航空器核对位置。当航空器经过船舶上空时,

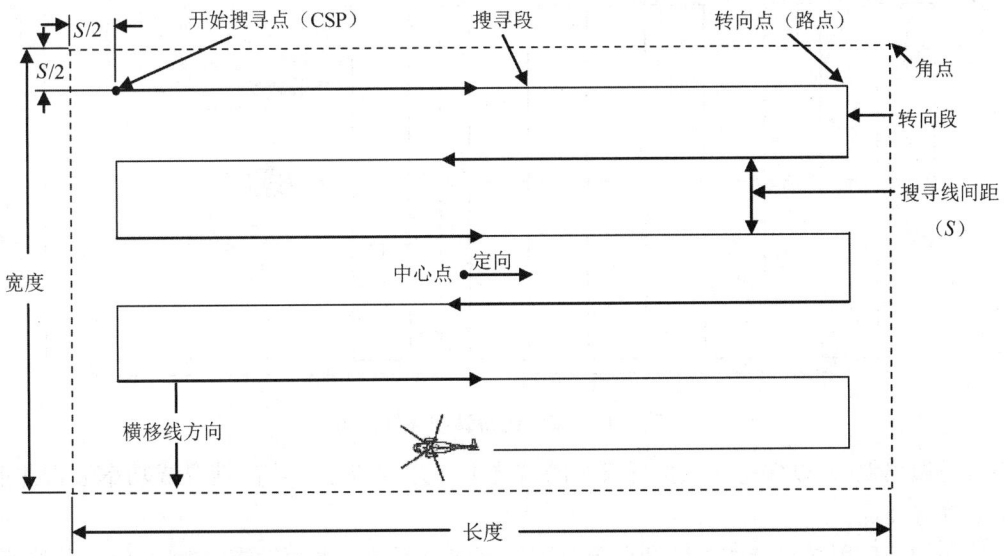

图 8-11 平行扫视搜寻（PS）

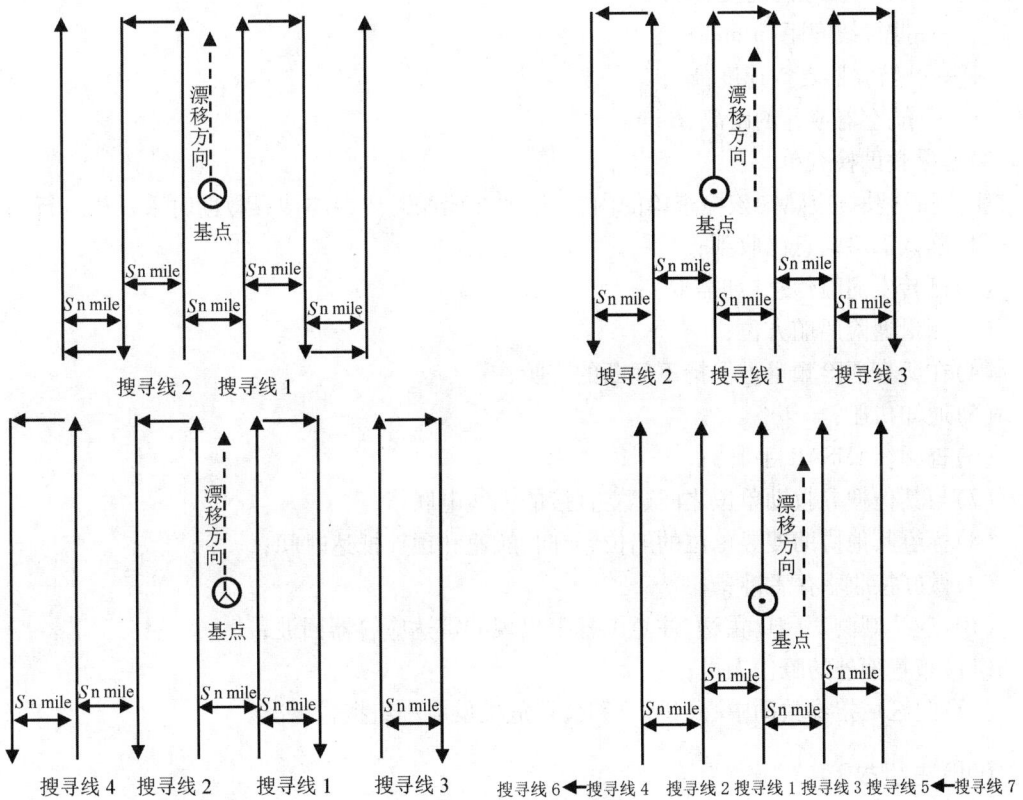

图 8-12 多艘船舶参加搜寻

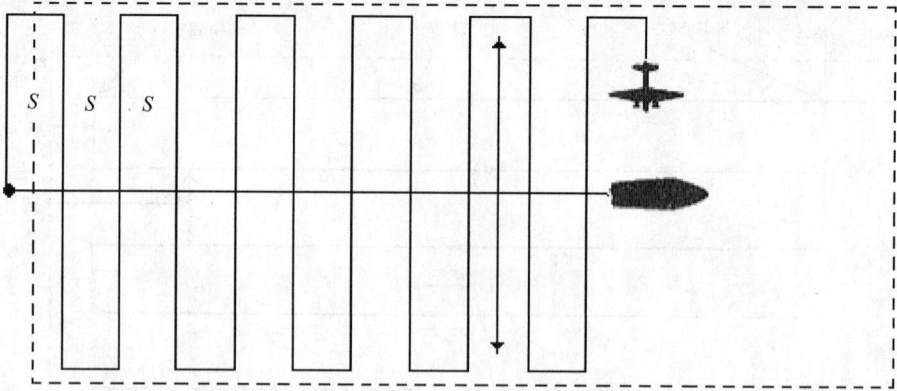

图 8-13　横移线协调搜寻(CSC)

就很容易做出调整,以保持在该搜寻模式的航迹上。这种搜寻模式的搜寻成功率通常比航空器单独搜寻要高。

　　船舶的速度因航空器的速度和搜寻范围的不同而不同。水面设施的速度、航空器的速度、搜寻线间距和搜寻航程的长度之间的关系可由下列等式确定:

$$V_s = (S \times V_a)/(L + S)$$

式中:V_s——水面设施的速度,kn;

　　S——搜寻线间距,n mile;

　　V_a——航空器真空速度,kn;

　　L——航空器搜寻的距离,n mile。

　　7)搜寻救助检查单

　　船长和驾驶员应熟知该检查单的内容,以便在船舶需要参与搜寻救助时采取相应行动。

　　(1)确认遇险信息已收到;

　　(2)已转发遇险信息(如需要);

　　(3)测量遇险船舶方位;

　　(4)在所有遇险频道上保持不间断的守听;

　　(5)通知机舱;

　　(6)查阅《IAMSAR 手册》;

　　(7)与其他搜寻救助单位之间建立直接的无线电联络;

　　(8)标绘其他协助搜寻单位的船位、航向、航速和预计抵达时间;

　　(9)做好接收幸存者准备;

　　(10)连续观测 9 GHz 雷达,注意屏幕上出现的雷达应答器回波;

　　(11)布置额外的瞭望人员;

　　(12)向区域搜寻救助中心(RCC)和公司危机反应小组报告情况。

(九)主机故障

　　主机故障可以分为两类:机械故障或控制/监控系统故障,可能造成主机停车、不能启动或不能保持正常的主机遥控。

1. 主机故障时的应急措施

（1）发现主机故障后，首先应采取的行动是确定主机和控制/监控系统的状态，确定故障的类型。

（2）通知机舱检查主机和控制/监控系统，如果控制系统发生故障，应及时换用备用控制系统。

（3）采取一切措施警告附近其他船舶，其中包括显示"失控"号灯或号型，在能见度受限的时候发出相应的声号并发布航行警告。

（4）主机故障发生后，船舶应充分发挥舵和侧推器的作用，尤其在故障刚出现，船速较高时。水深合适时应将双锚备妥，保证随时可用。

（5）用最快的方式直接通知公司危机反应小组，以便获得相应的技术支持和适当的服务。

（6）在 VTS 管制区域，向 VTS 报告。

（7）无论何种故障发生，都应进行彻底的检查，得出结论，找出故障原因，并对操作指南和维修保养手册进行修改，以避免将来类似故障的再次发生。

船长应确保对主机控制、监测和安全系统进行正常的维护保养和检查，确保其无缺陷，并使操作人员熟悉其操作。

2. 主机故障检查单

船长和驾驶员应熟知该检查单的内容，以便在船舶发生主机故障时采取相应行动。

（1）检查主机和控制系统，确认故障情况；

（2）如果是控制系统故障，更换可用的控制系统；

（3）通知机舱；

（4）通知船长；

（5）显示"失控"号灯或号型；

（6）按要求鸣放声号；

（7）充分发挥舵和侧推器的作用；

（8）备锚，保证随时可用；

（9）播发无线电航行警告；

（10）遵守相应的报告程序。

（十）操舵系统故障

操舵系统故障可能是系统的部分或全部故障，或是某种形式的舵叶故障。应尽快确定，到底是系统的哪一部分发生了故障，进而识别出哪些系统是可用的，从而克服故障，恢复对船舶的控制。

1. 操舵系统故障时的应急措施

（1）首先采取的行动是根据视觉和声响报警系统确定操舵系统的故障类型；

（2）船长或值班驾驶员应亲自转换替代操舵系统；

（3）通知机舱检查操舵系统，根据情况选择可用的操舵系统或应急操舵系统；

（4）采取一切措施警告附近其他船舶，其中包括显示"失控"号灯或号型，在能见度受限的时候发出相应的声号并发布航行警告；

（5）如果认为必要，应采取所有措施，必要时使用侧推器将船舶驶离主航道，如果水深合适，应将双锚备妥，保证随时可用；

（6）如果是舵叶的故障，船长应对局面做出全面的评估，以确定采取什么样的最佳措施来保证船员和船舶的安全；

（7）在 VTS 管制区域，向 VTS 报告；

（8）用最快的方式直接通知公司危机反应小组，以便获得相应的技术支持和适当的服务。

无论何种故障发生，都应进行彻底的检查，得出结论，找出故障原因，并对操作指南和维修保养手册进行修改，以避免将来类似故障的再次发生。

船长应确保所有操舵装置测试常规化的执行，船员按规定进行应急操舵的例行操练。

2. 操舵系统故障检查单

船长和驾驶员应熟知该检查单的内容，以便在船舶操舵系统发生故障时采取相应行动。

（1）检查舵机系统工作状态，确认故障类型；

（2）转换可用的替代操舵系统；

（3）通知机舱；

（4）通知船长；

（5）显示"失控"号灯或号型；

（6）按要求鸣放声号；

（7）如需要，采取措施将船舶驶离主航道；

（8）播发无线电航行警告；

（9）高效地使用侧推器；

（10）备锚，保证随时可用；

（11）遵守相应的报告程序。

（十一）航行设备故障

在陀螺罗经、磁罗经或导航设备发生故障时，与船舶航行安全相关的地理位置、预计的航迹、安全速度等数据必须重新评估，以避免重大突发事件的发生。

1. 航行设备故障时的应急措施

（1）在陀螺罗经故障时，必须利用磁罗经或任何航向的替代手段；

（2）当陀螺罗经、磁罗经或导航设备故障时，必须考虑到它们对其他导航辅助设备的影响，并对它们的工作情况进行检查；

（3）任何导航设备发生故障都应立即通报船长；

（4）当导航设备发生严重故障时，应通知机舱，并备车航行。船长应重新评估船舶的航行安全。

2. 航行设备故障检查单

船长和驾驶员应熟知该检查单的内容，以便在船舶航行设备发生故障时采取相应行动。

（1）陀螺罗经故障时，改用人工操舵；

（2）使用磁罗经或任何航向的替代手段；

（3）通知船长；

（4）通知负责航行设备维护的驾驶员；

（5）通知机舱；

（6）充分考虑故障对其他航海助航设备的影响；

（7）遵守相应的报告程序。

（十二）非法行为

船舶在受到海盗或武装抢劫分子的攻击或攻击威胁时，可以使用船舶保安报警系统（SSAS—Ship Security Alert System）。根据海安会决议 MSC 136（76）的要求：该系统可从驾驶室和至少一个其他位置启动报警；系统一旦启动，则开始向主管当局指定的相关部门发送安全警报，警报信息可以包括公司名、船舶标识、船位，以及当前船舶的安全状态（正受到威胁或已遭受攻击）；为了保护船员，该系统不应向附近的任何其他船舶发送船舶保安警报，也不能由此启动船上的任何（其他）警报；在关闭和/或复位本系统之前，应持续发送船舶保安警报。

另外，在各种 DSC 设备中都有"海盗行为/武装抢劫攻击"类遇险信息，并且国际移动卫星组织在 GMDSS 系统的 Inmarsat-C 菜单中增加了海盗信息。

为了船员自身的安全，船舶可能不得不秘密地发送"海盗/武装抢劫攻击"信息。

当救助协调中心收到这种报告时，它会通知有关机构。如果船舶秘密地发送了信息，则应当小心注意传送回的有关信息，避免惊动海盗。

1. 海盗或武装抢劫分子攻击的两种截然不同的状况

（1）海盗在登船之前被船上人员发现

如船舶还未被海盗命令不得使用无线电，应立即通过国际海事卫星或现有的 DSC 设备，或其他遇险和安全频率，发送"海盗/武装抢劫威胁"信息，通知附近的船舶和岸上有关当局。

（2）海盗在登船时未被发现，劫持了人质并对船上人员使用暴力或死亡威胁

海盗通常采用进一步的暴力威胁，命令船舶不得进行任何无线电发射。

船舶应当听从海盗或武装抢劫分子的任何命令，不要发送任何形式的信息通知岸上当局船舶受到攻击。海盗可能携带有能够跟踪地面无线电信号的设备。在这种情况下推荐一种替代方法，将报警信号通过卫星自动发送，以避免被海盗跟踪到。这种报警信号应该通过国际海事卫星，用带有船舶当前位置信息的 Inmarsat-C 卫星将"海盗武装抢劫攻击"信息发出。这种信息应该使用分别隐藏在驾驶台、船长室和机舱等至少三个地方的按钮进行。使用这些按钮发送应使卫星终端自动选择，并将信息自动转发至岸上有关当局。

为避免误报警，这些按钮应该有代码操作程序，该程序将确保只有在审慎的情况下才能发送。该程序将：使海盗意识不到报警信息已发出；给岸上当局提供攻击正在进行中或将可能受到攻击的早期警报。

2. 非法行为检查单

船长和驾驶员应熟知该检查单的内容，以便在船舶发生非法行为时采取相应行动。

（1）向全船发出警报；

（2）利用 DSC 设备、移动卫星终端秘密发送"海盗/武装抢劫攻击"信息；

（3）如果需要，启动船舶保安报警系统（SSAS）；

（4）布置刀片刺网，启用高压水枪；

（5）机动操纵船舶，尽量防止海盗登船；

（6）夜间，开启探照灯；

（7）燃放示警火箭信号；

（8）必要时，船员撤离至安全庇护舱室；

（9）如果海盗已登船并武力威胁，应听从海盗或武装抢劫分子的任何命令。

第二节　船舶偶发事件

一、偶发事件的定义及特点

（一）偶发事件的定义

偶发事件（Contingency）是指在某种过程中遇到的事先难以预料、出现频率较低，可能发生也可能不发生，但必须迅速做出处理的事件。

偶发事件的主要成因：天灾人祸、外来干扰、人际关系冲突、违法行为等。

（二）偶发事件的特点

1. 偶然性。往往出于人们的意料之外，出现的频率要比常规管理中遇到的问题低得多。

2. 突发性。尽管偶发事件在发展过程中大都有一定的先兆，但事件的发生往往是一个急剧变化的过程，人们总有出乎意料的感觉。

3. 冲击性。偶发事件的发生及其发展趋势往往会对预定的计划产生一定的影响，不得不做临时的改动。

4. 紧迫性。由于偶发事件对预定计划的冲击，必须迅速做出处理，评估当时的局面，制订出适合当时环境和情况的新计划。

二、船舶偶发事件及应变原则

（一）船舶偶发事件

船舶偶发事件种类繁多，如果处理不当，将演变成船舶事故，对航行安全和生命、财产带来危害。船舶的偶发事件包括：

1. 港口拥挤，得不到引航员、拖船而造成延误。

2. 通航拥挤。

3. 船舶设备故障。

4. 改驶新的目的地。

5. 能见度下降而减速。

6. 恶劣天气需寻找庇护地。

7.船舶因岸上紧急情况需立刻驶离等。

(二)船舶偶发事件的应变原则

1.在制订船舶计划时要充分考虑偶发事件。

2.考虑船上所有可利用的资源。

3.建立处理这些偶发事件的计划和程序。

4.建立确保偶发事件处理计划和程序得以执行的检查单。

5.熟悉偶发事件的处理计划和程序,并对船舶相关人员进行培训、演习和训练,以保证人员做好应对偶发事件的准备。

第九章
案例分析

第一节 ‖ 驾驶台资源管理案例分析

一、案例分析的目的

进行驾驶台资源管理的学习与培训时,经常要进行案例的研究和分析。这种案例分析与传统的海事案例分析的目的有很大的不同。传统的海事案例分析的目的在于:查明事故真相;查明事故原因;总结经验教训,找出预防措施;判明事故责任。而驾驶台资源管理案例分析的目的主要包括:

1. 加深对驾驶台资源管理基本原理、观念、知识与方法的理解。

2. 提高对驾驶台资源管理理念的认识。

3. 掌握现代管理知识在船舶资源管理方面的应用方法。

4. 通过间接经验的学习,提高驾驶台资源管理的技能和水平。

二、案例分析的原则

驾驶台资源管理案例分析与传统的海事案例分析的原则也有很大的不同。传统的海事案例分析的原则是必须找出事故的主要原因和责任人,并分清相关人员应承担的责任的主次和比例。因此,一般都会根据相关规则的具体条款细节,从技术的角度去分析和查找原因,并按照规则的要求去衡量和决定涉事人员的责任情况。

而驾驶台资源管理案例分析的原则主要是从事故的原因着手,从深层次的角度去分析和查找隐藏在事故表层后面的人为因素与失误及其产生的原因。在从事分析工作时,根据船舶资源管理中所用的关键性术语来寻找相关的原因,并排列出导致船舶发生事故的失误链。而不是仅从船舶操作的技术性层面去分析存在的问题和原因。

三、案例分析的主要内容

根据驾驶台资源管理案例分析的目的与原则,在全面了解案例具体情况的基础上,将事故原因与驾驶台资源管理中提出的一些观点相比较,通过比对分析,寻找事故发生原因中所涉及的人为因素与失误,从而找出造成事故的深层次原因。这种比对分析方法的具体内容包括分析和对照案例中的相关人员的:

1. 工作态度和情境意识情况。
2. 文化意识与差异的影响。
3. 内外部通信与沟通的有效性。
4. 船舶驾驶台人员(含引航员)之间的团队协作情况。
5. 船舶驾驶台设备、资料等硬、软件的使用情况。
6. 船舶的决策与领导情况(包括工作任务的布置与说明)。
7. 工作压力与疲劳的正确处理。
8. 资源的合理分配与排序。
9. 船舶航次计划与准备情况。
10. 船舶应急计划与应急措施。

在驾驶台资源管理案例分析的最后阶段,应在找出驾驶台资源管理方面问题与原因的基础上,通过进一步的分析和研究,探讨如何防止类似事件发生的具体方法与措施,即找出在以后的工作中采用哪些驾驶台资源管理的方法,来防止类似事故的再次发生。

四、案例分析的注意事项

驾驶台资源管理案例分析时应注意以下各点:

1. 首先应根据案例的发展过程,寻找和分析事故发生过程中的人为因素(重点在于人为失误),以及这些因素(失误)与后果发生之间的关系。

2. 在事故发生过程中,在人为因素中间寻找失误链的存在及其形成原因(包括相关人员中所具有的任何对安全产生危害影响的想法与行为)。

3. 在对案例采用比对方法进行分析时,可检查案例中是否存在以下问题:

(1)未能布置好任务和落实责任;

(2)未能处理好工作的先后次序;

(3)未能对过程加以有效的监督;

(4)未能充分利用已有的数据、资料和设备;

(5)未能认真地进行有效的交流和沟通;

(6)未能及时发现和质疑存在的问题;

(7)未能认真做好计划和执行计划;

(8)未能严格执行和遵守操作程序;

（9）未能切实保证船员的基本休息时间；

（10）未能合理调节船员的工作压力等。

4.应尽可能对案例进行较为系统的分析,不要过于注重细小的技术性问题,而要着重分析和查找驾驶台资源管理中存在的问题。

5.在案例分析的基础上,结合驾驶台资源管理原理与知识,总结出防止类似事故发生的预防措施。

第二节 驾驶台资源管理案例

本节列举了碰撞、搁浅、触礁、火灾和油污共五个典型海事案例作为分析、研究的参考,有些案例虽已久远,但从驾驶台资源管理的角度看,仍具有极强的研究价值和教育意义。

一、案例 1 "惠荣"轮与"鹏延"轮碰撞事故

(一)事故概况

"惠荣"(HUI RONG)轮:杂货船,船长 154.48 m,型宽 22.36 m,总吨 14 417,船籍港为香港;

"鹏延"轮:散货船,船长 223.0 m,型宽 32.2 m,总吨 34 886,船籍港为深圳。

2007 年 3 月 17 日 2251 时,中国天津天惠船务有限公司管理的香港籍货船"惠荣"轮从天津驶往泰国曼谷途中,在中国浙江舟山浪岗山列岛海域(概位 30°32′.5N,123°15′.6E)与香港航运公司管理的"鹏延"轮发生碰撞。"鹏延"轮船首吃水 13.2 m 处有一宽度约 1 m,左侧 7 m深,右侧 4 m 深的破口,球鼻艏严重破裂;"惠荣"轮第三、四货舱严重破损后进水沉没,29 名船员中,9 名船员死亡,8 名船员失踪。

事故海域当时天气海况:晴天,偏北风 4~5 级,海浪 3~4 级,能见度 7 级,东南流,流速约1 kn。

(二)船方所述事故经过

"惠荣"轮与"鹏延"轮碰撞事故经过。

1."惠荣"轮

据"惠荣"轮操舵水手朱某某和其他幸存者的调查笔录整理:"惠荣"轮本航次装载钢材660 t、碱 13 000 t 等货物,于 2007 年 3 月 15 日 1530 时从天津新港开航,目的港泰国曼谷。3月 17 日中午船位报:1200 时,船位 32°45′N,123°08′E,航向 176°,船速 12.9 kn。3 月 17 日2205 时,操舵水手朱某某上驾驶台值班,随后应船长要求,离开驾驶台前往主甲板桅房关门。2215 时,水手朱某某返回驾驶台,站在舵轮处发现左舷有一绿灯船(后证实为"鹏延"轮),距离约 2 n mile,附近没有其他船舶。2220 时左右,船长写好夜航命令后离开驾驶台。2230 时左右,"惠荣"轮三副与"鹏延"轮三副在 VHF 16 频道进行了通话。"惠荣"轮三副当时告诉对方

其从天津去曼谷高斯仓锚地卸货,同时询问了"鹏延"轮的动态,"鹏延"轮三副回答其南下。2235 时,"惠荣"轮在接到"鹏延"轮三副在 VHF 16 频道中要求"惠荣"轮左舵 10°避让要求后,左舵 10°转向。当时朱某某曾问三副:"这样转,距离够了吗?"三副没有回答。左舵 10°转向 2~3 min 后,"鹏延"轮又通过 VHF 16 频道呼叫,要求"惠荣"轮左满舵避让,随后"惠荣"轮左满舵转向。当"鹏延"轮船首距离"惠荣"轮很近时,"惠荣"轮三副用 VHF 16 频道再次呼叫"鹏延"轮,并告诉"鹏延"轮其已把定,没有办法了,并要求"鹏延"快向右转向,但"鹏延"轮没有应答,随后两船就发生了碰撞。2245—2250 时,"鹏延"轮船首碰撞"惠荣"轮右舷第三与第四舱之间。碰撞后 15~20 min"惠荣"轮沉没。

2."鹏延"轮

根据"鹏延"轮相关当事人笔录、航海日志及电子海图数据整理:3 月 15 日 1132 时,"鹏延"轮在河北黄骅港装载 56 330 t 煤炭开航,目的港广州西基。3 月 17 日 1200 时船位:32°35′.8N,123°17′.8E,真航向 179°,船速 11.0 kn。3 月 17 日 2130 时,航向 179°,速度 11.7 kn,船位为 30°45′.6N,123°19′.6E,改航向为 196°航行。2220 时,三副在雷达中第一次发现其右后方的"惠荣"轮,距离 0.5 n mile,真方位 330°。2250 时,"鹏延"轮三副发现"惠荣"轮在其右前方,并用雷达观察获知"惠荣"轮在其右前方 25°,距离约 0.3 n mile 处。随后,"鹏延"轮三副用 VHF 16 频道呼叫"惠荣"轮,并告诉"惠荣"轮左转,其向右转向过"惠荣"轮船尾,"惠荣"轮表示同意。随后,"鹏延"轮前进一,右满舵。2252 时,"鹏延"轮三副看到"惠荣"轮右舷对着其船首,距离不明。2254 时,"鹏延"轮船首以 70°角撞向"惠荣"轮右舷第三与第四舱之间。2254$\frac{1}{2}$时,"鹏延"轮停车,舵仍处于右满舵位置。碰撞时,"鹏延"轮船位为 30°32′.5N,123°15′.6E。碰撞后,三副立即呼叫了船长,船长随即上了驾驶台。三副认为"惠荣"轮碰撞后在 20 min 内沉没。

(三)经海事部门认定的事故经过

17 日 1200 时"惠荣"轮船位为 32°45′N,123°08′E,航向 176°,航速 12.9 kn;"鹏延"轮船位为 32°35′.8N,123°17′.8E,航向为 179°,航速为 11 kn。"鹏延"轮位于"惠荣"轮左前方 12.3 n mile,横距 8.25 n mile,真方位为 137.9°处。2130 时"鹏延"轮船位为 30°45.′45N,123°19′.38E,航向转为 196°,"惠荣"轮推算船位为 30°47′N,123°13′E,航向约为 176°,两船相距 5.8 n mile。双方构成交叉局面。2205 时,"惠荣"轮船位为 30°40′.57N,123°14′.14E,航向为 171°,航速为 11.6 kn;"鹏延"轮船位 30°40′.82N,123°18′.13E,航向为 196°,航速为 10.9 kn。"鹏延"轮位于"惠荣"轮 3.32 n mile,真方位 100.1°处。2220 时,"惠荣"轮船位为 30°37′.85N,123°14′.60E,航向为 166°,航速为 11.4 kn;"鹏延"轮船位为 30°37′.50N,123°17′.25E,航向为 194°,航速为 10.7 kn。"鹏延"轮位于"惠荣"轮 2.3 n mile,真方位 98.6°处。2236 时,"惠荣"轮船位为 30°34′.75N,123°14′.96E,航向为 178°,航速为 11.7 kn;"鹏延"轮船位为 30°34′.65N,123°16′.46E,航向为 194°,航速为 11.2 kn。"鹏延"轮位于"惠荣"轮 1.3 n mile,真方位 94.3°处。2242 时,"惠荣"轮船位为 30°33′.52N,123°15′.01E,航向为 178°,航速为 11.9 kn;"鹏延"轮船位为 0°33′.44N,123°16′.15E,航向为 194°,航速为 11.2°。"鹏延"轮位于"惠荣"0.99 n mile,真方位 88.8°处。2243 时,"惠荣"轮开始向左转向,2247 时,航向为 147°,航速为 11.8 kn;2248 时,航向 100°把定并维持 1 min,航速为 10.1 kn;2249

时,航向为 100°,航速为 10.1 kn,开始大幅度向左转向;2251 时,航向为 019°,航速为 3.9 kn。2247 时,"鹏延"轮开始向右大幅度转向;2248 时,航向为 248°,航速为 9.3 kn;2249 时,航向为 269°,航速为 8.5 kn;约 2251 时,航向为 317°,航速为 2.8 kn。2251 时左右,"惠荣"轮与"鹏延"轮以 70°~80°角发生碰撞,碰撞后"惠荣"轮在 2306—2311 时沉没。

二、案例 2 "深能 1"号大堡礁搁浅事故

(一)事故概况

"深能 1"号:1993 年由日本建造的巴拿马型散货船,总长 225 m,宽 32.3 m,最大深度 18.3 m,夏季吃水 13.291 m,总载重量 70 181 t。配备两部雷达,其中一部为 ARPA 雷达;两个 GPS。单车固定螺距螺旋桨,航速为 12.5 kn。

2010 年 4 月 3 日当地时间 1705 时(以后时间均为当地时间),"深能 1"号在澳大利亚距 Gladstone(格莱斯顿)入口约 50 n mile 的 Douglas Shoals(道格拉斯浅滩)处搁浅。搁浅造成数个压载水舱和至少一个燃油舱破裂,造成污染;机舱进水。救助人员于 4 月 4 日登上该船,于 4 月 12 日重新浮起并被拖往 Great Keppel Island 附近。

(二)事故经过

2010 年 4 月 3 日 0540 时"深能 1"号装货完毕,装载煤炭 68 052 t,首吃水 13.29 m,尾吃水 13.38 m。0900 时大副用早餐,1035 时引航员上船,大副船头准备,1054 时"深能 1"号从 Gladstone 开航,目的港为鲅鱼圈。1115 时大副离开船头,1306 时引航员下船。

"深能 1"号配备 23 名船员,包括 1 名船长和 3 名驾驶员,驾驶员一天分两段值班 8 h,每段 4 h,大副在停泊期间因监管货物装卸而处于大量加班状态。

大副具有 20 年海上资历,其中 11 年为驾驶员,3 年的大副海龄,在事故发生前的 1 个月上的本船。

1330 时定速,航向为 000°,自动舵。当时天气良好,能见度良好,东南风 3 级。二副向船长征求是否可以修改一下原定航线以缩短航程,船长同意后在海图 819 上由原来的 000° 修改成 020°,没有擦掉在 819 号海图的原计划航线。原计划航线在 GPS 上设定了 0.3 n mile 的偏航报警和 0.2 n mile 的转向点报警,ARPA 雷达显示至下一转向点的方位。修改后的转向点没有输入 GPS,当船舶走 020° 航向时,GPS 和雷达不能给出相应的指示和报警。

1400 时,船舶指挥权交给二副,船长离开驾驶台,值班水手在驾驶台作为瞭望人员。"深能 1"号以 12 kn 的速度正常航行。

二副用 GPS 定位,1500 时船位在原计划航线上,1530 时,转向到 020°,随后不久,GPS 偏航报警,二副给予了确认。1550 时,大副上驾驶台接班。

作为交班的一部分,二副向大副说明了航向临时改到 020,在海图上已显示,但 GPS 没有输入修改后的航线。1600 时定位后,二副离开驾驶台。大副从海图上看过修改后的航线后,估计 1700 时应转向到 075°,他没有测量到转向点的距离,也没有用其他方法确定到达转向点的大概时间,他感觉非常疲劳,站在驾驶台右侧,那既方便监视雷达,又便于向外瞭望。

过 1600 时不久,船舶驶入海图 820 区域,819 图仍在海图桌上,大约 1630 时,轮机长上驾驶台,核查主机转速为 83 r/min。大副继续在右侧雷达附近,确认船速为 12 kn,轮机长在 1635

时左右离开驾驶台,大副原计划在 1630 时定位,而现在决定到 1700 时再定位。

1700 时大副在卫星船位记录簿上记录船位为 23°07′.0S 151°39′.2E,这个位置不在 819 图上,于是从海图抽屉中拿出 820 图,当他把 820 图放到海图桌上时,他发现船速降至 8 kn,同时发现海图上 Douglas Shoal 区域,标有"no go area",意识到船舶正接近浅滩。他立即命令舵工改用手操舵迅速向右转向。

刚转到手操舵,大副看到船速迅速降到 0,船舶开始抖动,1705 时施右舵但没有舵效,"深能 1"号以艏向 020° 搁浅,船舶停止抖动。GPS 船位为 23°06′.0S 151°39′.6E,附近海图水深为 10.7 m,底质为粗沙、贝壳和珊瑚,Tryon Island 附近预报 1706 时的低潮为 0.8 m,次日 0002 时高潮 2.8 m。

船长在房间做文字记录的时候感到船舶抖动,以为船舶正在转向,一会儿大副打电话叫他到驾驶台,船长急忙到驾驶台,大副告诉他船舶可能搁浅,船长令大副定位。

1710 时,轮机长和二副感到船舶异常,也来到驾驶台,大副定位后确认已搁浅。量各水舱水的水位,确认船壳已破损,左舷第三双层底进水,并串入左舷其他压载水舱。

4 月 4 日 0024 时,事故协调人上船,直升机在船舶周围未能发现油污,随后,协调者确认燃油舱破损造成油污,燃油从甲板透气孔中冒出。油和水也进入机舱,造成主机不能运转。

三、案例 3 "宁海"轮触礁事故

(一)事故概况

"宁海"轮:散货船,船长 184.72 m,船宽 23.3 m,总吨 17 119,净吨 8 190,载重 25 667 t,夏季吃水 10.09 m。

1996 年 10 月 19 日在温哥华港装油菜籽 17 850 t 后离港驶往日本鹿岛港。1996 年 11 月 2 日 0445 时在千岛群岛北部的 Ostov Ketoi 岛触礁搁浅,船体断裂,船货全损。

(二)事故经过

1996 年 11 月 2 日(0000—0400 班)二副接班时视线良好,视程约 10 n mile。据二副称:雷达放在 24 n mile 档备用状态。0335 时发现左前方约 45° 舷角处有一艘渔船,用雷达 12 n mile 挡测为 8 n mile,没有其他回波。大副 0350 时上驾驶台接班。他先在海图室过目一下航向和船位,接着到驾驶台看天气和海况,为阴天,西南风 6 级左右,能见度良好。左舷接近正横方向约 4 n mile 有一渔船,灯光比较亮,向本船反向行驶,另有四艘渔船在本船左舷约 45°,6 n mile,灯光较弱。雷达放在 24 n mile 挡,大副观测到荧光屏左前及四艘渔船前有云块回波,从左前约 5° 到右前约 30° 又有一块比较大的云块回波,右后有不明显形状低云块回波。大副此时双眼适应,让二副休息。此时使用空白海图航行。

大副接班后曾到海图室用 GPS 定位,并曾用雷达做过观察,认为,船首左右低云块回波接近较快。

约 0430 时,值班水手在驾驶台右侧靠近门旁的舷窗前,看到左前方有像山的影子,就自言自语地说:"前面是山吗?"大副听到后说:"空白图怎么能有山呢?"值班水手这时看到大副在用雷达观测。大副认为,雷达上显示的云块回波接近较快,认为雨雪即将来临,决定穿过云区。

0445 时,大副感到船如浪击似的抖动了几下,便叫值班水手换手操舵,操左满舵。值班水手从驾驶台右边过来,改手操舵并操左满舵。见船头不动,水手说"无舵效"。大副又令"左满舵",水手回答"我已讲过舵效没有"。值班水手又对大副说:"大副,是山。"大副还是回答"空白图怎么会有山呢?"

睡觉中船长感到船有抖动,便起床到房间前边舷窗向外看,黑乎乎的,看不出什么东西,便认为主机有毛病,是主机转速到临界转速时的抖动。后来大副来电话讲"船钻云了"。船长说"船钻云不会有抖动"。

0452时船长上驾驶台问:"什么事情?"大副和水手都说了"舵不来"。船长问:"什么舵?"大副说:"左满舵。"此时值班水手说:"好像有山。"船长说:"走空白图怎么会有山?"船长、大副和水手到驾驶台右边门外一看,船舷边有浪花,再向远一点看,小岛下边影子模糊可见,再仔细一看是山。船长将雷达24 n mile挡换成3 n mile挡,看到荧光屏一片白;到海图室将GPS船位标到洋流图上,知道已经搁浅了,便于0455时命令停车,此时艏向为258.5°。搁浅地点旁的小岛为Ostov Ketoi。在风浪中,"宁海"轮断为两段,并于10日后宣布弃船,船货全损。

在该航次中,船上没有配备北太平洋总图和大圆海图。二副依据船长的指示,参考洋流图上的推荐航线取点,用平行尺和三角板在洋流图上取点后,移到空白图上画线。船长仅翻过一次航次用图而未审核航次计划。这样,航线设计的误差太大,导致在驶近海岛时,船舶误认为在大洋航行而仍使用空白海图。

四、案例4 "团结"轮夜航途中火灾事故

(一)事故概况

"团结"轮为上海远洋运输公司杂货船,排水量6 200 t,1978年4月8日在日本本州岛西南海面上发生火灾,由于采取的应急措施不力,造成船舶几乎全损。驾驶台及船员住舱烧毁,大部分货物烧焦或浸湿,船体变形。

(二)事故经过

"团结"轮由新港装载杂货2 900多吨,驶往横滨和名古屋。4月8日晚,轮机长和大副下象棋至深夜11点钟,抽了许多香烟,烟头没有熄灭,就倒入木垃圾箱内,忘了浇水,然后也没有仔细清理就睡觉了。0140时在名古屋东南90余海里(即33°49′N,137°03′E)处,二副和值班水手看到第二舱吊杆上有红光映照,发现是轮机长房间起火,二副即令值班水手去现场察看,同时按响警铃。船长赶上驾驶台即令停车,当时是西南风五级,停车后,船首由原航向067°自然转到120°,右正横受风。值班水手开门进入轮机长房间,发现办公桌前部及墙壁顶部正在燃烧,即敲卧室门叫轮机长,并往下层走廊去拿灭火器,但却未把门关上,室内右前方有一窗户原来就开着一个缝,正值上风,而门的位置则在该室左后方,因此形成强劲的穿堂风,再加上该轮的结构是房间四周钢板内壁涂了一层沥青(防锈),然后是一层软木(绝热),最后才是木板墙壁,墙上涂着有光漆;天花板是木质;地板是易燃塑料,因此燃烧极其迅猛。当值班水手携带灭火器返回时,火已从轮机长室窜入走廊并烧至楼梯口,该轮楼梯呈螺旋形,向上一直通往海图室,当时海图室及驾驶台的门全部敞开着,形成了一个大烟筒,致使火舌能畅通无阻地从驾驶台的侧门向外窜出,海图室、电台、驾驶台很快成了一片烟火,船长、二副、两名水手和两名报务员全是沿着驾驶台前方吊杆的千斤索滑下至甲板的,电报也未及时发出。

由于二副按警铃是三次各一长声，不是救火警报，故机舱值班人员不知何事，后来水手长去机舱喊"开甲板水"，轮机员才知是失火，立即启动消防泵，但已耽误了七八分钟。当时火焰不仅上窜，而且通过各楼梯口蔓延至下层房间。由于机舱的门也开着（该船机舱门不是自闭式的），后来火舌便窜入机舱上层，于是机舱里也接了水龙冲水，但由于平日缺乏训练，皮龙无人握住，便开阀门，结果水龙在机舱里乱喷射，配电板受湿冒火花，轮机员便把电闸拉掉，致使甲板水中断了两分钟，后又将电闸推上，继续供水灭火。但不久后消防泵马达就停转了，也无人去检查是何故障，另有一通用泵，但已坏尚未修复，应急救火泵（手压式）早已锈死，因此消防水中断，失去了自救的能力，任凭火势蔓延。

约 0330 时，一艘过路的日本船见火情前来救援，后由该船向日本海上保安厅报告火警，"团结"轮船员全部离船。次日 1010 时日本海上保安厅消防船到达开始喷水施救，火势逐渐控制，但尚未彻底扑灭。后在我兄弟船舶的大力抢救下，终于将火全部扑灭，并于 4 月 13 日中午拖抵上海港。

五、案例 5 "埃克森瓦尔迪兹（Exxon Valdez）"号油污事故

（一）事故概况

"埃克森瓦尔迪兹"号为油轮，船长约 987 ft（为 300 m），隶属于美国埃克森船舶运输公司（Exxon Shipping Company），在职船员 19 人。

1989 年 3 月 23 日 2100 时，"埃克森瓦尔迪兹"号满载原油从阿拉斯加启航，3 h 后突然触礁，5 000 万升原油漏出。漏油覆盖海面达 1 300 km^2，并冲上了 1 300 多千米长的海岸。在事故发生后几天内，有 3 万只海鸟以及海豹、其他哺乳动物和无数的鱼惨死。据后来统计，有 10 万~30 万只海鸟以及 4 000 头海獭死于该事故。泄漏的原油只蒸发了 30%~40%，回收了 10%~25%，其余仍滞留在海洋中。要使这片海域的生态系统恢复还遥遥无期。该事故是美国历史上最大的一起石油泄漏事故，也直接致使美国国会在 1990 年通过了一部油污染法案。

（二）事故经过

"埃克森瓦尔迪兹"号在当地时间 3 月 22 日 2330 时抵达阿拉斯加海运码头。23 日 0505 时开始以每小时 10 万桶的速度装原油，大副 James R. Kunkel 值班，负责监督装货作业。23 日是"埃克森瓦尔迪兹"号部分船员的休息日。船长 Joseph Hazelwood、轮机长 Jerry Gromacki 和报务员 Joel Roberson 在 1100 时离船，乘坐本船引航员 William Murphy 的车赶往瓦尔迪兹镇。他们三位离船时预计船舶的离港时间是 2200 时，但等 2024 时他们回船时发现开航时间已改为 2100 时。23 日一天，船长除了处理船上业务外，大部分时间都花在了岸上购物。据美国前国家运输安全委员会（NTSB）的证词，船长与其他几位船员在瓦尔迪兹镇的两家酒吧喝过含酒精饮料。证词表明 23 日午餐时船长喝过酒，下午在酒吧至少喝过一次酒。

23 日，当船长他们回船时，装货作业已完成了 1 h。三副 Gregory Cousins 在 1948 时根据要求对助航仪器、机械装置及安全设备进行了开航前试验，显示一切工作正常。2112 时"埃克森瓦尔迪兹"号解掉最后一根缆绳，在两艘拖船的协助下离泊，航海日志上记录的离开泊位的时间是 2121 时。

引航员 Murphy 指挥船舶，有一艘拖船协助"埃克森瓦尔迪兹"号通过瓦尔迪兹水道，从泊

位算起该狭窄水道长约 7 n mile。尽管埃克森公司规定船舶在通过瓦尔迪兹水道时驾驶台应有两名船舶驾驶员值班,但根据引航员的陈述,船长在 2135 时离开驾驶台后,一直没有回来直到 2310 时。

2249 时船舶向瓦尔迪兹交管中心报告,船舶已平安通过了瓦尔迪兹水道,开始提速。2305 时引航员通知船长自己将下船,2310 时船长上驾驶台,2324 时引航员离船。三副送走引航员并帮助收起引航员软梯。这期间驾驶台只有船长一人。2325 时船长通知交管中心,引航员已离船,船舶正将速度提升至海速。该水域实行分道通航制,目的是将进出威廉王子湾的深吃水油轮航道分开,保证交通的顺畅。分道通航制包括进港分道和出港分道,中间是 0.5 n mile 宽的分隔带。哥伦比亚冰川附近的小冰山,偶尔进入通航分道。船长可以选择用船舶慢速推开这些冰块,也可以在交通条件允许的情况下偏离自己的通航分道以躲避这些冰块。这时,船长向交管中心请示,如果没有船进港的话,"埃克森瓦尔迪兹"号将转移到分道通航制的进港分道上,交管中心表示同意,称没有船进港。这就意味着"埃克森瓦尔迪兹"号为了避开漂浮的冰块将改变航向,离开西行的出港航道,穿过分隔带,如果需要的话进入东行的进港航道,过去没有任何船舶试图这样做过。

2330 时船长通知交管中心,船舶将改向至 200°,并减速通过浮冰(但轮机日志显示,此时船舶一直在加速)。2339 时三副定船位,显示船舶在分道通航制的中央,船长下令继续改向至 180°。根据舵工的陈述,当时船舶是以自动舵航行。第二次改向也未向交管中心报告。向南航行了 19~20 min 船舶通过了进港的东行分道,2347 时"埃克森瓦尔迪兹"号穿越了分道通航制的南部边界。2352 时船长给出了车钟令"load program up"(一个计算机程序,43 min 内,船舶主机将由 55 r/min 增加到海速全速前进 78.7 r/min)。船长在指示三副一旦船正横 Busby 岛灯塔 (大约前方 2 min)就"开始返回原航线"后离开了驾驶台,时间大约是 2353 时。这时三副已连续工作了 6 h,到了二副 Lloyd Le Cain 接班时间。但是三副知道白天装货过程中二副长时间值班,非常疲劳。因此没有叫醒二副,而由自己继续代替二副值班。在该水域,这么长的时间内三副是驾驶台唯一的指挥人员,这已严重违反了公司的规定。

在随后的调查中,埃克森运输公司曾表示,三副在 23 日有 0100—0720 和 1330—1700 两段睡眠时间,即 24 h 内有近 10 h 的休息时间。但国家运输安全委员会的调查发现,23 日下午三副在房间处理文件,1630 时开始吃晚饭,1700 时接替大副值班。调查报告显示:在事故发生前,三副有近 18 h 在工作。另外,根据纽约亚瑟麦肯齐油轮咨询中心资料,在 20 世纪 50 年代油轮上管理 630 万加仑的石油需要 40~42 名船员,而"埃克森瓦尔迪兹"号的 19 名船员运输了 5 300 万加仑的石油。

三副通过定位发现船舶已到了转回原来的通航分道的位置。但几乎同时,正在瞭望的 Maureen Jones 报告,Bligh 礁的灯光出现在船首右舷约 45°(Bligh 礁的灯光此时应在左舷)。这表明该超级油轮已驶出了通航分道,正在快速驶入危险水域。三副发出了右舵命令,并将自动舵换成手操舵。同时,打电话给船长,通知他船舶正转回通航分道,转回过程中可能又会遇到浮冰。当发现船舶向右回转较慢时,三副又命令加大向右的舵角。这时,三副已意识到船舶正面临严重的危险,再次给船长打电话,报告船舶面临的危险,在他们通话结束时感到船舶剧烈震动,当地时间 24 日 0004 时"埃克森瓦尔迪兹"号触碰 Bligh 礁。船停下来,船首朝约西南方向。船舶已冲上礁石,Bligh 礁的顶部刺破了"埃克森瓦尔迪兹"号的第十一货舱。经计算,3 h 25 min 后,已有 580 万加仑的原油泄漏。据报道,当时的气象情况是:小雨雪,温度为

0.5 ℃,北风,风速 10 kn,能见度 10 n mile。

"埃克森瓦尔迪兹"号的噩梦开始了。船长也许喝醉了,肯定面临很大的压力和混乱的局面。船舶触礁后,船长冲上驾驶台,试图用大的舵角自力脱离 Bligh 礁,直到触礁 15 min 后船舶主机一直在全速运转。这时,大副到机控室确定有 8 个货油舱和 2 个压载水舱已经破裂,并计算出这些货舱已泄漏了约 10 ft(3 m)深的原油,每个舱平均尚余 67 ft(20 m)深的原油。大副把损坏的初始评估情况报告给了船长,船长命令大副做船舶稳性和船体强度、应力分析。0019 时船长命令主机怠速。

24 日 0026 时船长通过无线电向瓦尔迪兹交管中心和海岸警卫队报告了船舶搁浅和漏油的情况,同时,船长并没有放弃自力摆脱礁石的努力,大约在 0030 时,大副通过计算机程序评估,认为船体受到的应力已超过了可承受的界限,船舶需要稳定在原处,并到驾驶台提醒船长,船舶不应离开搁浅区域到深水中去。船长命令他回到控制室继续评估损坏情况,并确定可用的解决方案。0035 时船长命令主机进车至全速,同时发出了一系列的舵令,希望能使船舶摆脱礁石。大副通过计算机又进行了一次计算和评估得出结论:如果脱浅,船舶将无力自保。0100 时大副将自己新分析的结果报告给船长,并再次提醒船长,船舶不能离开搁浅区域。尽管如此,船长还是让主机运转,直到 0141 时才最终放弃自力脱浅的努力。

"埃克森瓦尔迪兹"号原油泄漏是美国国内最严重的原油泄漏事故。事故发生地位置偏远,只有直升机和小船能够接近,这使得政府和企业很难有所作为。在"埃克森瓦尔迪兹"号事故发生之后,埃克森公司动用了 11 000 名工人花费了大约 20 亿美元进行原油清理工作,并且另外花费了 10 亿美元解决相关民事赔偿。

原油泄漏的长期影响一直被研究着。数以万计动物死亡,最准确的估计是:250 000 只海鸟、2 800 只海獭、300 只斑海豹、250 只秃鹰、22 只虎鲸以及亿万条三文鱼,亿万个鲱鱼蛋。当一年后原油泄漏的迹象已经很不明显的时候,原油泄漏的影响仍然继续存在。长期看来,各种各样海洋生物的数目都在减少,包括间接影响使得桃红色三文鱼停止成长以及死亡数量增加。事故发生后海獭和鸭子也呈现了较高的死亡率,部分因为它们吃了受污染的无脊椎生物。当动物们在被污染的土壤上食用猎物时,也会受到泄漏的原油的威胁。研究员说有些海岸线栖息所,譬如污染的贝类栖息所,要 30 年才能恢复。

第十章
驾驶台资源管理培训与评估

本章内容既可供学员学习、培训和评估时参考使用,也可供教师、教练员和培训机构进行培训和评估时指导使用。

第一节 驾驶台资源管理培训

一、非强制性培训

非强制性培训是指,不以履约为目的,旨在提高船舶管理人员对船上资源的管理技能,减少人为失误的驾驶台资源管理培训。该种培训主要在马尼拉修正案实施前进行。通常由航运公司提出培训需求,培训机构进行培训课程设计。学员主要来自中国远洋海运、新加坡万邦航运、日本商船三井、新加坡泰昌祥等公司的在职船员。目前,仍有中远海运船员公司、中远海运能源公司等的船员在我院进行类似培训。这种驾驶台资源管理培训在培训时间、内容、评估方式上更具灵活性。

(一)培训内容

培训内容分为理论和实操,主要根据本书第一至九章和公司的具体要求而定,表10-1是我院对新加坡泰昌祥公司的菲律宾船员培训时的课表,大家可在此基础上调整。另外,涉及公司管理体系及最新事故案例等相关内容通常由所在公司高级管理人员讲授。

表 10-1 驾驶台资源管理培训课程表

培训时间：　　年　　月　　日至　　年　　月　　日　　　　　　培训期数：

日期	起止时间	课 程 内 容	教师	学时	教室
1	0800—1200	1. Welcome to QMC 2. Resource Management 3. Error Chains 4. Situation Awareness		理论 4	讲评室
	1340—1720	1. Equipment familiarization		实操 4	模拟器
2	0800—1200	1. Teamwork 2. Leadership 3. Passage Planning 4. Case Study 2		理论 4	讲评室
	1340—1720	1. Europort-day Time -Arrival & Steaming		实操 4	模拟器
3	0800—1200	1. Communications 2. Decision Making 3. Master & Pilot Relationship 4. Case Study 1		理论 4	讲评室
	1340—1720	1. Gibraltar Strait-Night Time -Dense Traffic		实操 4	模拟器
4	0800—1200	1. Job Hazard Analysis 2. Stress 3. Case Study 4		理论 4	讲评室
	1340—1720	1. Dover Strait -In Restricted Visibility		实操 4	模拟器
5	0800—1200	1. Performance Management 2. Coaching & Counseling 3. Problem Solving Methodology 4. Case Study 5		理论 4	讲评室
	1340—1720	1. Singapore-Departure Night Time Rainy Weather（Restricted Visibility）		实操 4	模拟器
6	0800—1200	1. Emergencies & Contingencies 2. Procedures 3. Introduction to International Rules 4. Case Study 3		理论 4	讲评室
	1340—1720	1. Hong Kong-VLCC Berthing		实操 4	模拟器

续表

日期	起止时间	课 程 内 容	教师	学时	教室
7	0800—1200	1. Emergency Action & Check List		理论 4	讲评室
	1340—1720	1. Evaluation 2. Feedback 3. Certification		实操 4	讲评室

(二)培训形式

理论课通常安排在每天的上午,主要通过讲授、讨论、录像等方式进行。理论课经常会结合大量的案例研究,根据每天上午的理论课和下午的实操内容由授课教师自行准备教学案例,常常以"头脑风暴"方法进行讨论、研究、总结。

实操课通常安排在每天的下午,在大型船舶操纵模拟器上进行,是对上午理论课所授知识的实践。船员根据职务分组,每个本船 4~5 人,尽量做到船长和驾驶员的合理搭配。

(三)模拟培训程序

1. 熟悉模拟设备

由于模拟器在视觉环境和船舶性能方面都会与实际情况有一些差别。因此,在利用模拟器进行技能培训或考核、评估以前,首先应该让学员充分熟悉模拟器设备,以避免由于模拟器的局限而影响学员的操作。设备的熟悉过程在教练员的指导下进行,主要包括模拟器性能、特点及局限性的介绍,各种模拟设备的操作使用,以及对在练习或考核中拟使用的船舶模型的熟悉过程。

2. 模拟练习的程序

模拟练习的程序通常包括练习介绍、制订航行计划、练习实施和练习讲评四个阶段。

1)练习介绍

在每一个模拟练习开始之前首先向学员做练习总体介绍,内容主要包括:练习所用的海区及风、流、能见度等环境条件,练习的大概过程,培训的目标,练习所使用的船舶模型及性能特点,练习的初始状态,团队组成,角色分配和场景介绍。

2)制订航行计划

练习介绍完毕,在练习开始以前要有一定的准备时间,各本船根据练习要求制订详细的航行计划(Passage Plan)和偶发事件计划(Contingency Plan)。

3)练习实施

准备工作完成后即进入练习的实际操作阶段,该阶段是培训的重点,教练员根据练习的目标对整个过程进行监控和相应的指导,对每个学员及整个团队在练习中的表现做好记录,以便在练习结束后作为讲评的依据。

4)练习讲评

讲评是模拟练习的一个重要环节,无论练习成功与否,结束时都应进行讲评。通过讲评可以激发学员深入思考,使学员在理论课和实操课上学到的知识得到进一步的巩固,培训的目标也能得到进一步的明确。在进行讲评时应注意以下几点:

(1)讲评可以在教练员的指导下进行,也可由学员自己讲评,教练员只起监督、引导作用。如果讲评是由学员自己进行,应在练习开始之前,安排一个以上的学员对整个练习过程中其队友的行为和表现进行细致观察。

(2)担任讲评任务的教练员或学员在讲评过程中应注意引导,将讨论的重点集中在培训目标和已学过的知识点上,充分调动每个学员的积极性。在教练员进行最后的总结以前,应让学员自由发言,充分陈述自己的观点。通过讨论发现操作过程中成功的方面和不足的地方,并找出其中的原因,从而找出进一步提高的途径。

(3)充分利用模拟器的回放功能,对学员及整个团队在练习过程中的表现进行分析和评判,这样可以更清楚地发现学员实操中存在的问题,对其完成练习的情况做出更加准确的评价。

(4)讲评时要避免学员将讨论变成争吵,同时也要避免每次讲评都只有少数几个学员参与的状态,要调动起所有学员的积极性。同时,讲评时作为主持人要考虑周到,避免对在练习中出现过失的学员造成消极影响,甚至影响到其自信心。

二、强制性培训

强制性培训是指,为满足《STCW 公约马尼拉修正案》及中华人民共和国海事局海船船员适任考试、评估的有关要求而进行的相关培训。按照现行中华人民共和国海船船员适任评估规范的相关规定,强制性评估是将驾驶台资源管理与船舶操纵、避碰合在一起进行的。二/三副、大副、船长评估项目相同:"船舶操纵、避碰与驾驶台资源管理"。因此,培训必须满足相关要求。

(一)二/三副培训

1.培训内容

1)避碰规则应用和意图的全面知识

(1)互见中的避碰应用:追越、对遇、交叉相遇三种局面的识别与行动;

(2)能见度不良时的避碰应用:转向避碰(正横前来船、正横和正横后来船,船舶操纵性影响)、减速或把船停住、多船会遇综合避碰行动;

(3)特殊水域的避碰应用:狭水道的航行与避碰、分道通航制水域的航行与避碰。

2)驾驶台资源管理(BRM)

(1)计划

①制订通过指定水域计划:相关信息的获得与排序、可利用资源及使用安排、团队的组织、安排与沟通;

②偶发事件计划(Contingency Plan):预测偶发事件、事件发生后的对策。

(2)通过指定水域实际操作

①资源的排序、组织、协调与使用;

②驾驶台团队工作:团队的协作与沟通、失误链识别与切断、内部与外部通信;

③偶发事件判断与决策；

④救助落水人员的应急操作：单旋回操船救助、威廉逊旋回操船救助、斯恰诺旋回救助；

⑤紧迫局面、特殊情况避碰：互见中紧迫局面的避碰行动、互见中难以避免碰撞的紧急操纵行动。

2.培训形式

二/三副培训主要针对的是在校学历班的学生及近几年招收的三副考证班的学员。由于他们还未进行过系统的驾驶台资源管理理论的学习，也没有相应的海上实践经验，因此，培训采用了理论加航海模拟器实操的形式。见表10-2船舶操纵避碰与驾驶台资源管理培训课程表。

表10-2　船舶操纵避碰与驾驶台资源管理培训课程表

培训时间：_____年_____月_____日至_____年_____月_____日　_____班

日期	上午			下午		
	分组	训练内容/场地	教师	分组	训练内容/场地	教师
1	不分组	BRM 理论/教室		不分组	BRM 理论/教室	
2	不分组	BRM 理论/教室		不分组	BRM 理论/教室	
3	控制台	熟悉模拟设备、测定船舶模型操纵性能（船舶操纵模拟器）		控制台	熟悉模拟设备、测定船舶模型操纵性能（船舶操纵模拟器）	
	A 组本船一			B 组本船一		
	A 组本船二			B 组本船二		
	A 组本船三			B 组本船三		
	A 组本船四			B 组本船四		
4	控制台	船舶操纵避碰与 BRM 实操练习 1：直布罗陀海峡：计划制订、VTS 报告、航行、避碰、应急（船舶操纵模拟器）		控制台	船舶操纵避碰与 BRM 实操练习 1：直布罗陀海峡：计划制订、VTS 报告、航行、避碰、应急（船舶操纵模拟器）	
	A 组本船一			B 组本船一		
	A 组本船二			B 组本船二		
	A 组本船三			B 组本船三		
	A 组本船四			B 组本船四		

续表

日期	上午			下午		
	分组	训练内容/场地	教师	分组	训练内容/场地	教师
5	控制台	船舶操纵避碰与 BRM 实操练习 2： 英吉利海峡、多佛尔海峡：计划制订、航行、避碰、穿越通航分道、VTS 报告、应急（船舶操纵模拟器）		控制台	船舶操纵避碰与 BRM 实操练习 2： 英吉利海峡、多佛尔海峡：计划制订、航行、避碰、穿越通航分道、VTS 报告、应急（船舶操纵模拟器）	
	A 组本船一			B 组本船一		
	A 组本船二			B 组本船二		
	A 组本船三			B 组本船三		
	A 组本船四			B 组本船四		
6	控制台	船舶操纵避碰与 BRM 实操练习 3： 香港 East Lamma Channel：计划制订、VTS 报告、航行、避碰、联系引航站、上引航员、抛锚、应急（船舶操纵模拟器）		控制台	船舶操纵避碰与 BRM 实操练习 3： 香港 East Lamma Channel：计划制订、VTS 报告、航行、避碰、联系引航站、上引航员、抛锚、应急（船舶操纵模拟器）	
	A 组本船一			B 组本船一		
	A 组本船二			B 组本船二		
	A 组本船三			B 组本船三		
	A 组本船四			B 组本船四		
7	控制台	船舶操纵避碰与 BRM 实操练习 4： 新加坡海峡：船舶操纵避碰与 BRM 评估（船舶操纵模拟器）		控制台	船舶操纵避碰与 BRM 实操练习 4： 新加坡海峡：船舶操纵避碰与 BRM 评估（船舶操纵模拟器）	
	A 组本船一			B 组本船一		
	A 组本船二			B 组本船二		
	A 组本船三			B 组本船三		
	A 组本船四			B 组本船四		

3. 培训程序

从表 10-2 的培训课程表中可以看出,整个培训分为 2 天的理论课、4 天的模拟器实操培训课和 1 天的船舶操纵模拟器上的实操评估。

1)理论课

首先是 2 天不分组的理论课,在教室进行,系统讲授驾驶台资源管理理论,并结合典型海事案例研究、学习。

2)模拟器实操

第 3、4、5、6 天是船舶操纵模拟器上的实操培训。

(1)学员分组及教练员配备:在校生每个班最多 40 人,将学员分为 A、B 两组,每组不超过 20 人,再按学号分配到 4 个模拟器本船,每个本船 4~5 人。A 组上午、B 组下午,进行模拟器上的实操培训。控制台及每个本船各配备一位具有丰富航海实践经验的模拟器教练员。

(2)熟悉模拟设备和船舶模型:这是第 3 天的主要培训任务。在各本船教练员的指导下,让学员系统学习本船所有助航仪器和设备,如:GPS、AIS、ECDIS、ARPA、计程仪、测深仪、车、舵、侧推、锚泊系统、视景系统等,让学员做到熟练操作。

然后,在控制台教练员的带领下,让学员熟悉将要在后续模拟器练习中使用船舶模型,并测定它们的停车冲程、倒车冲程、旋回圈等操纵特性并做好记录,为后续练习做准备。

(3)模拟器练习:第 4、5、6 天,按照由易到难的顺序,在船舶操纵模拟器上选择不同的海区和船舶模型,进行船舶操纵避碰与驾驶台资源管理培训,内容尽量覆盖评估规范中所有内容。练习程序如下:

①练习介绍:在每一个模拟练习开始之前应首先向学员做练习总体介绍,内容主要包括:练习所用的海区及风、流、能见度等环境条件,练习的大概过程,培训的目标,练习所使用的船舶模型及性能特点,练习的初始状态,团队组成,角色分配和场景介绍。

②制订计划:练习介绍完毕,在练习开始以前,各本船根据练习要求在纸质海图和电子海图上制订详细的航行计划(Passage Plan)和偶发事件计划(Contingency Plan),并填写表 10-3,并在确认无误后签名。

③练习实施:所有本船准备完毕后,控制台启动模拟器练习,进入练习的实际操作阶段,该阶段是培训的重点。学员按学号顺序,轮流担任驾驶员、舵工和瞭望人员,分工协作,密切配合。完成 VTS 报告、航行、定位、避碰和偶发、应急反应(能见度不良、主机故障、舵机故障、人员落水等),并填写航海日志,参见表 10-3。每 30 min 左右按顺序轮换岗位,各岗位按要求进行正规的交接,如驾驶员正在进行避碰操作,则延迟交接,直到驶过让清。教练员根据该练习的目标对整个过程进行监控和相应的指导,对每个学员及整个团队在练习中的表现做好记录。

④练习讲评:讲评是模拟练习的一个重要环节。与非强制性培训不同的是由各本船教练员决定讲评的时机和方式,有时为了加深印象,教练员会进行现场即时的点评、纠正,有时为了保证练习的连续性,不打断学员的操作而在练习结束时讲评。控制台教练员也会根据练习情况在练习中或练习后做点评。通过讲评可以激发学员深入思考,使学员在理论课和实操课上学到的知识得到进一步的巩固,培训的目标也能得到进一步的明确。

3)评估

培训的第 7 天进行船舶操纵模拟器上的船舶操纵避碰与驾驶台资源管理评估。参考本章第二节,强制性评估中的二/三副评估内容。

表 10-3 **Passage Plan**

Vessel Data：
Vessel Name：　　　　Length：　　　　　Displacement：
Max Draft：　　　　　Cargo Type：　　　　Callsign：

Passage Plan：

WPT No.	Waypoint		Course	Distance	Total Distance
WP001	LAT：	LONG：			
WP002	LAT：	LONG：			
WP003	LAT：	LONG：			
WP004	LAT：	LONG：			
WP005	LAT：	LONG：			
WP006	LAT：	LONG：			

Contingency Plan：

Signature：

Deck Logbook

	Signature：
	Signature：
	Signature：
	Signature：

（二）大副培训

1. 培训内容

1）避碰规则应用和意图的全面知识

（1）互见中的避碰应用：追越、对遇、交叉相遇三种局面的识别与行动；

（2）能见度不良时的避碰应用：转向避碰（正横前来船、正横和正横后来船，船舶操纵性影响）、减速或把船停住、多船会遇综合避碰行动；

（3）特殊水域的避碰应用：狭水道的航行与避碰、分道通航制水域的航行与避碰。

2）驾驶台资源管理（BRM）

（1）计划

①制订通过指定水域计划：计划的基本步骤、相关信息的获得与排序、可利用资源及使用安排、团队的组织、安排与沟通；

②偶发事件计划（Contingency Plan）：预测偶发事件、事件发生后的对策。

（2）通过指定水域实际操作

①资源与管理：团队成员工作态度的识别与管理，团队成员工作能力的识别与安排，各资源的排序、组织、协调与使用；

②驾驶台团队工作：团队的协作与沟通、失误链识别与切断、内部与外部通信；

③偶发事件与应急：判断与决策、应急事件的处理、偶发事件的处理；

④救助落水人员的应急操作：单旋回操船救助、威廉逊旋回操船救助、斯恰诺旋回救助；

⑤紧迫局面、特殊情况避碰：互见中紧迫局面的避碰行动、互见中难以避免碰撞的紧急操纵行动。

2. 培训形式

大副培训针对的是参加适任考试和评估的大副考证班学员。由于学员在进行模拟器培训前已经系统地学习了船舶操纵、避碰和驾驶台资源管理的理论内容，所以只进行为期2天的船舶操纵模拟器实操培训。

3.培训程序

1)分组安排

学院每年招收大副班4~6期,每期80~160人。培训前根据人数分成若干小组,每个小组分成若干个本船,每个本船6人左右。每次培训一组,时间为2天。

2)培训介绍

培训前,所有学员集中在讲评室,由主教练员做培训介绍,时间约1.5 h。主要介绍评估规范、评估程序、培训内容、培训程序、练习海区、船舶模型等。

3)培训实施

(1)熟悉模拟设备和船舶模型:在各本船教练员的指导下系统学习本船所有助航仪器和设备,如:GPS、AIS、ECDIS、ARPA、计程仪、测深仪、车、舵、侧推、锚泊系统、视景系统等,做到熟练操作。

(2)制订计划:各本船根据练习要求在纸质海图和电子海图上制订详细的航行计划(Passage Plan)和偶发事件计划(Contingency Plan),并填写表10-3,在确认无误后签名。

(3)练习实施:所有本船准备完毕,控制台启动模拟器练习,进入练习的实际操作阶段。学员两人一组按顺序轮流担任驾驶员、舵工和瞭望人员,分工协作,密切配合。完成VTS报告、航行、定位、避碰和偶发、应急反应(能见度不良、主机故障、舵机故障、人员落水等),并填写航海日志,参见表10-3。每30 min左右轮换岗位,各岗位按要求进行正规的交接,如驾驶员正在进行避碰操作则延迟交接,直到驶过让清。教练员对整个过程进行监控和相应的指导。

(4)练习讲评:为了加深印象,及时发现操作中的问题,大副培训的讲评环节,更多地采取现场即时点评、纠正的形式。有时为了保证练习的连续性,不打断学员的操作而在练习结束时进行综合性、总结性讲评。控制台教练员也会根据练习情况在练习中或练习后做点评。

(三)船长培训

1.培训内容

1)船舶操纵

(1)锚泊操纵:抛单锚、八字锚、一字锚、平行锚时的船舶操纵;

(2)港内掉头操纵:顺流抛锚掉头、顶流拖首掉头、静水港拖尾掉头;

(3)靠离泊操纵:无风、流时的靠泊操纵,无风、流时的离泊操纵,有风、流时的靠泊操纵,有风、流时的离泊操纵,使用拖船助操时的靠泊操纵,使用拖船助操时的离泊操纵,船间并靠;

(4)系离浮筒的操纵要领:系单浮筒、离单浮筒、系双浮筒、离双浮筒时的船舶操纵。

2)能见度不良时的避碰应用

(1)转向避碰:正横前来船、正横和正横后来船,船舶操纵性影响;

(2)减速或把船停住;

(3)多船会遇综合避碰行动。

3)驾驶台资源管理(BRM)

(1)计划

①制订通过指定水域计划:计划的基本步骤、相关信息的获得与排序、可利用资源及使用

安排、团队的组织、安排与沟通；

②偶发事件计划(Contingency Plan)：预测偶发事件、事件发生后的对策。

(2)通过指定水域实际操作

①资源与管理：团队成员工作态度的识别与管理、团队成员工作能力的识别与安排、各资源的排序、组织、协调与使用；

②驾驶台团队工作：团队的协作与沟通、失误链识别与切断、内部与外部通信；

③偶发事件与应急：判断与决策、应急事件的处理、偶发事件的处理；

④搜寻救助：扩展方形搜寻、扇形搜寻、多船平行航线搜寻；

⑤特殊水域的操纵与避碰：顶流过弯时操船方法、顺流过弯时操船方法、狭水道中操船与避碰；

⑥紧迫局面、特殊情况避碰：互见中紧迫局面的避碰行动、互见中难以避免碰撞的紧急操纵行动。

2.培训形式

船长培训针对的是参加适任考试和评估的船长考证班学员。由于学员在进行模拟器培训前已经系统地学习了船舶操纵、避碰和驾驶台资源管理的理论内容，所以只进行为期3天的船舶操纵模拟器实操培训。

3.培训程序

1)分组安排

学院每年招收船长班4~6期，每期40~120人。培训前根据人数分成若干小组，每个小组分成若干个本船，每个本船6人左右。每次培训一组，时间为3天。

2)培训介绍

培训前，所有学员集中在讲评室，由主教练员做培训介绍，时间约2 h。主要介绍评估规范、评估程序、培训内容、培训程序、练习海区、船舶模型等。

3)培训实施

(1)熟悉模拟设备和船舶模型：在各本船教练员的指导下系统学习本船所有助航仪器和设备，如：GPS、AIS、ECDIS、ARPA、计程仪、测深仪、车、舵、侧推、锚泊系统、系缆系统、视景系统等，做到熟练操作。

(2)制订计划：各本船根据练习要求在纸质海图和电子海图上制订详细的航行计划(Passage Plan)和偶发事件计划(Contingency Plan)，航行计划中应包括详细的港内掉头计划、抛锚操作计划和靠泊操作计划，填写表10-3，并在确认无误后签名。

(3)练习实施：所有本船准备完毕，控制台启动模拟器练习，进入练习的实际操作阶段。学员两人一组按顺序轮流担任船长、驾驶员、舵工和瞭望人员，分工协作，密切配合。完成VTS报告、航行、定位、避碰和偶发、应急反应(能见度不良、主机故障、舵机故障、人员落水等)、港内掉头、抛锚操作、靠泊操作等并填写航海日志，参见表10-3，教练员对整个过程进行监控和相应的指导。

(4)练习讲评：为了加深印象，及时发现操作中的问题，船长培训的讲评环节，更多地采取现场即时点评、纠正的形式。有时为了保证练习的连续性，不打断学员的操作而在练习结束时进行综合性、总结性讲评。控制台教练员也会根据练习情况在练习中或练习后做点评。

▍三、模拟器练习参考

从非强制性培训到强制性培训,从二/三副、大副到船长培训,我们制作了大量的模拟器练习,在此挑选其中 8 个培训和评估中经常使用的练习,由开敞水域到狭水道,分道通航制,上下引航员,进出港口,抛起锚,靠离码头等以供参考。

（一）夜间指挥船舶安全通过直布罗陀海峡(见表 10-4)

表 10-4　夜间指挥船舶安全通过直布罗陀海峡

练习编号	BRM-01
练习水域	直布罗陀海峡
练习主要内容	夜间,在通航密度很大的情况下通过直布罗陀海峡,进入分道通航,由大西洋驶入地中海
练习用船舶模型	BULK06L Displacement 60 920 t, Length overall 215. 4 m, Breadth 31. 8 m, Draught 11. 5 m for. , 11. 5 m aft.
练习培训目标	计划制订;能见度不良时的避碰应用;情境意识的保持;有效的内外部沟通;领导决策;应急反应;团队协作
练习初始状态	开始时间:1930 Local Time 船舶起始位置:本船 GPS 船位 航向:由大西洋驶往地中海 航速:15. 8 kn 主机状态:Full Ahead 船舶吃水:12. 5 m Even Keel 风:SW / Force 4 流:335°×0. 8 kn 能见度:12 n mile
驾驶台团队	船长、大副、三副、值班水手
练习场景	船舶正由大西洋驶往直布罗陀海峡; 船长不在驾驶台; 大副和当班水手在驾驶台值班; 三副在自己房间休息; 舵工正在操舵; 轮机员可通过内部电话或手持 VHF 联络; 水手长和水手在餐厅等待,可通过内部电话或手持 VHF 联络

续表

练习程序描述及练习评价要素	1. 练习介绍完毕后,学员分组到各个本船,分配练习中各自扮演的角色。 2. 制订通过指定水域计划。评价要素:明确任务(具体任务及注意事项);计划的可行性(分析有利与不利因素,提出阶段或关键点的航法与操纵要求);信息的完整性;资源的利用和安排;人员的组织和安排(各种情况下的协作、沟通与通信要求,监督船位要求)。 3. 制订偶发事件计划。评价要素:明确可能发生的偶发事件;明确偶发事件的危害;偶发事件的应对程序;偶发事件的应对措施;偶发事件发生时人员的组织和安排。 4. 各船准备完毕,完成开航前各项检查,向控制台报告后,练习开始。 5. 按计划向 VTS 报告,对 VTS 播发的有关失控船的情况认真收听,必要时予以落实。评价要素:外部沟通能力。 6. 按计划大副、二副交接班。评价要素:交接班的规范性。 7. 根据通航密度及能见度等情况通知机舱备车,加派瞭头。评价要素:内部沟通能力;情境意识;任务分派。 8. 通航密度越来越大,船舶遇上阵雨,能见度急剧恶化,横穿航道船只较多,包含渡轮和从事捕鱼作业的船舶。评价要素:情境意识水平与保持、能见度不良时的避碰应用,转向避碰、减速或把船停住,多船会遇综合避碰行动,能见度不良时的应对措施。 9. 控制台选择合适时机,先给其中一个本船设置主机故障,对照检查单仔细记录驾驶台团队反应。评价要素:应急反应;任务安排;内外部沟通能力;领导决策;团队协作;内外部资源利用。 10. 待主机故障本船恢复正常后,选择合适时机,给另一个本船设置舵机故障,对照检查单仔细记录驾驶台团队反应。评价要素:应急反应;任务安排;内外部沟通能力;领导决策;团队协作;内外部资源利用。 11. 讲评时观察每位学员对评价要素的认识

(二)英吉利、多佛尔海峡分道通航制区域航行及穿越(见表 10-5)

表 10-5　英吉利、多佛尔海峡分道通航制区域航行及穿越

练习编号	BRM-02
练习水域	英吉利、多佛尔海峡
练习主要内容	在通航密度很大的情况下在英吉利、多佛尔海峡航行,穿越通航分道,到 Folkeston 港抛锚
练习用船舶模型	BULK06L Displacement 60 920 t,Length overall 215.4 m,Breadth 31.8 m, Draught 11.5 m for. , 11.5 m aft.
练习培训目标	计划制订;能见度不良时的避碰应用;情境意识的保持;有效的内外部沟通;领导决策;应急反应;任务分派;团队协作

续表

练习初始状态	开始时间:1530 Local Time 船舶起始位置:本船 GPS 船位 航向:060° 航速:15.8 kn 主机状态:Full Ahead 船舶吃水:12.5 m Even Keel 风:SW / Force 4 流:335°×0.8 kn 能见度:12 n mile
驾驶台团队	船长、大副、二副、值班水手
练习场景	船舶正在英吉利海峡向东北方向航行; 船长不在驾驶台; 二副和当班水手在驾驶台值班; 大副在自己房间休息; 舵工正在操舵; 轮机员可通过内部电话或手持 VHF 联络; 水手长和水手在餐厅等待,可通过内部电话或手持 VHF 联络
练习程序描述及练习评价要素	1. 练习介绍完毕后,学员分组到各个本船,分配练习中各自扮演的角色。 2. 制订通过指定水域计划。评价要素:明确任务(具体任务及注意事项);计划的可行性(分析有利与不利因素,提出阶段或关键点的航法与操纵要求);信息的完整性;资源的利用和安排;人员的组织和安排(各种情况下的协作、沟通与通信要求,监督船位要求)。 3. 制订偶发事件计划。评价要素:明确可能发生的偶发事件;明确偶发事件的危害;偶发事件的应对程序;偶发事件的应对措施;偶发事件发生时人员的组织和安排。 4. 各船准备完毕,完成开航前各项检查,向控制台报告后,练习开始。 5. 按计划向 VTS 报告,对 VTS 播发的有关失控船的情况认真收听,必要时予以落实。评价要素:外部沟通能力。 6. 按计划交接班。评价要素:交接班的规范性。 7. 根据通航密度及能见度等情况通知机舱备车,加派瞭头。评价要素:内部沟通能力;情境意识;任务分派。 8. 通航密度越来越大,船舶遇上阵雨,能见度急剧恶化,横穿航道船只较多,包含渡轮和从事捕鱼作业的船。评价要素:情境意识水平与保持、能见度不良时的避碰应用,转向避碰、减速或把船停住,多船会遇综合避碰行动,能见度不良时的应对措施。 9. 控制台选择合适时机,先后给不同本船设置人员落水局面及主机、舵机故障。对照检查单仔细记录驾驶台团队反应。评价要素:应急反应;任务安排;内外部沟通能力;领导决策;团队协作;内外部资源利用。 10. 讲评时观察每位学员对评价要素的认识

（三）香港东薄寮水道航行，接引航员，抛锚操作（见表 10-6）

表 10-6 香港东薄寮水道航行，接引航员，抛锚操作

练习编号	BRM-03
练习水域	Hong Kong East Lamma Channel
练习主要内容	TSS 水域航行、避碰，接引航员并进行抛锚操作
练习用船舶模型	Chemical Tanker 1 Displacement 44 288.0 t，Length overall 182.6 m，Breadth 27.3 m， Draught 10.9 m Even Keel
练习培训目标	计划制订；TSS 水域航行、避碰；安全接送引航员；有效沟通；精确控制船舶； 抛锚操作
练习初始状态	开始时间：0730 Local Time 船舶起始位置：本船 GPS 船位 航向：275° 航速：14.5 kn 主机状态：Full Sea Speed 船舶吃水：10.9 m Even Keel 风：SW / Force 3 流：248°×0.5 kn 变化 能见度：变化
驾驶台团队	船长、大副、三副、值班水手、引航员
练习场景	船舶即将进入 TSS，尚未通知机舱备车； 大副在驾驶台值班，船长还未上驾驶台； 还未落实引航员登船准确信息； 舵工正在操舵； 轮机员可通过内部电话或手持 VHF 联络； 水手长和水手在餐厅等待，可通过内部电话或手持 VHF 联络
练习程序描述及练习评价要素	1. 练习介绍完毕后，学员分组到各个本船，分配练习中各自扮演的角色。 2. 制订通过指定水域计划。评价要素：明确任务（具体任务及注意事项）；计划的可行性（分析有利与不利因素，提出阶段或关键点的航法与操纵要求）；信息的完整性；资源的利用和安排；人员的组织和安排（各种情况下的协作、沟通与通信要求，监督船位要求）。 3. 制订偶发事件计划。评价要素：明确可能发生的偶发事件；明确偶发事件的危害；偶发事件的应对程序；偶发事件的应对措施；偶发事件发生时人员的组织和安排。 4. 各船准备完毕，完成开航前各项检查，向控制台报告后，练习开始。 5. 按计划向 VTS 报告。评价要素：外部沟通能力。 6. 根据通航密度及能见度等情况通知机舱备车，叫船长，叫三副协助，评价要素：内部沟通能力；情境意识；任务分派

续表

练习程序描述及练习评价要素	7. 按计划与引航站联系,落实引航员登船安排。评价要素:外部沟通能力。 8. 控制船舶位置和速度,完成接引航员操作。评价要素:精确控制船舶能力。 9. 控制台选择其中的一个本船,水手长向驾驶台报告有水手从左/右舷落水,并迅速通过手持 VHF 通知驾驶台。评价要素:应急反应,人员落水时的紧急操船和应急措施;任务安排;内外部沟通能力;领导决策;团队协作。 10. 当落水人员本船向 VTS 报告时,询问其是否需要直升机协助。评价要素:搜救中船舶与直升机的配合;外部沟通能力;判断决策;资源利用。 11. 搜救完成后,跟交管联系,更改 ETA,引航站告知,由于搜救落水人员造成的拖延,原靠泊计划取消,并指定锚位,安排船舶抛锚。评价要素:外部沟通能力;判断决策;偶发应急。 12. 所有本船在指定位置抛锚。评价要素:锚泊操纵。 13. 讲评时观察每位学员对评价要素的认识

(四) Europort(又称 Europhaven,欧罗波特) 港进港操作(见表 10-7)

表 10-7　Europort 港进港操作

练习编号	BRM-04
练习水域	Europort
练习主要内容	指挥船舶驶往 Mass Center 引航站,上引航员后靠 Europort 港 Delta 码头
练习用船舶模型	Cargo07L Displacement 59 360 t,Length overall 199.9 m,Breadth 31 m, Draught 12.5 m for. , 12.5 m aft.
练习培训目标	规范的计划制订;能见度不良时的避碰应用;情境意识的保持;有效的内外部沟通;良好的团队协作
练习初始状态	开始时间:1550 Local Time 船舶起始位置:本船 GPS 船位 航向:082° 航速:17 kn 主机状态:Full Ahead 船舶吃水:12.5 m Even Keel 风:SW / Force 5 流:360°×1.5 kn 能见度:3 n mile
驾驶台团队	船长、大副、二副、值班水手、引航员

续表

练习场景	船舶正在驶往引航站,主机尚未备车; 引航员登船安排尚未落实; 船长不在驾驶台; 大副将在 1600 时与二副交接班; 舵工正在操舵; 轮机员可通过内部电话或手持 VHF 联络; 水手长和水手在餐厅等待,可通过内部电话或手持 VHF 联络
练习程序描述及练习评价要素	1. 练习介绍完毕后,学员分组到各个本船,分配练习中各自扮演的角色。 2. 制订通过指定水域计划、靠泊计划。评价要素:明确任务(具体任务及注意事项);计划的可行性(分析有利与不利因素,提出阶段或关键点的航法与操纵要求);信息的完整性;资源的利用和安排;人员的组织和安排(各种情况下的协作、沟通与通信要求,监督船位要求)。 3. 制订偶发事件计划,评价要素:明确可能发生的偶发事件;明确偶发事件的危害;偶发事件的应对程序;偶发事件的应对措施;偶发事件发生时人员的组织和安排。 4. 各船准备完毕,完成开航前各项检查,向控制台报告后,练习开始。 5. 按计划向 VTS 报告、落实引航员登船安排,评价要素:外部沟通能力。 6. 按计划叫船长、通知机舱备车,评价要素:内部沟通能力。 7. 按计划大副、二副交接班,评价要素:交接班的规范性。 8. 能见度进一步变差,只有约 0.5 n mile,横穿航道船只较多,包含渡轮和从事捕鱼作业的船,评价要素:情境意识水平与保持、能见度不良时的避碰应用,转向避碰、减速或把船停住、多船会遇综合避碰行动,能见度不良时的应对措施。 9. 控制船速,接近引航站时,通知水手长放引航员软梯,控制台故意制造沟通障碍,评价要素:任务安排、内部沟通的能力、质询。 10. 与引航船沟通,引航员登船后与船长进行信息交换,后进港,并及时与港调联系。 11. 进港靠泊,评价要素:船舶靠泊操纵控制、驾驶台团队协作。 12. 讲评时观察每位学员对评价要素的认识

(五)穿越多佛尔海峡(见表 10-8)

表 10-8　穿越多佛尔海峡

练习编号	BRM-05
练习水域	多佛尔海峡
练习主要内容	能见度不良,在通航密度很大的情况下穿越多佛尔海峡,由 Dover 到 Calais,进港
练习用船舶模型	BULK06L Displacement 60 920 t,Length overall 215.4 m,Breadth 31.8 m, Draught 11.5 m for. , 11.5 m aft.
练习培训目标	计划制订;能见度不良时的避碰应用;情境意识的保持;有效的内外部沟通;领导决策;应急反应;团队协作

续表

练习初始状态	开始时间:0630 Local Time 船舶起始位置:本船 GPS 船位 航向:From Dover to Calais 航速:15.9 kn 主机状态:Full Sea Speed 船舶吃水:11.5 m Even Keel 风:SSW / Force 7 流:045°×1.0 kn 能见度:10 n mile
驾驶台团队	船长、大副、三副、值班水手、引航员
练习场景	船舶正在驶往 Calais 港引航站,尚未通知机舱备车; 船长在驾驶台指挥航行; 大副将在驾驶台值班; 三副在驾驶台协助船长、大副工作,并在 2000 时与大副交接班; 舵工正在操舵; 轮机员可通过内部电话或手持 VHF 联络; 水手长和水手在餐厅等待,可通过内部电话或手持 VHF 联络
练习程序描述及练习评价要素	1. 练习介绍完毕后,学员分组到各个本船,分配练习中各自扮演的角色。 2. 制订通过指定水域计划。评价要素:明确任务(具体任务及注意事项);计划的可行性(分析有利与不利因素,提出阶段或关键点的航法与操纵要求);信息的完整性;资源的利用和安排;人员的组织和安排(各种情况下的协作、沟通与通信要求,监督船位要求)。 3. 制订偶发事件计划。评价要素:明确可能发生的偶发事件;明确偶发事件的危害;偶发事件的应对程序;偶发事件的应对措施;偶发事件发生时人员的组织和安排。 4. 各船准备完毕,完成开航前各项检查,向控制台报告后,练习开始。 5. 按计划向两个 VTS 中心报告。评价要素:外部沟通能力。 6. 通航密度越来越大。评价要素:情境意识水平的保持、能见度不良时的避碰应用,转向避碰、减速或把船停住、多船会遇综合避碰行动,能见度不良时的应对措施。 7. 根据通航密度及能见度等情况通知机舱备车,叫船长,叫三副协助。评价要素:内部沟通能力;情境意识;任务分派。 8. 按计划与 Calais 引航站联系,落实引航员登船安排。评价要素:外部沟通能力。 9. 合适时间通知水手长放引航员软梯。 10. 控制台选择其中的一个本船,在放引航员软梯时,水手从左舷落水,并迅速通过手持 VHF 通知驾驶台。评价要素:应急反应,人员落水时的紧急操船和应急措施;任务安排;内外部沟通能力;领导决策;团队协作。 11. 当落水人员船向 VTS 中心报告时,询问其是否需要直升机协助。评价要素:搜救中船舶与直升机的配合;外部沟通能力;判断决策;资源利用。 12. 搜救完成后,跟 Calais 引航站联系,更改 ETA,引航站告知,由于搜救落水人员造成的拖延,原靠泊计划取消,并指定锚位,安排船舶抛锚。评价要素:外部沟通能力;判断决策;偶发应急。 13. 有的本船完成靠泊;有的本船在指定位置抛锚。评价要素:靠泊操纵;锚泊操纵。 14. 讲评时观察每位学员对评价要素的认识

（六）新加坡海峡穿越分道通航至拥挤锚地抛锚(见表 10-9)

表 10-9 新加坡海峡穿越分道通航至拥挤锚地抛锚

练习编号	BRM-06
练习水域	新加坡海峡
练习主要内容	新加坡海峡分道通航制水域安全航行,分道通航制水域避碰规则的特殊要求,大型船舶深水航道的使用,追越和被追越时船舶之间的协调避让,大型船舶抵达锚地及深水抛锚时的操纵
练习用船舶模型	BULKC17 Displacement 189 406 t,Length overall 280.5 m,Breadth 50 m, Draught 16.6 m for. , 16.6 m aft.
练习培训目标	计划制订;强化避碰规则中分道通航制和追越条款的使用,提高大型船舶的锚泊安全操纵能力;有效的内外部沟通;领导决策;团队协作
练习初始状态	开始时间:1930 Local Time 船舶起始位置:本船 GPS 船位 航向:045° 航速:16.5 kn 主机状态:全速前进 船舶吃水:16.6 m Even Keel 风:SW / Force 3 流:330°×0.8 kn 能见度:良好
驾驶台团队	船长、大副、二副、值班水手
练习场景	收到航次指示到新加坡指定锚地抛锚燃油补给; 二副在驾驶台航行值班,距离指定锚地还有 15 n mile; 船长还未上驾驶台; 轮机员可通过内部电话或手持 VHF 联络; 水手长和水手可通过内部电话或手持 VHF 联络
练习程序描述及练习评价要素	1.练习介绍完毕后,学员分组到各个本船,分配练习中各自扮演的角色。 2.制订通过指定水域计划。评价要素:明确任务(具体任务及注意事项);计划的可行性(分析有利与不利因素,提出阶段或关键点的航法与操纵要求);信息的完整性;资源的利用和安排;人员的组织和安排(各种情况下的协作、沟通与通信要求,监督船位要求)。 3.制订偶发事件计划。评价要素:明确可能发生的偶发事件;明确偶发事件的危害;偶发事件的应对程序;偶发事件的应对措施;偶发事件发生时人员的组织和安排。 4.各船准备完毕,完成开航前各项检查,向控制台报告后,练习开始。评价要素:开航前的检查(对照检查单)。 5.通知机舱备车,叫船长上驾驶台,联系新加坡 VTS 中心核对指定锚位。评价要素:抵港前准备;内外部沟通能力;工作程序。

续表

练习程序描述及练习评价要素	6. 同向行驶船舶密集,船舶之间的会遇态势大多为追越,避让空间受限,加强雷达瞭望,注意协调避让。评价要素:情境意识;外部资源利用。 7. 达到指定锚地前需要穿越分道通航,应加强瞭望,选择合适时机、合适航速穿越(应充分考虑大型船舶的停车冲程和倒车冲程)。 8. 讲评时观察每位学员对评价要素的认识

(七)新加坡 Keppel 港离泊,新加坡海峡、马六甲海峡西行(见表 10-10)

表 10-10　新加坡 Keppel 港离泊,新加坡海峡、马六甲海峡西行

练习编号	BRM-07
练习水域	新加坡 Keppel 港,新加坡海峡、马六甲海峡
练习主要内容	新加坡 KEPPEL 港,拖船协助下离泊,下引航员,在能见度不良、通航密度很大的情况下进入新加坡海峡、马六甲海峡西行
练习用船舶模型	CNTNR20L Displacement 76 540 t,Length overall 294. 1 m,Breadth 32. 2 m, Draught 12. 6 m for. , 12. 6 m aft.
练习培训目标	计划制订;拖船协助下离泊;能见度不良时的避碰应用;情境意识的保持;有效的内外部沟通;领导决策;应急反应;团队协作
练习初始状态	开始时间:1930 Local Time 船舶起始位置:Keppel 港 K13/K14 泊位,右舷靠泊 航向:离泊出港 航速:0 kn 主机状态:已备妥 船舶吃水:12. 5 m Even Keel 风:SW / Force 1 流:330°×0.8 kn 能见度:1~2 n mile
驾驶台团队	引航员、船长、大副、三副、值班水手
练习场景	船舶停靠在 Keppel 港 K13/K14 泊位,右舷靠泊,已单绑; 船长在驾驶台; 引航员刚刚登船,尚未跟船长交换相关信息,制订离泊计划; 三副在驾驶台协助船长和引航员; 大副在船头,二副在船尾等待离泊命令,可通过内部电话或手持 VHF 联络; 舵工正在准备操舵; 轮机员可通过内部电话或手持 VHF 联络; 水手长和水手可通过内部电话或手持 VHF 联络

续表

练习程序描述及练习评价要素	1. 练习介绍完毕后,学员分组到各个本船,分配练习中各自扮演的角色。 2. 船长与引航员交换信息,制订离泊计划、通过指定水域计划。评价要素:明确任务(具体任务及注意事项);计划的可行性(分析有利与不利因素,提出阶段或关键点的航法与操纵要求);信息的完整性;资源的利用和安排;人员的组织和安排(各种情况下的协作、沟通与通信要求,监督船位要求)。 3. 制订偶发事件计划。评价要素:明确可能发生的偶发事件;明确偶发事件的危害;偶发事件的应对程序;偶发事件的应对措施;偶发事件发生时人员组织和安排。 4. 各船准备完毕,完成开航前各项检查,向控制台报告后,练习开始。评价要素:开航前的检查(对照检查单)
练习程序描述及练习评价要素	5. 向港调请示离泊,与拖船测试沟通设备,通知带拖缆,拖船就位后,通知首尾解掉所有缆绳。评价要素:离泊前准备;内外部沟通能力;工作程序。 6. 拖船起拖,首尾随时报告相关距离,船舶平稳离泊。评价要素:离泊操纵;内外部沟通;船长、驾驶员、引航员之间的关系;资源利用;团队协作。 7. 出港池后对进港船动态不明,高频呼叫不通的情况下,主动寻求 VTS East 帮助,控制船舶速度,抵达引航站前,将船速控制在 7 kn 以下。评价要素:内部沟通能力;情境意识;外部资源利用。 8. 与引航船沟通后,通知水手长放引航员软梯。 9. 三副送引航员下船,向 VTS East 报告,命令大副将锚收起、固定后回驾驶台,与三副交接班,水手长收起引航员软梯,木匠船头瞭望。评价要素:内部沟通能力;情境意识;工作程序。 10. 进入通航分道西行,向 VTS East 报告,通航密度很大,横穿航道船只较多,包含渡轮和从事捕鱼作业的船。能见度不良。评价要素:情境意识水平与保持、能见度不良时的避碰应用,转向避碰、减速或把船停住、多船会遇综合避碰行动,能见度不良时的应对措施。 11. 选择其中的一个本船,近距离添加横穿航道船,造成紧迫局面,观察记录其应对措施,如果发生碰撞,控制台根据情况决定碰撞船舶,是否进水、发生油污。评价要素:碰撞前的紧急操船;碰撞后的应急措施;判断决策;应急反应;团队协作。 12. 过 Raffle 灯塔时,VHF 73 向 VTS West 报告。 13. 讲评时观察每位学员对评价要素的认识

(八)东京湾抛锚,自力靠泊(见表 10-11)

表 10-11 东京湾抛锚,自力靠泊

练习编号	BRM-08
练习水域	东京湾 浦贺水道
练习主要内容	TSS 水域航行、避碰,指定锚位顶流掉头深水抛锚,指定泊位自力靠泊
练习用船舶模型	Container 11 Displacement 22 458 t,Length overall 222.2 m,Breadth 30.0 m, Draught 4.7 m for. , 7.7 m aft.

续表

练习培训目标	计划制订;有效的内外部沟通;领导决策;资源有效排序与使用;船舶应急,深水抛锚程序;车、舵、侧推器配合使用下的靠泊操纵
练习初始状态	开始时间:0730 Local Time 船舶起始位置:本船 GPS 船位 航向:010° 航速:23.0 kn 主机状态:Full Sea Speed 船舶吃水:4.7 m for. , 7.7 m aft. 风:SW / Force 3 流:340°×0.5 kn 能见度:变化
驾驶台团队	船长、大副、三副、值班水手
练习场景	船舶正在驶往 Yokohama 引航站,尚未通知机舱备车; 大副在驾驶台值班;船长还未上驾驶台; 引航员登船信息还未落实; 舵工正在操舵; 轮机员可通过内部电话或手持 VHF 联络; 水手长和水手在餐厅等待,可通过内部电话或手持 VHF 联络
练习程序描述及练习评价要素	1. 练习介绍完毕后,学员分组到各个本船,分配练习中各自扮演的角色。 2. 制订通过指定水域计划。评价要素:明确任务(具体任务及注意事项);计划的可行性(分析有利与不利因素,提出阶段或关键点的航法与操纵要求);信息的完整性;资源的利用和安排;人员的组织和安排(各种情况下的协作、沟通与通信要求,监督船位要求)。 3. 制订偶发事件计划。评价要素:明确可能发生的偶发事件;明确偶发事件的危害;偶发事件的应对程序;偶发事件的应对措施;偶发事件发生时人员的组织和安排。 4. 各船准备完毕,完成开航前各项检查,向控制台报告后,练习开始。 5. 按计划向 VTS 报告。评价要素:外部沟通能力。 6. 通航密度越来越大。评价要素:情境意识水平与保持、能见度不良时的避碰应用,转向避碰、减速或把船停住、多船会遇综合避碰行动,能见度不良时的应对措施。 7. 根据通航密度及能见度等情况通知机舱备车,叫船长,叫三副协助。评价要素:内部沟通能力;情境意识;任务分派。 8. 按计划与 Tokyo Martis 联系,落实引航员登船安排。评价要素:外部沟通能力。 9. 控制台选择其中的一个本船,水手长向驾驶台报告有水手从左/右舷落水,并迅速通过手持 VHF 通知驾驶台。评价要素:应急反应,人员落水时的紧急操船和应急措施;任务安排;内外部沟通能力;领导决策;团队协作。 10. 当落水人员本船向 VTS 中心报告时,询问其是否需要直升机协助。评价要素:搜救中船舶与直升机的配合;外部沟通能力;判断决策;资源利用。

续表

练习程序描述 及练习评价要素	11. 搜救完成后,向 Tokyo Martis 报告,更改 ETA,引航站告知,由于搜救落水人员造成的拖延,原靠泊计划取消,并指定锚位,安排船舶抛锚。评价要素:外部沟通能力;判断决策;偶发应急。 12. 有的本船完成靠泊;有的本船在指定位置抛锚。评价要素:靠泊操纵;锚泊操纵。 13. 讲评时观察每位学员对评价要素的认识

四、模拟培训中常用的沟通

本书第四章着重讲述了船舶通信与沟通的基本原则和应注意的问题。本部分内容则以船舶在直布罗陀海峡航行与 VTS 中心"Tarifa Traffic"沟通、在东京湾浦贺水道航行与 VTS 中心"Tokyo Martis"沟通为例,列出了船舶内、外部沟通的典型样式,供学员,尤其是二/三副学员在进行模拟器培训与评估时参考。

(一) VTS 报告制度

通过报告线时需要向 VTS(呼叫名称:Tarifa Traffic)中心报告。其中 OOW 为 Ownship ×(One,Two,Three,Four,Five)的值班驾驶员,VTS:直布罗陀海峡 VTS 中心"Tarifa Traffic",对话程序如下:

OOW:Tarifa Traffic,Tarifa Traffic,Tarifa Traffic,this is M/V Ownship × calling,over.

VTS:Ownship ×,this is Tarifa Traffic, go ahead(come in),please,over.

OOW:Tarifa Traffic,Ownship × from west to east passing report line,over.

VTS:Ownship ×,what is your call sign? Over.

OOW:Tarifa Traffic,my call sign:Bravo-Mike-Oscar-Romeo(由 4~5 字母或数字组合而成),over.

VTS:Ownship ×,what is your maximum draft? Over.

OOW:Tarifa Traffic,my maximum draft is 8.5 m,over.

VTS:Ownship ×,what is last port and next port? Over.

OOW:Tarifa Traffic,my last port is London,next port is Hong Kong,over.

VTS:Ownship ×,do you have got any dangerous cargo on board? Over.

OOW:Tarifa Traffic,no dangerous cargo on board,over.

VTS:Ownship ×,how many crewmember onboard and what are their nationality? Over.

OOW:Tarifa Traffic,we have 5 crewmembers onboard,all Chinese,over.

VTS:Ownship ×,your message received,please navigate with caution and standby on channel ××,out.

(二) 能见度不良

当出现能见度不良时,需要开启航行灯、鸣放雾号、备车,并在主机备妥后,采用安全航速航行,驾驶员需要进行以下内部通信:

OOW：Ownship ×值班驾驶员，Master：船长，Engine room：机舱，Bosun：水手长。

OOW：本船×驾驶台呼叫本船×船长。

Master：本船×驾驶台，这是本船×船长，收到，请讲。

OOW：本船×船长，能见度不良，请上驾驶台。

Master：本船×船长收到，马上上驾驶台。

OOW：本船×驾驶台呼叫本船×机舱。

Engine room：本船×驾驶台，这是本船×机舱，收到，请讲。

OOW：本船×机舱，能见度不良，请备车。

Engine room：本船×驾驶台，这是本船×机舱，收到，备车。

OOW：本船×驾驶台呼叫本船×水手长。

Bosun：本船×驾驶台，这是本船×水手长，收到，请讲。

OOW：本船×水手长，能见度不良，请派人瞭望。

Bosun：本船×驾驶台，这是本船×水手长，收到，派人瞭望。

等到能见度良好以后，通知机舱取消备车定速航行，呼叫水手长撤回瞭望人员，关闭航行灯及雾号。

（三）主机故障

当出现主机故障时，驾驶员需要进行以下内外部通信：

OOW：Ownship ×值班驾驶员，Master：船长，Engine room：机舱，VTS 中心：直布罗陀海峡 VTS 中心"Tarifa Traffic"。

1. 内部通信

OOW：本船×驾驶台呼叫本船×机舱。

Engine room：本船×驾驶台，这是本船×机舱，收到，请讲。

OOW：本船×机舱，驾驶台显示主机故障，请检修。

Engine room：本船×驾驶台，这是本船×机舱，收到，马上检修主机。

在机舱检查结束，确认故障后：

OOW：本船×驾驶台呼叫本船×船长。

Master：本船×驾驶台，这是本船×船长，收到，请讲。

OOW：本船×船长，主机故障，请上驾驶台。

Master：本船×船长收到，马上上驾驶台。

主机故障发生后，船舶应充分发挥舵和侧推器的作用，尤其在故障刚出现，船速较高时。白天悬挂号型（垂直两个黑球），夜晚或能见度不良，正确开启号灯及鸣放相应声号。

2. 外部通信

在 VTS 区域航行，驾驶员应向 VTS 中心报告。报告内容如下：

OOW：Tarifa Traffic，Tarifa Traffic，Tarifa Traffic，this is M/V Ownship × calling，over.

VTS：Ownship ×，this is Tarifa Traffic，go ahead（come in），please，over.

OOW：Tarifa Traffic，this is Ownship ×，my main engine failure，in position latitude ××°××′.× N，longitude ×××°××′.×′W，now ship not under command，over.

VTS：Ownship ×，your message received，do you need any assistance? Over.

OOW：Tarifa Traffic，no，thanks，over.

VTS：Ownship ×，you should broadcast navigation warning on channel ××，out.

OOW：Security，Security，Security，All ships，All ships，All ships，this is Ownship ×，my main engine failure in position latitude ××°××′. × N，longitude ×××°××′. × W，now ship not under command，all vessel should navigate with caution and keep clear of me，over.

当主机修复完毕后，需要撤下号型或关闭号灯，需向 VTS 中心报告并取消航行警告：

OOW：Tarifa Traffic，Tarifa Traffic，Tarifa Traffic，this is M/V Ownship × calling，over.

VTS：Ownship ×，this is Tarifa Traffic，go ahead（come in），please，over.

OOW：Tarifa Traffic，this is Ownship ×，my main engine repaired，over.

VTS：Ownship ×，your message received，you should cancel your navigation warning，over.

OOW：Security，Security，Security，All ships，All ships，All ships，this is Ownship ×，my main engine repaired，cancel my navigation warning，over.

（四）舵机故障

当出现舵机故障时，首先确认应急舵是否可用，驾驶员需要进行以下内外部通信：

OOW：Ownship ×值班驾驶员，Master：船长，Engine room：机舱，VTS 中心：直布罗陀海峡 VTS 中心"Tarifa Traffic"。

1. 内部通信

OOW：本船×驾驶台呼叫本船×机舱。

Engine room：本船×驾驶台，这是本船×机舱，收到，请讲。

OOW：本船×机舱，舵机失灵，请检修。

Engine room：本船×驾驶台，这是本船×机舱，收到，马上检修舵机。

在机舱检查结束，确认故障后：

OOW：本船×驾驶台呼叫本船×船长。

Master：本船×驾驶台，这是本船×船长，收到，请讲。

OOW：本船×船长，舵机故障，请上驾驶台。

Master：本船×船长收到，马上上驾驶台。

舵机失灵时，应采取所有措施保证船舶安全，必要时使用侧推器将船舶驶离主航道，并降低船速。白天悬挂号型（垂直两个黑球），夜晚或能见度不良，正确开启号灯及鸣放相应声号。

2. 外部通信

在 VTS 区域航行，驾驶员应向 VTS 中心报告。报告内容如下：

OOW：Tarifa Traffic，Tarifa Traffic，Tarifa Traffic，this is M/V Ownship × calling，over.

VTS：Ownship ×，this is Tarifa Traffic，go ahead（come in），please，over.

OOW：Tarifa Traffic，Ownship × steering gear failure in position latitude ××°××′. × N，longitude ×××°××′. × W，now ship not under command，over.

VTS：Ownship ×，your message received ，do you need any assistance? Over.

OOW：Tarifa Traffic，no，thanks，over.

VTS：Ownship ×,you should broadcast navigation warning on channel ××,out.

OOW：Security,Security,Security,All ships,All ships,All ships,this is Ownship ×,my steering gear failure,in position latitude ××°××′.× N, longitude ×××°××′.× W,now ship not under command, all vessels should navigae with caution and keep clear of me,over.

当舵机修复完毕后,需要撤下号型或关闭号灯和相应声号,向 VTS 中心报告并取消航行警告：

OOW：Tarifa Traffic,Tarifa Traffic,Tarifa Traffic,this is M/V Ownship × calling,over.

VTS：Ownship ×,this is Tarifa Traffic,go ahead(come in), please,over.

OOW：Tarifa Traffic,this is Ownship ×,my steering gear repaired,over.

VTS：Ownship ×, your message received, you should cancel your navigation warning,over.

OOW：Security, Security, Security, All ships, All ships, All ships, this is Ownship ×,my steering gear repaired,cancel my navigation warning,over.

(五)救助落水人员

发现人员落水时,值班驾驶员应迅速按下 GPS(ECDIS 或雷达等其他设备)上的 MOB 按钮,命令舵工向落水人员一舷操满舵,并根据《IAMSAR 手册》第三卷的要求进行单回旋或威廉逊回旋操作(参考第八章第一节)。同时,鸣放声号三长声,然后右舷一短声或左舷两短声,向落水人员一舷抛下救生圈。还需进行以下安排和内外部通信：

OOW：Ownship ×值班驾驶员, Master:船长,C/O:大副,Engine room:机舱,VTS 中心:直布罗陀海峡 VTS 中心"Tarifa Traffic"。

1. 内部通信

OOW：本船×驾驶台呼叫本船×船长。

Master:本船×驾驶台,这是本船×船长,收到,请讲。

OOW：本船×船长,左舷或右舷人员落水,请上驾驶台。

Master:本船×船长收到,马上上驾驶台。

OOW：本船×驾驶台呼叫本船×机舱。

Engine Room:本船×驾驶台,这是本船×机舱,收到,请讲。

OOW：本船×机舱,人员落水,请备车。

Engine Room:本船×驾驶台,这是本船×机舱,收到,备车。

OOW：本船×驾驶台呼叫本船×大副。

C/O:本船×驾驶台,这是本船×大副,收到,请讲。

OOW：本船×左舷或右舷人员落水,请准备救助艇。

C/O:本船×驾驶台,这是本船×大副,收到,准备救助艇。

旋回至落水人员附近,当船速降至 5 kn 以下时,再次呼叫大副,对话如下：

OOW:本船×驾驶台呼叫本船×大副。

C/O:本船×驾驶台,这是本船×大副,收到,请讲。

OOW:本船×大副,请放艇救人。

C/O:本船×驾驶台,这是本船×大副,收到,放艇救人。

此时驾驶台需等待大副的营救结果。

C/O：本船×驾驶台，大副呼叫。

OOW：本船×大副，本船×驾驶台收到，请讲。

C/O：本船×驾驶台，这是本船×大副，落水人员已救起，生命体征正常，报告完毕。

OOW：本船×大副，将落水人员送至医护室继续观察，并收妥救助艇。

C/O：本船×驾驶台，这是本船×大副，收到。

C/O：救助艇已收起，海面清爽。

OOW：本船×大副，本船×驾驶台收到，海面已清爽。

落水人员救起后，船舶需恢复到原来的航线继续航行，同时通知机舱取消备车，定速航行。

2. 外部通信

在 VTS 区域航行，驾驶员应向 VTS 中心报告。报告内容如下：

OOW：Tarifa Traffic，Tarifa Traffic，Tarifa Traffic，this is M/V Ownship × calling，over.

VTS：Ownship ×，this is Tarifa Traffic，go ahead(come in) ，please，over.

OOW：Tarifa Traffic，Ownship × have a man over board，now have a search and rescue operation，my GPS position latitude ××°××'. × N，longitude ×××°××'. × W，over.

VTS：Ownship ×，your message received，do you need any assistance? Over.

OOW：Tarifa Traffic，no，thanks，over.

VTS：Ownship ×，you should broadcast navigation warning on channel ××，out.

OOW：Pan Pan，Pan Pan，Pan Pan，All ships，All ships，All ships，this is M/V Ownship ×，I have a man over board，now have a search and rescue operation，all vessels should navigate with caution and keep sharp look out，my GPS position latitude ××°××'× N，longitude ×××°××'. × W，over.

落水人员救起后，应向 VTS 中心报告并取消航行警告：

OOW：Tarifa Traffic，Tarifa Traffic，Tarifa Traffic，this is M/V Ownship × calling，over.

VTS：Ownship ×，this is Tarifa Traffic，go ahead(come in) ，please，over.

OOW：Tarifa Traffic，this is Ownship × ，the over board man has been rescued，over.

VTS：Ownship ×，your message received，you should cancel your navigation warning，over.

OOW：Security，Security，Security，All ships，All ships，All ships，this is M/V Ownship ×，the over board man rescued，cancel my navigation warning，over.

(六) 申请引航员

与引航站或引航船的通信：

OOW：Ownship × 值班驾驶员，PILOT：引航站或引航船。

OOW：×× pilot Station，×× pilot Station，×× pilot Station，this is M/V Ownship × calling，over.

PILOT：Ownship ×，this is ×× pilot Station，go ahead(come in) ，please，over.

OOW：×× pilot Station，Ownship × ETA pilot Station 0930LT，over.

PILOT：Ownship ×，this is ×× pilot Station，pilot boarding time 0935LT；please rig your pilot ladder on portside，1 meter above water and the boarding speed 6 knots，over.

OOW：×× pilot Station，the message received，pilot boarding time 0935LT；pilot ladder on portside,1 meter above water; boarding speed 6 knots,over.

　　PILOT：Ownship ×,all correct,out.

(七)抛起锚、靠离泊作业

申请抛锚、靠泊时的外部通信：

OOW：Ownship ×值班驾驶员,VTS：东京湾 VTS 中心"Tokyo Martis"。

OOW：Tokyo Martis,Tokyo Martis,Tokyo Martis,this is M/V Ownship × calling,over.

VTS：Ownship ×,this is Tokyo Martis,go ahead(come in),please,over.

OOW：Tokyo Martis,Ownship × ETA to Yokohama pilot station 1630LT,do you have my berth schedule?

VTS：Ownship ×,no berth available at that time,please drop anchor wait for further instruction. Your anchor position latitude ××°××′.× N,longitude ×××°××′.× E,over.

OOW：Tokyo Martis,no berth available,anchor position latitude ××°××′.× N, longitude ×××°××′.× E,over.

VTS：Ownship ×,correct,please report again when you drop your anchor,out.

OOW：Tokyo Martis,I'll report to you after anchoring,out.

抛锚后：

OOW：Tokyo Martis,Tokyo Martis,Tokyo Martis,this is M/V Ownship × calling,over.

VTS：Ownship ×,this is Tokyo Martis,go ahead(come in),please,over.

OOW：Tokyo Martis,Ownship × 1700LT drop anchor,anchor position latitude ××°××′.× N, longitude ×××° ××′.× E,over.

VTS：Ownship ×,your message received,please keep proper anchor watch,standby on channel ××,wait for your berth schedule. Over and out.

VTS：Ownship ×,Ownship ×,Ownship ×,this is Tokyo Martis calling,over.

OOW：Tokyo Martis,this is Ownship ×,go ahead(come in),please,over.

VTS：Ownship ×,your berth is clear now,please heave up your anchor, proceed to your berth, over.

OOW：Tokyo Martis,message received, I'll heave up anchor,proceed to the berth,thank you, out.

(八)标准舵令(见表 10-12)

表 10-12　标准舵令

序号	口令 Order	复诵 Reply	报告 Report
1	左(右)舵五 Port (Starboard) five	左(右)舵五 Port (Starboard) five	五度左(右) Wheel port (starboard) five
2	左(右)满舵 Hard port (starboard)	左(右)满舵 Hard port (starboard)	满舵左(右) Wheel hard port (starboard)
3	正舵 Midships	正舵 Midships	舵正 Wheel's midships

续表

序号	口令 Order	复诵 Reply	报告 Report
4	把定 Steady	把定 Steady	把定航向×××度 Steady on course ×××
5	航向×××度 Course ×××	航向×××度 Course ×××	航向到×××度 Course on ×××
6	向左(右)×度 × degrees to port（starboard）	向左(右)×度 × degrees to port（starboard）	航向×××度到 Course on ×××
7	航向复原 Course again	航向复原 Course again	航向×××度到 Course on ×××
8	不要偏左(右) Nothing to port（starboard）	不要偏左(右) Nothing to port（starboard）	
9	航向多少? What course?		航向××× Course on ×××
10	什么舵? What is your rudder?		xx 度左(右) xx of port（starboard）
11	舵灵吗? How is your rudder? （How does she answer?）		正常 All right（Very good） 很慢 Too slow（Very slow） 不动 No answer 反转 Answer back
12	舵操稳点 Mind your rudder		稳舵 Yes, sir
13	完舵 Finish with wheel	完舵 Finish with wheel	

（九）标准车钟令（见表 10-13）

表 10-13　标准车钟令

序号	口令 Order	复诵 Reply	报告 Report
1	备车 Stand by engine	备车 Stand by engine	车备好 Engine stand by
2	完车 Finish with engine	完车 Finish with engine	
3	主机定速 Ring off engine	主机定速 Ring off engine	主机定速 Engine rung off
4	微速前进 Dead slow ahead	微速前进 Dead slow ahead	车微速前进 Engine dead slow ahead
5	前进一 Slow ahead	前进一 Slow ahead	车进一 Engine slow ahead

续表

序号	口令 Order	复诵 Reply	报告 Report
6	前进二 Half ahead	前进二 Half ahead	车进二 Engine half ahead
7	前进三 Full Ahead	前进三 Full Ahead	车进三 Engine full ahead
8	停车 Stop engine	停车 Stop engine	车停 Engine stopped
9	微速后退 Dead slow astern	微速后退 Dead slow astern	车微速后退 Engine dead astern
10	后退一 Slow astern	后退一 Slow astern	车退一 Engine slow astern
11	后退二 Half astern	后退二 Half astern	车退二 Engine half astern
12	后退三 Full astern	后退三 Full astern	车退三 Engine full astern

第二节 驾驶台资源管理评估

驾驶台资源管理评估分为非强制性评估和强制性评估。非强制性评估一般由培训机构根据公司要求设计、制定评估标准。该部分内容将在本节予以简单介绍。强制性评估是根据国家海事局的评估大纲和评估规范要求与船舶操纵、避碰结合在一起进行的。

一、非强制性评估

非强制性评估不受海事主管机关评估大纲和评估规范的限制,因而更加灵活。但是,由于船舶驾驶台资源管理能力涉及诸多方面,想要对其准确、科学地评估仍是十分困难的。

(一)传统评估

长期以来,我们在评价驾驶员的驾驶台资源管理能力时都采用定性描述的方法,并将这种管理能力人为地分为几个等级,教练员根据学员平时学习过程中的表现给他们打一个分数,这种评价机制过于随意,其中掺杂了太多的主观因素。有时甚至仅仅用"优秀""良好""合格"这种简单的文字来评价,这显然是不准确、不合理的,但是苦于没有科学的评价方法,因此这种评价方法一直被许多教育、培训机构沿用。

(二)定量和定性相结合的评估方式

对理论学习采用定量的评价方法。即将驾驶台资源管理所需要学习的资料、知识用试题的形式存储在电脑中,学员学习完成后,利用电脑随机抽题、组题的方法对学员所学的知识进行考核,根据学员回答问题的情况,给出一个定量的分数,来反映学员的学习效果。在实践考核方面,主要是利用各种情景设置的办法,来评价学员对驾驶台资源的管理和利用的能力。即在模拟器上模拟出海上可能出现的各种场景,看学员如何处置这种情况,以及采取什么样的措施,根据他们的处置能力和采取措施的效果,来对他们进行评价。很显然,这类定量和定性相结合的驾驶台资源管理能力评价方法,比传统的评价方法有了不小的进步,而且考核的科学性也大为增加,距离真实地评价这种驾驶台资源管理能力也越来越近了。但是一个无法回避的问题是如何将这两种评价结果结合起来,如何综合地评价学员的这种能力。另外,在实践能力评价方面,仍然只是给出了一个总的评价,而驾驶台资源管理能力包括了诸多因素,比如说领导决策能力、危机处理能力、团队合作能力等,一个简单的总评价显然是没有说服力的,这也不符合科学界中"还原论"的规律。

(三)综合评估

由于驾驶台资源管理能力包括了诸多方面的能力,要想对这种能力进行科学的评估就必须搞清楚这些能力具体体现在哪些方面。也就是说要找到具体的评价指标,然后才能对其进行有效的评价,否则的话就会得到"盲人摸象"式的结果。为了能够弄清楚驾驶台资源管理能力到底包括哪些,我们采用了已经被证明是管理科学理论中最为科学、有效的德尔菲(Delphi)法来建立评价指标。

经过对航运公司大量的调查和问询,我们得到了初步的驾驶台资源管理能力评价指标。在此基础上通过进一步的调研和归纳总结,剔除次要的指标,保留主要的指标,我们得到了最终 8 项评价指标,即任务分析能力、团队管理与协作能力、情境意识水平、领导能力、判断决策能力、工作态度、沟通能力和压力处理能力。

在确定了评价指标后,建立了如下驾驶台资源管理能力评估方程:

$$R_x = \sum_{n=1}^{8} K_n A_n$$

式中:R_x 为某位被评估学员的驾驶台资源管理能力的评估值,其值越大说明该学员对驾驶台
　　　资源的管理能力越强;

　　　x 为被评估学员的编号;

　　　n 为评估方程所需要考虑的驾驶台资源管理能力指标的个数;

　　　K_n 为权重系数,它的取值反映各评价指标对总的管理能力的影响程度;

　　　A_n 为第 n 个评价指标所得到的分值,我们采用 5 分制打分法,分别对应的含义即为优
　　　秀、良好、一般、差、极差。

利用层次分析法 AHP(The Analytic Hierarchy Process),取得各个层次的评价因素相对重要度,建立 BRM 评价比较判断矩阵,经过归一化处理后得到各个细化管理能力指标的相对权重分别为:工作态度占相对权重为 32%、团队管理与协作能力占相对权重为 17%、沟通能力占相对权重为 17%、情景意识水平占相对权重为 6%、领导能力占相对权重为 4%、任务分析能力占相对权重为 8%、判断决策能力占相对权重为 13%、压力处理能力占相对权重为 3%。

在获取了各个细化管理能力指标的相对权重后,根据我们建立的综合驾驶台资源管理能力评估方程,我们就可以得到如表 10-14 所示的驾驶台资源管理培训评估记录表:

表 10-14　驾驶台资源管理培训评估记录表
Bridge Resource Management Training Evaluation Records Table

Ownship: I　　　　　　　　　　　　　　Instructor:

Name	Exercise No.	Mission analysis (×8%)	Situation awareness (×6%)	Leadership (×4%)	Decision making (×13%)	Commun -ication (×17%)	Teamwork (×17%)	Stress (× 3%)	Attitude (×32%)	Total ($\sum_{n=1}^{8} K_n A_n$)
Aaron	1									
	2									
	3									
	4									
	5									
	Average									
Bart	1									
	2									
	3									
	4									
	5									
	Average									

以表 10-14 为例,共有 5 个模拟实操练习,练习进行时每个模拟本船有一位教练员,他们都是具有多年海上实践经验的船长,由他们在每天的模拟练习中给学员打分,并记录到表 10-14 中,培训结束后,通过计算各个细化能力指标的平均得分乘以各自权重的方式得到每个学员驾驶台资源管理能力的总得分,得分为 5 分表示学员非常优秀,4~5 分表示良好,3~4 分表示合格,2~3 分表示较差,低于 2 分表示很差。

在实践中还可以根据学员具体情况和公司需求调整练习个数、评价指标和指标的相对权重,使驾驶台资源管理能力评估在科学、合理的基础上又有一定的灵活性。

二、强制性评估

强制性评估是指,为满足《STCW 公约马尼拉修正案》及中华人民共和国海事局海船船员适任考试评估的有关要求而进行的评估。按照现行中华人民共和国海船船员适任评估规范的相关规定,强制性评估是将驾驶台资源管理与船舶操纵、避碰合在一起进行的。二/三副、大副、船长评估的项目相同,均为"船舶操纵、避碰与驾驶台资源管理"。由于受到海事主管机关评估大纲、评估规范、被评估人数和可用时间的限制,评价方式相对简单,主观性较强,但便于实施。

(一)评估规范

船长、大副、二/三副都有"船舶操纵、避碰与驾驶台资源管理"这一适任评估项目,评估方法相似,都是利用大型船舶操纵模拟器,以综合评估方式进行,但在评估内容和评估要素上有所不同。详细的评估规范见本书附录。为使读者能更方便地查阅评估规范的内容,编者对评估规范进行了梳理和总结,见表 10-15。

表 10-15　船舶操纵、避碰与驾驶台资源管理评估内容汇总
500 总吨及以上船舶船长、大副、二/三副

船长	船舶操纵 (40)	锚泊 (30)	单锚	八字锚	一字锚	平行锚		
		港内掉头 (10)	顺流抛锚	顶流拖首	静水港拖尾			
		靠离泊 (30)	无风、流靠	无风、流离	有风、流靠	有风、流离	拖船助靠	拖船助离	船间并靠
		系离浮筒 (10)	系单浮筒	离单浮筒	系双浮筒	离双浮筒		
	避碰 (10)	转向 (5)	减速 (5)	多船 (必选 5)				
	BRM (50)	计划 (10)	指定水域 (5)	偶发事件 (5)				
		实操 (40)	资源管理 (5)	团队工作 (5)	偶发、应急 (5)	搜寻救助 (5)	特殊水域操纵避碰 (10)	紧迫局面、特殊情况避碰 (10)	
大副	避碰规则应用和意图全面知识 (50)	互见 (15)	追越 (5)	对遇 (5)	交叉 (5)			
		能见度不良 (15)	转向 (5)	减速 (5)	多船 (必 5)			
		特殊水域 (20)	狭水道 (20)	分道通航 (20)				
	BRM (50)	计划 (10)	指定水域 (5)	偶发事件 (5)				
		实操 (40)	资源管理 (5)	团队工作 (5)	偶发、应急 (10)	救助落水人员 (10)	紧迫局面、特殊情况避碰 (10)	
二/三副	避碰规则应用和意图全面知识 (50)	互见 (15)	追越 (5)	对遇 (5)	交叉 (5)			
		能见度不良 (15)	转向 (5)	减速 (5)	多船 (必 5)			
		特殊水域 (20)	狭水道 (20)	分道通航 (20)				
	BRM (50)	计划 (10)	指定水域 (5)	偶发事件 (5)				
		实操 (40)	资源排序组织协调使用 (5)	团队工作 (5)	偶发事件判断与决策 (10)	救助落水人员 (10)	紧迫局面、特殊情况避碰 (10)	

（二）评估实施

1. 二/三副评估

二/三副评估主要针对的是在校学历班的学生及近几年招收的三副考证班的学员。在本

章第一节中我们已经讲述了他们的培训过程。他们要经过 2 天的驾驶台资源管理理论学习和 4 个半天的航海模拟器实操培训。在培训的第 7 天由学校进行第一次船舶操纵避碰与驾驶台资源管理评估。评估是强制性的,由本校老师进行。评估内容按照本书附录"船舶操纵、避碰与驾驶台资源管理评估规范"进行。

1)评估程序

(1)学员按学号 4 人一组,组成驾驶台团队,分配到不同的本船中去,核对身份并签到。

(2)在电子海图和纸质海图上制订航行计划和偶发事件计划,填写"航次"计划表并签名,见表 10-3。

(3)计划完成后,检查所有助航仪器、设备,一切准备就绪后报告控制台。

(4)所有本船准备完毕后,控制台启动模拟器练习。

(5)学员按学号顺序,轮流担任驾驶员、舵工和瞭望人员,分工协作,密切配合。完成 VTS 报告、航行、定位、避碰和偶发、应急反应(能见度不良、主机故障、舵机故障、人员落水等),并填写航海日志,见表 10-3。

(6)每 20 min 左右轮换岗位,各岗位按要求进行正规的交接,如驾驶员正在进行避碰操作则延迟交接,直到驶过让清,具体换岗时间由评估员控制。

(7)评估员根据学员的表现在表 10-16 中打出分数,如遇不确定、不清楚的问题,如与他船的 CPA(最小会遇点)等可随时问询控制台评估员。

表 10-16 船舶操纵、避碰与驾驶台资源管理评估成绩(二/三副)

评估日期: 年 月 日 本船: 评估员签字:

序号	姓名	避碰规则应用和意图全面知识(50)						驾驶台资源管理(50)							评估成绩
		互见中(15)			能见度不良(15)			计划(10)		资源排序组织协调使用 5	团队工作 5	偶发事件判断决策 10	救助落水人员 10	紧迫局面特殊情况避碰 10	
		追越 5	对遇 5	交叉 5	转向 5	减速 5	多船 5	特殊水域:狭水道/分道通航 20	指定水域 5	偶发事件 5						100
1																
2																
3																
4																
...																

说明:由评估员根据海事局评估规范打分。

2）成绩核定

（1）将表 10-16 中的评估要素分数相加,得出评估成绩;

（2）总分 60 分及以上及格,但船舶操纵避碰与驾驶台资源管理两项各单项评估成绩均须达到及格分,即评估成绩表中"避碰规则应用和意图全面知识"和"驾驶台资源管理"两项单项成绩均须达到 30 分及以上,否则视为不及格。

山东考区,在学生毕业前还要参加由海事局组织的对该项目的二次评估。评估内容、程序和成绩核定基本相同。其评估现场成绩表格更加简单,见表 10-17。不同的是评估全部由校外评估员执行,除填写纸质评估表格外,尚需用手机同步在网上打分。评估员佩戴执法仪,全过程录像。

表 10-17 评估现场成绩汇总表

评估项目	船舶操纵、避碰与驾驶台资源管理					评估期数			
适用对象	无限/沿海航区 500 总吨及以上船舶二/三副								
评估地点	青岛远洋船员职业学院								
评估时间					评估员签字				
序号	准考证号码	姓名	题号	评估内容得分					总分	评定
				避碰(50分)			BRM(50分)			
				1	2	3	1	2		
...										

注:①评估内容避碰:1 为互见中应用(15 分);2 为能见度不良时应用(15 分);3 为特殊水域应用(20 分)。

②评估内容 BRM：1 为计划(10 分);2 为通过指定水域实际操作(40 分)。

③避碰和 BRM 两项各单项评估均须达到及格,否则视为不及格。

2. 大副、船长评估

虽然船舶操纵、避碰与驾驶台资源管理项目中大副、船长是分开进行培训的,但评估时却是在一起,组成驾驶台团队进行的。

1）评估程序

（1）评估实施前,学员会收到电子版的评估指南,清楚标明每一位学员的姓名、准考证号、评估地点、评估时间等信息;

（2）学员提前 15 min，持准考证、身份证到规定地点集合；

（3）按照评估指南的要求，每个本船由两位大副、两位船长（有时会根据具体情况微调）组成驾驶台团队，评估员核对学员身份，学员在签到表上签到；

（4）大副的评估顺序按评估指南中的电脑排位，两位船长则需现场抽签决定评估顺序，即决定哪位进行抛锚操作、哪位进行靠泊操作；

（5）两位大副征询船长意见后，在电子海图和纸质海图上制订航行计划和偶发事件计划，填写"航次"计划表，经两位船长同意后四人签名，见表 10-3；

（6）计划完成后，检查所有助航仪器、设备，船长做开航前部署，一切准备就绪后报告控制台；

（7）所有本船准备完毕后，控制台启动模拟器练习；

（8）学员按确定好的评估顺序，分工协作，密切配合，完成 VTS 报告、航行、定位、避碰和偶发、应急反应（能见度不良、主机故障、舵机故障、人员落水等）、抛锚操作、靠泊操作等，并填写航海日志，参见表 10-3；

（9）大副 30 min 左右轮换岗位，船长总体评估时间 90 min 左右，各岗位按要求进行正规的交接，如驾驶员正在进行避碰操作则延迟交接，直到驶过让清，具体换岗时间由评估员控制；

（10）评估员根据学员的表现在表 10-18（大副）和表 10-19（船长）中打出分数，如遇不确定、不清楚的问题，如与他船的 CPA 等可随时问询控制台。

表 10-18　评估现场成绩汇总表

评估项目	船舶操纵、避碰与 驾驶台资源管理				评估期数			
适用对象	无限/沿海航区 500 总吨及以上船舶大副							
评估地点	青岛远洋船员职业学院							
评估时间				评估员签字				
序号	准考证号码	姓名	题号	评估内容得分					总分	评定
				避碰（50分）			BRM（50分）			
				1	2	3	1	2		
1										
2										
3										
4										
…										

注：①评估内容避碰：1 为互见中应用（15 分）；2 为能见度不良时应用（15 分）；3 为特殊水域应用（20 分）。

②评估内容 BRM：1 为计划（10 分）；2 为通过指定水域实际操作（40 分）。

③避碰和 BRM 两项各单项评估均须达到及格，否则视为不及格。

表 10-19　评估现场成绩汇总表

评估项目	船舶操纵、避碰与驾驶台资源管理		评估期数					
适用对象	无限/沿海航区船舶船长							
评估地点	青岛远洋船员职业学院							
评估时间				评估员签字				
序号	准考证号码	姓名	题号	评估内容得分				总分	评定
				操纵（40分）		避碰（10分）		BRM（50分）			
				1	2	1	2	1	2		
1											
2											
3											
4											
…											

注:①评估内容操纵:1 为锚泊或靠泊或离泊(30分);2 为港内掉头或系离浮筒(10分)。

②评估内容避碰:1 为转向或减速或把船停住(5分);2 为多船会遇(5分)。

③评估内容 BRM:1 为计划(10分);2 为通过指定水域实际操作(40分)。

④操纵、避碰和 BRM 三项各单项评估均须达到及格,否则视为不及格。

2)成绩核定

(1)将表 10-18 和 10-19 中的评估要素分数相加,得出评估成绩;

(2)总分 80 分及以上及格,但船舶操纵避碰与驾驶台资源管理各单项评估成绩均须达到及格分,即成绩汇总表中大副"避碰"和"BRM"两项单项成绩均须达到 40 分及以上,否则视为不及格;船长"操纵"、"避碰"和"BRM"三个单项成绩须分别达到 32 分、8 分、40 分及以上,否则视为不及格。

附 录

船舶操纵、避碰与驾驶台资源管理适任评估规范

(一) 500 总吨及以上船长

1. 评估目的

通过评估,检验被评估者掌握船舶操纵、避碰以及驾驶台资源管理的相关知识和技能,并能正确进行操作和应用的能力,以满足《STCW 公约马尼拉修正案》及中华人民共和国海事局海船船员适任考试评估的有关要求。

2. 评估内容

2.1　船舶操纵

2.1.1　锚泊操纵

2.1.1.1　抛单锚时的船舶操纵

2.1.1.2　抛八字锚的船舶操纵

2.1.1.3　抛一字锚的船舶操纵

2.1.1.4　抛平行锚的船舶操纵

2.1.2　港内掉头操纵

2.1.2.1　顺流抛锚掉头

2.1.2.2　顶流拖首掉头

2.1.2.3　静水港拖尾掉头

2.1.3　靠、离泊操纵

2.3.2.4　搜寻救助

2.3.2.4.1　扩展方形搜寻

2.3.2.4.2　扇形搜寻

2.3.2.4.3　多船平行航线搜寻

2.3.2.5　特殊水域的操纵与避碰

2.3.2.5.1　顶流过弯时操船方法

2.3.2.5.2　顺流过弯时操船方法

2.3.2.5.3　狭水道中操船与避碰

2.3.2.6　紧迫局面、特殊情况避碰

2.3.2.6.1　互见中紧迫局面的避碰行动

2.3.2.6.2　互见中难以避免碰撞的紧急操纵行动

3. 评估要素及标准

3.1　船舶操纵(40分)

3.1.1,3.1.3任选一项,3.1.2,3.1.4任选一项。

3.1.1　锚泊操纵(单锚、八字锚、一字锚、平行锚方式选一项)(30分)

(1)评估要素

①进入锚地路线、锚位选择;(5分)

②船位、船速、艏向控制;(10分)

③根据水深和船舶条件选择抛锚方法;(5分)

④锚链长度控制;(3分)

⑤锚抓底判断;(2分)

⑥锚位校核。(5分)

(2)评估标准

①方法、操作或分析正确、熟练:30分;

②方法、操作或分析正确、比较熟练:24分;

③方法、操作或分析正确、熟练程度一般:18分;

④方法、操作或分析情况较差:12分;

⑤方法、操作或分析情况差:6分;

⑥无法完成0分,如果学员因操作不熟练不能及时完成任务或不能安全完成任务,均视为实操失败。

3.1.2　港内掉头操纵(顺流抛锚、顶流拖首、静水港拖尾选一项)(10分)

(1)评估要素

①船速控制;(2分)

②掉头方向选择;(2分)

③拖船或锚的使用;(2分)

④车舵的使用;(2分)

⑤船位、艏向控制。(2分)

(2)评估标准

①方法、操作或分析正确、熟练:10分;

②方法、操作或分析正确、比较熟练:8分;

③方法、操作或分析正确、熟练程度一般:6分;

④方法、操作或分析情况较差:4分;

⑤方法、操作或分析情况差:2分;

⑥无法完成0分,如果学员因操作不熟练不能及时完成任务或不能安全完成任务,均视为实操失败。

3.1.3　靠、离泊操纵(靠、离泊操纵任选一项)(30分)

(1)评估要素

①靠、离泊计划;(3分)

②船位、船速、艏向控制;(5分)

③车、舵或拖船的使用;(5分)

④缆绳、锚的使用;(2分)

⑤安全速度和安全距离控制;(10分)

⑥过程总体评价。(5分)

(2)评估标准

①方法、操作或分析正确、熟练:30分;

②方法、操作或分析正确、比较熟练:24分;

③方法、操作或分析正确、熟练程度一般:18分;

④方法、操作或分析情况较差:12分;

⑤方法、操作或分析情况差:6分;

⑥无法完成0分,如果学员因操作不熟练不能及时完成任务或不能安全完成任务,均视为实操失败。

3.1.4　系、离浮筒的操纵(系、离操纵任选一项)(10分)

(1)评估要素

①靠、离操纵计划;(2分)

②船位、船速、艏向控制;(2分)

③车、舵或拖船的使用;(2分)

④安全速度和安全距离控制;(2分)

⑤过程总体评价。(2分)

(2)评估标准

①方法、操作或分析正确、熟练:10分;

②方法、操作或分析正确、比较熟练:8分;

③方法、操作或分析正确、熟练程度一般:6分;

④方法、操作或分析情况较差:4分;

⑤方法、操作或分析情况差:2分;

⑥无法完成0分,如果学员因操作不熟练不能及时完成任务或不能安全完成任务,均视为实操失败。

3.2　能见度不良时的避碰应用(10分)

3.2.1和3.2.2任选一项,3.2.3必选。

3.2.1　转向避碰(正横前来船、正横和正横后来船,船舶操纵性影响)(5分)

(1)评估要素

①判断碰撞危险(使用有效手段,包括听觉、雷达、VHF、AIS、VTS、雾号等);

②雷达标绘或与其相当的系统观察;

③识别他船的种类、动态,判断会遇态势;

④规则对转向方向的要求和限制;

⑤考虑他船的行动,避碰措施符合规则以及良好船艺要求,保证操纵安全。

(2)评估标准

①方法、操作或分析正确、熟练:10分;

②方法、操作或分析正确、比较熟练:8分;

③方法、操作或分析正确、熟练程度一般:6分;

④方法、操作或分析情况较差:4分;

⑤方法、操作或分析情况差:2分;

⑥无法完成0分,如果学员因操作不熟练不能及时完成任务或不能安全完成任务,均视为实操失败。

3.2.2　减速或把船停住(5分)

(1)评估要素

①判断碰撞危险(使用有效手段,包括听觉、雷达、VHF、AIS、VTS、雾号等);

②雷达标绘或与其相当的系统观察;

③识别他船的种类、动态,判断会遇态势;

④规则对减速或把船停住的要求;

⑤行动符合规则以及良好船艺要求,保证操纵安全。

(2)评估标准

①方法、操作或分析正确、熟练:5分;

②方法、操作或分析正确、比较熟练:4分;

③方法、操作或分析正确、熟练程度一般:3分;

④方法、操作或分析情况较差:2分;

⑤方法、操作或分析情况差:1分;

⑥无法完成0分,如果学员因操作不熟练不能及时完成任务或不能安全完成任务,均视为实操失败。

3.2.3　多船会遇综合避碰行动(5分)

(1)评估要素

①判断碰撞危险(使用有效手段,包括听觉、雷达、VHF、AIS、VTS、雾号等);

②雷达标绘或与其相当的系统观察;

③识别他船的种类、动态,判断会遇态势;

④规则对转向、减速或把船停住的要求;

⑤考虑他船的行动,避碰措施行动符合规则以及良好船艺要求,避免形成另一紧迫局面。

(2)评估标准

①方法、操作或分析正确、熟练:5分;

②方法、操作或分析正确、比较熟练:4 分;

③方法、操作或分析正确、熟练程度一般:3 分;

④方法、操作或分析情况较差:2 分;

⑤方法、操作或分析情况差:1 分;

⑥无法完成 0 分,如果学员因操作不熟练不能及时完成任务或不能安全完成任务,均视为实操失败。

3.3 驾驶台资源管理(BRM)(50 分)

3.3.1 计划(10 分)

3.3.1.1 制订通过指定水域计划(5 分)

(1)评估要素

①任务的明确(本次操作的具体任务及注意事项);

②计划的可行性(分析有利与不利因素,提出阶段或关键点的航法与操纵要求);

③信息的完整性;

④资源的利用和安排;

⑤人员的组织和安排(各种情况下的协作、沟通与通信要求,监督船位要求)。

(2)评估标准

①方法、操作或分析正确、熟练:5 分;

②方法、操作或分析正确、比较熟练:4 分;

③方法、操作或分析正确、熟练程度一般:3 分;

④方法、操作或分析情况较差:2 分;

⑤方法、操作或分析情况差:1 分;

⑥无法完成 0 分,如果学员因操作不熟练不能及时完成任务或不能安全完成任务,均视为实操失败。

3.3.1.2 制订"偶发事件计划"(5 分)

偶发事件包括:引航计划变更,通航拥挤,船舶设备故障,突遇能见度不良,货物移位等;

应急事件包括:碰撞、搁浅或触礁、溢油、人落水、船舶失控(主机、舵机、失电)等。

(1)评估要素

①明确可能发生偶发事件;

②明确偶发事件的危害;

③偶发事件的应对程序;

④偶发事件的应对措施;

⑤偶发事件发生时人员的组织和安排。

(2)评估标准

①方法、操作或分析正确、熟练:5 分;

②方法、操作或分析正确、比较熟练:4 分;

③方法、操作或分析正确、熟练程度一般:3 分;

④方法、操作或分析情况较差:2 分;

⑤方法、操作或分析情况差:1 分;

⑥无法完成 0 分,如果学员因操作不熟练不能及时完成任务或不能安全完成任务,均视为

实操失败。

3.3.2 通过指定水域实际操作(40分)

3.3.2.1 资源与管理(5分)

(1)评估要素

①明确可利用的资源;

②资源的排序、组织、协调与使用;

③团队成员的工作能力和工作态度识别;

④团队成员的任务分配;

⑤团队成员的安排与管理。

(2)评估标准

①方法、操作或分析正确、熟练:5分;

②方法、操作或分析正确、比较熟练:4分;

③方法、操作或分析正确、熟练程度一般:3分;

④方法、操作或分析情况较差:2分;

⑤方法、操作或分析情况差:1分;

⑥无法完成0分,如果学员因操作不熟练不能及时完成任务或不能安全完成任务,均视为实操失败。

3.3.2.2 驾驶台团队工作(5分)

(1)评估要素

①团队成员的沟通;

②团队的协作;

③可能的协作失误及危害的识别;

④消除协调失误的措施;

⑤内部与外部通信。

(2)评估标准

①方法、操作或分析正确、熟练:5分;

②方法、操作或分析正确、比较熟练:4分;

③方法、操作或分析正确、熟练程度一般:3分;

④方法、操作或分析情况较差:2分;

⑤方法、操作或分析情况差:1分;

⑥无法完成0分,如果学员因操作不熟练不能及时完成任务或不能安全完成任务,均视为实操失败。

3.3.2.3 偶发事件与应急(5分)

(1)评估要素

①偶发应急事件识别;

②偶发事件或应急反应程序;

③偶发事件的决策;

④偶发事件的处理过程;

⑤事件的处理结果。

（2）评估标准

①方法、操作或分析正确、熟练:5分;

②方法、操作或分析正确、比较熟练:4分;

③方法、操作或分析正确、熟练程度一般:3分;

④方法、操作或分析情况较差:2分;

⑤方法、操作或分析情况差:1分;

⑥无法完成0分,如果学员因操作不熟练不能及时完成任务或不能安全完成任务,均视为实操失败。

3.3.2.4　搜寻救助(5分)

3.3.2.4.1,3.3.2.4.2,3.3.2.4.3三项选一项。

3.3.2.4.1　扩展方形搜寻(5分)

（1）评估要素

①搜寻基点的确定;

②搜寻方式的确定;

③搜寻航线和航程的确定;

④搜寻操纵过程;

⑤落水人员搜寻结果。

（2）评估标准

①方法、操作或分析正确、熟练:5分;

②方法、操作或分析正确、比较熟练:4分;

③方法、操作或分析正确、熟练程度一般:3分;

④方法、操作或分析情况较差:2分;

⑤方法、操作或分析情况差:1分;

⑥无法完成0分,如果学员因操作不熟练不能及时完成任务或不能安全完成任务,均视为实操失败。

3.3.2.4.2　扇形搜寻(5分)

（1）评估要素

①搜寻基点的确定;

②搜寻方式的确定;

③搜寻航线和航程的确定;

④搜寻操纵过程;

⑤落水人员搜寻结果。

（2）评估标准

①方法、操作或分析正确、熟练:5分;

②方法、操作或分析正确、比较熟练:4分;

③方法、操作或分析正确、熟练程度一般:3分;

④方法、操作或分析情况较差:2分;

⑤方法、操作或分析情况差:1分;

⑥无法完成0分,如果学员因操作不熟练不能及时完成任务或不能安全完成任务,均视为

实操失败。

3.3.2.4.3　多船平行航线搜寻(5分)

(1)评估要素

①搜寻基点的确定;

②搜寻方式和任务的分配;

③搜寻航线和航程的确定;

④搜寻操纵过程;

⑤落水人员搜寻结果。

(2)评估标准

①方法、操作或分析正确、熟练:5分;

②方法、操作或分析正确、比较熟练:4分;

③方法、操作或分析正确、熟练程度一般:3分;

④方法、操作或分析情况较差:2分;

⑤方法、操作或分析情况差:1分;

⑥无法完成0分,如果学员因操作不熟练不能及时完成任务或不能安全完成任务,均视为实操失败。

3.3.2.5　特殊水域的操纵与避碰(10分)

3.3.2.5.1,3.3.2.5.2两项任选一项,3.3.2.5.3必选。

3.3.2.5.1　顶流过弯时操船方法(5分)

(1)评估要素

①操纵计划;

②船位、船速控制;

③车、舵的使用;

④拖船或锚的使用;

⑤过程总体评价。

(2)评估标准

①方法、操作或分析正确、熟练:5分;

②方法、操作或分析正确、比较熟练:4分;

③方法、操作或分析正确、熟练程度一般:3分;

④方法、操作或分析情况较差:2分;

⑤方法、操作或分析情况差:1分;

⑥无法完成0分,如果学员因操作不熟练不能及时完成任务或不能安全完成任务,均视为实操失败。

3.3.2.5.2　顺流过弯时操船方法(5分)

(1)评估要素

①操纵计划;

②船位、船速控制;

③车、舵的使用;

④拖船或锚的使用;

⑤过程总体评价。

（2）评估标准

①方法、操作或分析正确、熟练：5分；

②方法、操作或分析正确、比较熟练：4分；

③方法、操作或分析正确、熟练程度一般：3分；

④方法、操作或分析情况较差：2分；

⑤方法、操作或分析情况差：1分；

⑥无法完成0分，如果学员因操作不熟练不能及时完成任务或不能安全完成任务，均视为实操失败。

3.3.2.5.3　狭水道中操船与避碰（5分）

（1）评估要素

①操纵计划与实施；

②车、舵、锚或拖船的使用；

③碰撞危险的识别和判断；

④对早、大、宽、清要求的理解和行动；

⑤航行安全及对规则的遵守情况。

（2）评估标准

①方法、操作或分析正确、熟练：5分；

②方法、操作或分析正确、比较熟练：4分；

③方法、操作或分析正确、熟练程度一般：3分；

④方法、操作或分析情况较差：2分；

⑤方法、操作或分析情况差：1分；

⑥无法完成0分，如果学员因操作不熟练不能及时完成任务或不能安全完成任务，均视为实操失败。

3.3.2.6　紧迫局面、特殊情况避碰（10分）

3.3.2.6.1　互见中紧迫局面的避碰行动（5分）

（1）评估要素

①紧迫局面的判断；

②规则对采取行动的要求；

③采取适当的避碰措施；

④考虑他船的行动避碰措施行动符合规则以及良好船艺要求，避免形成另一紧迫局面；

⑤过程总体评价。

（2）评估标准

①方法、操作或分析正确、熟练：5分；

②方法、操作或分析正确、比较熟练：4分；

③方法、操作或分析正确、熟练程度一般：3分；

④方法、操作或分析情况较差：2分；

⑤方法、操作或分析情况差：1分；

⑥无法完成0分，如果学员因操作不熟练不能及时完成任务或不能安全完成任务，均视为

实操失败。

3.3.2.6.2　互见中难以避免碰撞的紧急操纵行动(5分)

(1)评估要素

①紧迫危险的判断;

②规则对背离规则采取行动的要求;

③采取适当的紧急措施;

④考虑规则以及良好船艺要求,避免或减小碰撞损失;

⑤过程总体评价。

(2)评估标准

①方法、操作或分析正确、熟练:5分;

②方法、操作或分析正确、比较熟练:4分;

③方法、操作或分析正确、熟练程度一般:3分;

④方法、操作或分析情况较差:2分;

⑤方法、操作或分析情况差:1分;

⑥无法完成0分,如果学员因操作不熟练不能及时完成任务或不能安全完成任务,均视为实操失败。

4.评估方法

4.1　评估形式

利用大型船舶操纵模拟器检验被评估者(学员)进行操纵、避碰以及驾驶台资源管理的能力,以综合评估方式进行(模拟场景及任务涵盖操纵、避碰与驾驶台资源管理)。

4.2　成绩评定

满分100分,80分及以上及格,但船舶操纵、避碰与驾驶台资源管理三项各单项评估成绩均须达到及格分,否则视为不及格。

4.3　评估时间

每人评估时间不应少于90 min。

(二)500总吨及以上大副

1.评估目的

通过评估,检验被评估者掌握船舶操纵、避碰以及驾驶台资源管理的相关知识和技能,并能正确进行操作和应用的能力,以满足《STCW公约马尼拉修正案》及中华人民共和国海事局海船船员适任考试评估的有关要求。

2.评估内容

2.1　避碰规则应用和意图全面知识

2.1.1　互见中的避碰应用

2.1.1.1　追越局面的识别与行动

2.1.1.2　对遇局面的识别与行动

2.1.1.3　交叉相遇局面的识别与行动

2.1.2　能见度不良时的避碰应用

2.1.2.1　转向避碰(正横前来船、正横和正横后来船,船舶操纵性影响)

（1）评估要素

①会遇局面的判断（包括号灯、号型的识别）；

②碰撞危险的判断与识别；

③让路责任的确定；

④让路船的行动（早、大、宽、清要求，声号的鸣放）；

⑤直航船保向保速、警告、独自采取避碰行动、最有助于避碰的行动。

（2）评估标准

①方法、操作或分析正确、熟练：5分；

②方法、操作或分析正确、比较熟练：4分；

③方法、操作或分析正确、熟练程度一般：3分；

④方法、操作或分析情况较差：2分；

⑤方法、操作或分析情况差：1分；

⑥无法完成0分，如果学员因操作不熟练不能及时完成任务或不能安全完成任务，均视为实操失败。

3.1.1.2　对遇局面的识别与行动（5分）

（1）评估要素

①会遇局面的判断（包括号灯、号型的识别）；

②碰撞危险的判断；

③避碰行动（早、大、宽、清要求，声号的鸣放）；

④规则对转向方向的规定；

⑤两船协调行动。

（2）评估标准

①方法、操作或分析正确、熟练：5分；

②方法、操作或分析正确、比较熟练：4分；

③方法、操作或分析正确、熟练程度一般：3分；

④方法、操作或分析情况较差：2分；

⑤方法、操作或分析情况差：1分；

⑥无法完成0分，如果学员因操作不熟练不能及时完成任务或不能安全完成任务，均视为实操失败。

3.1.1.3　交叉相遇局面的识别与行动（5分）

（1）评估要素

①会遇局面的判断（包括号灯、号型的识别）；

②碰撞危险的判断；

③让路责任的确定；

④让路船的行动（早、大、宽、清要求，避免横越他船前方，声号的鸣放）；

⑤直航船保向保速、警告、独自采取避碰行动、最有助于避碰的行动。

（2）评估标准

①方法、操作或分析正确、熟练：5分；

②方法、操作或分析正确、比较熟练：4分；

③方法、操作或分析正确、熟练程度一般:3分;

④方法、操作或分析情况较差:2分;

⑤方法、操作或分析情况差:1分;

⑥无法完成0分,如果学员因操作不熟练不能及时完成任务或不能安全完成任务,均视为实操失败。

3.1.2 能见度不良时的避碰应用(15分)

(1)评估要素

3.1.2.1 转向避碰(正横前来船、正横和正横后来船,船舶操纵性影响)(5分)

①判断碰撞危险(使用有效手段,包括听觉、雷达、VHF、AIS、VTS、雾号等);

②雷达标绘或与其相当的系统观察;

③识别他船的种类、动态,判断会遇态势;

④规则对转向方向的要求和限制;

⑤考虑他船的行动及船舶操纵性对避碰效果的影响,避碰措施符合规则以及良好船艺要求,保证操纵安全。

(2)评估标准

①方法、操作或分析正确、熟练:5分;

②方法、操作或分析正确、比较熟练:4分;

③方法、操作或分析正确、熟练程度一般:3分;

④方法、操作或分析情况较差:2分;

⑤方法、操作或分析情况差:1分;

⑥无法完成0分,如果学员因操作不熟练不能及时完成任务或不能安全完成任务,均视为实操失败。

3.1.2.2 减速或把船停住(5分)

(1)评估要素

①判断碰撞危险(使用有效手段,包括听觉、雷达、VHF、AIS、VTS、雾号等);

②雷达标绘或与其相当的系统观察;

③识别他船的种类、动态,判断会遇态势;

④规则对减速或把船停住的要求;

⑤行动符合规则以及良好船艺要求,保证操纵安全。

(2)评估标准

①方法、操作或分析正确、熟练:5分;

②方法、操作或分析正确、比较熟练:4分;

③方法、操作或分析正确、熟练程度一般:3分;

④方法、操作或分析情况较差:2分;

⑤方法、操作或分析情况差:1分;

⑥无法完成0分,如果学员因操作不熟练不能及时完成任务或不能安全完成任务,均视为实操失败。

3.1.2.3 多船会遇综合避碰行动(5分)

(1)评估要素

①判断碰撞危险(使用有效手段,包括听觉、雷达、VHF、AIS、VTS、雾号等);

②雷达标绘或与其相当的系统观察;

③识别他船的种类、动态,判断会遇态势;

④规则对转向、减速或把船停住的要求;

⑤考虑他船的行动,避碰措施行动符合规则以及良好船艺要求,避免形成另一紧迫局面。

(2)评估标准

①方法、操作或分析正确、熟练:5分;

②方法、操作或分析正确、比较熟练:4分;

③方法、操作或分析正确、熟练程度一般:3分;

④方法、操作或分析情况较差:2分;

⑤方法、操作或分析情况差:1分;

⑥无法完成0分,如果学员因操作不熟练不能及时完成任务或不能安全完成任务,均视为实操失败。

3.1.3 特殊水域的避碰应用(20分)

3.1.3.1 和3.1.3.2 任选一项。

3.1.3.1 狭水道的航行与避碰(20分)

(1)评估要素

①碰撞危险的识别和判断;

②对早、大、宽、清要求的理解和行动;

③"狭水道"右行规定;

④"追越声号"、弯道航行时一长声声号的鸣放;

⑤不应妨碍的规定。

(2)评估标准

①方法、操作或分析正确、熟练:20分;

②方法、操作或分析正确、比较熟练:16分;

③方法、操作或分析正确、熟练程度一般:12分;

④方法、操作或分析情况较差:8分;

⑤方法、操作或分析情况差:4分;

⑥无法完成0分,如果学员因操作不熟练不能及时完成任务或不能安全完成任务,均视为实操失败。

3.1.3.2 分道通航制水域的航行与避碰(20分)

(1)评估要素

①使用分道通航制的方法;

②穿越船的航法和规定;

③穿越分隔线或分隔带的时机以及沿岸通航带的使用;

④不应妨碍的规定;

⑤分道通航制航法与避碰的关系。

（2）评估标准

①方法、操作或分析正确、熟练:20分;

②方法、操作或分析正确、比较熟练:16分;

③方法、操作或分析正确、熟练程度一般:12分;

④方法、操作或分析情况较差:8分;

⑤方法、操作或分析情况差:4分;

⑥无法完成0分,如果学员因操作不熟练不能及时完成任务或不能安全完成任务,均视为实操失败。

3.2 驾驶台资源管理(BRM)(50分)

3.2.1 计划(10分)

3.2.1.1 制订通过指定水域计划(5分)

（1）评估要素

①任务的明确(本次操作的具体任务及注意事项);

②计划的可行性(分析有利与不利因素,提出阶段或关键点的航法与操纵技术);

③信息的完整性;

④资源的利用和安排;

⑤人员的组织和安排(各种情况下的协作、沟通与通信要求,监督船位要求)。

（2）评估标准

①方法、操作或分析正确、熟练:5分;

②方法、操作或分析正确、比较熟练:4分;

③方法、操作或分析正确、熟练程度一般:3分;

④方法、操作或分析情况较差:2分;

⑤方法、操作或分析情况差:1分;

⑥无法完成0分,如果学员因操作不熟练不能及时完成任务或不能安全完成任务,均视为实操失败。

3.2.1.2 制订"偶发事件计划"(5分)

偶发事件包括:引航计划变更,通航拥挤,船舶设备故障,突遇能见度不良,货物移位等;

应急事件包括:碰撞、搁浅或触礁、溢油、人落水、船舶失控(主机,舵机,失电)等。

（1）评估要素

①明确可能发生偶发事件;

②明确偶发事件的危害;

③偶发事件的应对程序;

④偶发事件的应对措施;

⑤偶发事件发生时人员的组织和安排。

（2）评估标准

①方法、操作或分析正确、熟练:5分;

②方法、操作或分析正确、比较熟练:4分;

③方法、操作或分析正确、熟练程度一般:3分;

④方法、操作或分析情况较差:2分;

⑤方法、操作或分析情况差:1分;

⑥无法完成0分,如果学员因操作不熟练不能及时完成任务或不能安全完成任务,均视为实操失败。

3.2.2 通过指定水域实际操作(40分)

3.2.2.1 资源与管理(5分)

(1)评估要素

①明确可利用的资源;

②资源的排序、组织、协调与使用;

③团队成员的工作能力和工作态度识别;

④团队成员的任务分配;

⑤团队成员的安排与管理。

(2)评估标准

①方法、操作或分析正确、熟练:5分;

②方法、操作或分析正确、比较熟练:4分;

③方法、操作或分析正确、熟练程度一般:3分;

④方法、操作或分析情况较差:2分;

⑤方法、操作或分析情况差:1分;

⑥无法完成0分,如果学员因操作不熟练不能及时完成任务或不能安全完成任务,均视为实操失败。

3.2.2.2 驾驶台团队工作(5分)

(1)评估要素

①团队成员的沟通;

②团队的协作;

③可能的协作失误及危害的识别;

④消除协调失误的措施;

⑤内部与外部通信。

(2)评估标准

①方法、操作或分析正确、熟练:5分;

②方法、操作或分析正确、比较熟练:4分;

③方法、操作或分析正确、熟练程度一般:3分;

④方法、操作或分析情况较差:2分;

⑤方法、操作或分析情况差:1分;

⑥无法完成0分,如果学员因操作不熟练不能及时完成任务或不能安全完成任务,均视为实操失败。

3.2.2.3 偶发事件与应急(10分)

①偶发应急事件识别;

②偶发事件或应急反应程序;

③偶发事件的决策;

④偶发事件的处理过程。

（2）评估标准

①方法、操作或分析正确、熟练:10分;

②方法、操作或分析正确、比较熟练:8分;

③方法、操作或分析正确、熟练程度一般:6分;

④方法、操作或分析情况较差:4分;

⑤方法、操作或分析情况差:2分;

⑥无法完成0分,如果学员因操作不熟练不能及时完成任务或不能安全完成任务,均视为实操失败。

3.2.2.4　救助落水人员的应急操作(10分)

3.2.2.4.1,3.2.2.4.2,3.2.2.4.3 三项任选一项。

3.2.2.4.1　单旋回操船救助(10分)

（1）评估要素

①反应程序;

②操纵过程;

③操纵结果;

④落水人员搜寻结果;

⑤减速接近落水者。

（2）评估标准

①方法、操作或分析正确、熟练:10分;

②方法、操作或分析正确、比较熟练:8分;

③方法、操作或分析正确、熟练程度一般:6分;

④方法、操作或分析情况较差:4分;

⑤方法、操作或分析情况差:2分;

⑥无法完成0分,如果学员因操作不熟练不能及时完成任务或不能安全完成任务,均视为实操失败。

3.2.2.4.2　威廉逊旋回操船救助(10分)

（1）评估要素

①反应程序;

②操纵过程;

③操纵结果;

④落水人员搜寻结果;

⑤减速接近落水者。

（2）评估标准

①方法、操作或分析正确、熟练:10分;

②方法、操作或分析正确、比较熟练:8分;

③方法、操作或分析正确、熟练程度一般:6分;

④方法、操作或分析情况较差:4分;

⑤方法、操作或分析情况差:2分;

⑥无法完成0分,如果学员因操作不熟练不能及时完成任务或不能安全完成任务,均视为

实操失败。

3.2.2.4.3　斯恰诺旋回法救助(10分)

(1)评估要素

①反应程序;

②操纵过程;

③操纵结果;

④落水人员搜寻结果;

⑤减速接近落水者。

(2)评估标准

①方法、操作或分析正确、熟练:10分;

②方法、操作或分析正确、比较熟练:8分;

③方法、操作或分析正确、熟练程度一般:6分;

④方法、操作或分析情况较差:4分;

⑤方法、操作或分析情况差:2分;

⑥无法完成0分,如果学员因操作不熟练不能及时完成任务或不能安全完成任务,均视为实操失败。

3.2.2.5　紧迫局面、特殊情况避碰(10分)

3.2.2.5.1　互见中紧迫局面的避碰行动(5分)

(1)评估要素

①紧迫局面的判断;

②规则对采取行动的要求;

③采取适当的避碰措施;

④考虑他船的行动避碰措施行动符合规则以及良好船艺要求,避免形成另一紧迫局面;

⑤过程总体评价。

(2)评估标准

①方法、操作或分析正确、熟练:10分;

②方法、操作或分析正确、比较熟练:8分;

③方法、操作或分析正确、熟练程度一般:6分;

④方法、操作或分析情况较差:4分;

⑤方法、操作或分析情况差:2分;

⑥无法完成0分,如果学员因操作不熟练不能及时完成任务或不能安全完成任务,均视为实操失败。

3.2.2.5.2　互见中难以避免碰撞的紧急操纵行动(5分)

(1)评估要素

①紧迫危险的判断;

②规则对背离规则采取行动的要求;

③采取适当的紧急措施;

④考虑规则以及良好船艺要求,避免或减小碰撞损失;

⑤过程总体评价。

（2）评估标准

①方法、操作或分析正确、熟练：5分；

②方法、操作或分析正确、比较熟练：4分；

③方法、操作或分析正确、熟练程度一般：3分；

④方法、操作或分析情况较差：2分；

⑤方法、操作或分析情况差：1分；

⑥无法完成0分，如果学员因操作不熟练不能及时完成任务或不能安全完成任务，均视为实操失败。

4.评估方法

4.1 评估形式

利用大型船舶操纵模拟器检验被评估者（学员）进行操纵避碰以及驾驶台资源管理的能力，以综合评估方式进行（模拟场景及任务涵盖操纵避碰与驾驶台资源管理）。

4.2 成绩评定

满分100分，80分及以上及格，但船舶操纵避碰与驾驶台资源管理二项各单项评估成绩均须达到及格分，否则视为不及格。

4.3 评估时间

每人评估时间不应少于30 min。

（三）500总吨及以上二/三副

1.评估目的

通过评估，检验被评估者掌握船舶操纵、避碰以及驾驶台资源管理的相关知识和技能并能正确进行操作和应用的能力，以满足《STCW公约马尼拉修正案》及中华人民共和国海事局海船船员适任考试评估的有关要求。

2.评估内容

2.1 避碰规则应用和意图全面知识

2.1.1 互见中的避碰应用

2.1.1.1 追越局面的识别与行动

2.1.1.2 对遇局面的识别与行动

2.1.1.3 交叉相遇局面的识别与行动

2.1.2 能见度不良时的避碰应用

2.1.2.1 转向避碰（正横前来船、正横和正横后来船，船舶操纵性影响）

2.1.2.2 减速或把船停住

2.1.2.3 多船会遇综合避碰行动

2.1.3 特殊水域的避碰应用

2.1.3.1 狭水道的航行与避碰

2.1.3.2 分道通航制水域的航行与避碰

2.2 驾驶台资源管理（BRM）

2.2.1 计划

2.2.1.1　制订通过指定水域计划

2.2.1.1.1　相关信息的获得与排序

2.2.1.1.2　可利用资源及使用安排

2.2.1.1.3　团队的组织、安排与沟通

2.2.1.2　"偶发事件计划"（Contingencies Plan）

2.2.1.2.1　预测"偶发事件"

2.2.1.2.2　事件发生后的对策

2.2.2　通过指定水域实际操作

2.2.2.1　资源的排序、组织、协调与使用

2.2.2.2　驾驶台团队工作

2.2.2.2.1　团队的协作与沟通

2.2.2.2.2　失误链识别与切断

2.2.2.2.3　内部与外部通信

2.2.2.3　偶发事件判断与决策

2.2.2.4　救助落水人员的应急操作

2.2.2.4.1　单旋回操船救助

2.2.2.4.2　威廉逊旋回操船救助

2.2.2.4.3　斯恰诺旋回法救助

2.2.2.5　紧迫局面、特殊情况避碰

2.2.2.5.1　互见中紧迫局面的避碰行动

2.2.2.5.2　互见中难以避免碰撞的紧急操纵行动

3.评估要素及标准

3.1　避碰规则应用和意图全面知识（50分）

3.1.1　互见中的避碰应用（15分）

3.1.1.1　追越局面的识别与行动（5分）

（1）评估要素

①会遇局面的判断（包括号灯、号型的识别）；

②碰撞危险的判断；

③让路责任的确定；

④让路船的行动（早、大、宽、清要求，声号的鸣放）；

⑤直航船保向保速、警告、独自采取避碰行动、最有助于避碰的行动。

（2）评估标准

①方法、操作或分析正确、熟练：5分；

②方法、操作或分析正确、比较熟练：4分；

③方法、操作或分析正确、熟练程度一般：3分；

④方法、操作或分析情况较差：2分；

⑤方法、操作或分析情况差：1分；

⑥无法完成0分，如果学员因操作不熟练不能及时完成任务或不能安全完成任务，均视为实操失败。

3.1.1.2 对遇局面的识别与行动(5分)

(1)评估要素

①会遇局面的判断(包括号灯、号型的识别);

②碰撞危险的判断;

③避碰行动早、大、宽、清要求,声号的鸣放;

④规则对转向方向的规定;

⑤两船协调行动。

(2)评估标准

①方法、操作或分析正确、熟练:5分;

②方法、操作或分析正确、比较熟练:4分;

③方法、操作或分析正确、熟练程度一般:3分;

④方法、操作或分析情况较差:2分;

⑤方法、操作或分析情况差:1分;

⑥无法完成0分,如果学员因操作不熟练不能及时完成任务或不能安全完成任务,均视为实操失败。

3.1.1.3 交叉相遇局面的识别与行动(5分)

(1)评估要素

①会遇局面的判断(包括号灯号型的识别);

②碰撞危险的判断;

③让路责任的确定;

④让路船的行动(早、大、宽、清要求,避免横越他船前方,声号的鸣放);

⑤直航船保向保速、警告、独自采取避碰行动、最有助于避碰的行动。

(2)评估标准

①方法、操作或分析正确、熟练:5分;

②方法、操作或分析正确、比较熟练:4分;

③方法、操作或分析正确、熟练程度一般:3分;

④方法、操作或分析情况较差:2分;

⑤方法、操作或分析情况差:1分;

⑥无法完成0分,如果学员因操作不熟练不能及时完成任务或不能安全完成任务,均视为实操失败。

3.1.2 能见度不良时的避碰应用(15分)

3.1.2.1 转向避碰(正横前来船、正横和正横后来船,船舶操纵性影响)(5分)

(1)评估要素

①判断碰撞危险(使用有效手段,包括听觉、雷达、VHF、AIS、VTS、雾号等);

②雷达标绘或与其相当的系统观察;

③识别他船的种类、动态,判断会遇态势;

④规则对转向方向的要求和限制;

⑤考虑他船的行动及船舶操纵性对避碰效果的影响,避碰措施符合规则以及良好船艺要求,保证操纵安全。

（2）评估标准

①方法、操作或分析正确、熟练:5分;

②方法、操作或分析正确、比较熟练:4分;

③方法、操作或分析正确、熟练程度一般:3分;

④方法、操作或分析情况较差:2分;

⑤方法、操作或分析情况差:1分;

⑥无法完成0分,如果学员因操作不熟练不能及时完成任务或不能安全完成任务,均视为实操失败。

3.1.2.2 减速或把船停住(5分)

（1）评估要素

①判断碰撞危险（使用有效手段,包括听觉、雷达、VHF、AIS、VTS、雾号等）;

②雷达标绘或与其相当的系统观察;

③识别他船的种类、动态,判断会遇态势;

④规则对减速或把船停住的要求;

⑤行动符合规则以及良好船艺要求,保证操纵安全。

（2）评估标准

①方法、操作或分析正确、熟练:5分;

②方法、操作或分析正确、比较熟练:4分;

③方法、操作或分析正确、熟练程度一般:3分;

④方法、操作或分析情况较差:2分;

⑤方法、操作或分析情况差:1分;

⑥无法完成0分,如果学员因操作不熟练不能及时完成任务或不能安全完成任务,均视为实操失败。

3.1.2.3 多船会遇综合避碰行动(5分)

（1）评估要素

①判断碰撞危险（使用有效手段,包括听觉、雷达、VHF、AIS、VTS、雾号等）;

②雷达标绘或与其相当的系统观察;

③识别他船的种类、动态,判断会遇态势;

④规则对转向、减速或把船停住的要求;

⑤考虑他船的行动,避碰措施行动符合规则以及良好船艺要求,避免形成另一紧迫局面。

（2）评估标准

①方法、操作或分析正确、熟练:5分;

②方法、操作或分析正确、比较熟练:4分;

③方法、操作或分析正确、熟练程度一般:3分;

④方法、操作或分析情况较差:2分;

⑤方法、操作或分析情况差:1分;

⑥无法完成0分,如果学员因操作不熟练不能及时完成任务或不能安全完成任务,均视为实操失败。

3.1.3 特殊水域的避碰应用(20分)

3.1.3.1,3.1.3.2 二项任选一项。

3.1.3.1 狭水道的航行与避碰(20分)

(1)评估要素

①碰撞危险的识别和判断;

②对早、大、宽、清要求的理解和行动;

③"狭水道"右行规定;

④"追越声号"、弯道航行时一长声声号的鸣放;

⑤不应妨碍的规定。

(2)评估标准

①方法、操作或分析正确、熟练:20分;

②方法、操作或分析正确、比较熟练:16分;

③方法、操作或分析正确、熟练程度一般:12分;

④方法、操作或分析情况较差:8分;

⑤方法、操作或分析情况差:4分;

⑥无法完成0分,如果学员因操作不熟练不能及时完成任务或不能安全完成任务,均视为实操失败。

3.1.3.2 分道通航制水域的航行与避碰(20分)

(1)评估要素

①使用分道通航制的方法;

②穿越船的航法和规定;

③穿越分隔带或分隔线的时机以及沿岸通航带的使用;

④不应妨碍的规定;

⑤分道通航制航法与避碰的关系。

(2)评估标准

①方法、操作或分析正确、熟练:20分;

②方法、操作或分析正确、比较熟练:16分;

③方法、操作或分析正确、熟练程度一般:12分;

④方法、操作或分析情况较差:8分;

⑤方法、操作或分析情况差:4分;

⑥无法完成0分,如果学员因操作不熟练不能及时完成任务或不能安全完成任务,均视为实操失败。

3.2 驾驶台资源管理(BRM)(50分)

3.2.1 计划(10分)

3.2.1.1 制订通过指定水域计划(5分)

(1)评估要素

①任务的明确(本次操作的具体任务及注意事项);

②计划的可行性(分析有利与不利因素,提出阶段或关键点的航法与操纵技术);

③信息的完整性;

④资源的利用和安排;

⑤人员的组织和安排(各种情况下的协作、沟通与通信要求,监督船位要求)。

(2)评估标准

①方法、操作或分析正确、熟练:5分;

②方法、操作或分析正确、比较熟练:4分;

③方法、操作或分析正确、熟练程度一般:3分;

④方法、操作或分析情况较差:2分;

⑤方法、操作或分析情况差:1分;

⑥无法完成0分,如果学员因操作不熟练不能及时完成任务或不能安全完成任务,均视为实操失败。

3.2.1.2 "偶发事件计划"(Contingencies Plan)(5分)

(1)评估要素

①明确可能发生偶发事件;

②明确偶发事件的危害;

③偶发事件的应对程序;

④偶发事件的应对措施;

⑤偶发事件发生时人员的组织和安排。

(2)评估标准

①方法、操作或分析正确、熟练:5分;

②方法、操作或分析正确、比较熟练:4分;

③方法、操作或分析正确、熟练程度一般:3分;

④方法、操作或分析情况较差:2分;

⑤方法、操作或分析情况差:1分;

⑥无法完成0分,如果学员因操作不熟练不能及时完成任务或不能安全完成任务,均视为实操失败。

3.2.2 通过指定水域实际操作(40分)

3.2.2.1 资源的排序、组织、协调与使用(5分)

(1)评估要素

①明确可利用的资源;

②资源的排序;

③资源的组织;

④资源的协调;

⑤资源的使用与管理。

(2)评估标准

①方法、操作或分析正确、熟练:5分;

②方法、操作或分析正确、比较熟练:4分;

③方法、操作或分析正确、熟练程度一般:3分;

④方法、操作或分析情况较差:2分;

⑤方法、操作或分析情况差:1分;

⑥无法完成 0 分,如果学员因操作不熟练不能及时完成任务或不能安全完成任务,均视为实操失败。

3.2.2.2 驾驶台团队工作(5 分)

(1)评估要素

①团队成员的沟通;

②团队的协作;

③可能的协作失误及危害的识别;

④消除协调失误的措施;

⑤内部与外部通信。

(2)评估标准

①方法、操作或分析正确、熟练:5 分;

②方法、操作或分析正确、比较熟练:4 分;

③方法、操作或分析正确、熟练程度一般:3 分;

④方法、操作或分析情况较差:2 分;

⑤方法、操作或分析情况差:1 分;

⑥无法完成 0 分,如果学员因操作不熟练不能及时完成任务或不能安全完成任务,均视为实操失败。

3.2.2.3 偶发事件判断与决策(10 分)

(1)评估要素

①偶发应急事件识别;

②偶发事件或应急反应程序;

③偶发事件的决策;

④偶发事件的处理过程;

⑤事件的处理结果。

(2)评估标准

①方法、操作或分析正确、熟练:10 分;

②方法、操作或分析正确、比较熟练:8 分;

③方法、操作或分析正确、熟练程度一般:6 分;

④方法、操作或分析情况较差:4 分;

⑤方法、操作或分析情况差:2 分;

⑥无法完成 0 分,如果学员因操作不熟练不能及时完成任务或不能安全完成任务,均视为实操失败。

3.2.2.4 救助落水人员的应急操作(10 分)

3.2.2.4.1,3.2.2.4.2,3.2.2.4.3 三项任选一项。

3.2.2.4.1 单旋回操船救助

(1)评估要素

①反应程序;

②操纵过程;

③操纵结果;

④落水人员搜寻结果；

⑤减速接近落水者。

（2）评估标准

①方法、操作或分析正确、熟练:10分；

②方法、操作或分析正确、比较熟练:8分；

③方法、操作或分析正确、熟练程度一般:6分；

④方法、操作或分析情况较差:4分；

⑤方法、操作或分析情况差:2分；

⑥无法完成0分,如果学员因操作不熟练不能及时完成任务或不能安全完成任务,均视为实操失败。

3.2.2.4.2　威廉逊旋回法操船救助

（1）评估要素

①反应程序；

②操纵过程；

③操纵结果；

④落水人员搜寻结果；

⑤减速接近落水者。

（2）评估标准

①方法、操作或分析正确、熟练:10分；

②方法、操作或分析正确、比较熟练:8分；

③方法、操作或分析正确、熟练程度一般:6分；

④方法、操作或分析情况较差:4分；

⑤方法、操作或分析情况差:2分；

⑥无法完成0分,如果学员因操作不熟练不能及时完成任务或不能安全完成任务,均视为实操失败。

3.2.2.4.3　斯恰诺旋回法救助

（1）评估要素

①反应程序；

②操纵过程；

③操纵结果；

④落水人员搜寻结果；

⑤减速接近落水者。

（2）评估标准

①方法、操作或分析正确、熟练:10分；

②方法、操作或分析正确、比较熟练:8分；

③方法、操作或分析正确、熟练程度一般:6分；

④方法、操作或分析情况较差:4分；

⑤方法、操作或分析情况差:2分；

⑥无法完成0分,如果学员因操作不熟练不能及时完成任务或不能安全完成任务,均视为

实操失败。

3.2.2.5　紧迫局面、特殊情况避碰(10分)

3.2.2.5.1　互见中紧迫局面的避碰行动(5分)

(1)评估要素

①紧迫局面的判断;

②规则对采取行动的要求;

③采取适当的避碰措施;

④考虑他船的行动避碰措施行动符合规则以及良好船艺要求,避免形成另一紧迫局面;

⑤过程总体评价。

(2)评估标准

①方法、操作或分析正确、熟练:5分;

②方法、操作或分析正确、比较熟练:4分;

③方法、操作或分析正确、熟练程度一般:3分;

④方法、操作或分析情况较差:2分;

⑤方法、操作或分析情况差:1分;

⑥无法完成0分,如果学员因操作不熟练不能及时完成任务或不能安全完成任务,均视为实操失败。

3.2.2.5.2　互见中难以避免碰撞的紧急操纵行动(5分)

(1)评估要素

①紧迫危险的判断;

②规则对背离规则采取行动的要求;

③采取适当的紧急措施;

④考虑规则以及良好船艺要求,避免或减小碰撞损失;

⑤过程总体评价。

(2)评估标准

①方法、操作或分析正确、熟练:5分;

②方法、操作或分析正确、比较熟练:4分;

③方法、操作或分析正确、熟练程度一般:3分;

④方法、操作或分析情况较差:2分;

⑤方法、操作或分析情况差:1分;

⑥无法完成0分,如果学员因操作不熟练不能及时完成任务或不能安全完成任务,均视为实操失败。

4.评估方法

4.1　评估形式

利用大型船舶操纵模拟器检验被评估者(学员)进行操纵避碰以及驾驶台资源管理的能力,以综合评估方式为主进行(模拟场景及任务涵盖操纵、避碰与驾驶台资源管理,可多人同时评估)。

4.2　成绩评定

满分100分,60分及以上及格,但船舶操纵避碰与驾驶台资源管理两项各单项评估成绩均须达到及格分,否则视为不及格。

4.3　评估时间

每人评估时间不应少于 20 min。

参考文献

［1］方泉根.船舶驾驶台资源管理.北京：人民交通出版社，2006.

［2］王凤武，张卓.驾驶台资源管理.2版.大连：大连海事大学出版社，2008.

［3］中华人民共和国海事局译.STCW公约马尼拉修正案.大连：大连海事大学出版社，2017.

［4］中华人民共和国海事局译.STCW公约马尼拉修正案履约指南.大连：大连海事大学出版社，2010.

［5］古文贤.船舶运输安全学.大连：大连海运学院出版社，1992.

［6］中华人民共和国海事局.中华人民共和国海船船员适任评估规范.大连：大连海事大学出版社，2012.］

［7］胡甚平.船舶驾驶台资源管理.上海：上海浦江教育出版社，2013.

［8］杨佐昌，刘永利.航海模拟器.大连：大连海事大学出版社，2017.

［9］刘永利."驾驶台资源管理"培训探讨.青岛远洋船员职业学院学报，2003，（1）：35-38.

［10］刘永利，邓兆方."驾驶台资源管理"培训实践及探讨.青岛远洋船员职业学院学报，2010，（1）：8-12.

［11］刘永利.航海模拟器教学相关问题研究.航海教育研究，2006，（4）：42-44.

［12］刘永利.驾驶台资源管理培训及评估方法研究，研究生毕业论文.大连海事大学，2010.

［13］刘永利.海船船员资源管理能力评价模型.中国航海，2013，（2）：82-85.

［14］刘永利，赵学军.驾驶台资源管理培训的建议.航海教育研究，2015，（3）：66-69.

［15］刘永利.航海模拟器与航海职业情境意识的培养.航海教育研究，2015，（4）：80-82，98.